# FALTPLAN

## »Schreiben Sie uns!

Wir hoffen, dass Ihnen dieser Reiseführer gefällt und er Ihnen ein guter Begleiter auf einer außergewöhnlichen und spannenden Reise ist.

Weil ein Reiseführer von Erfahrungen lebt, sind wir an Ihren Erlebnissen interessiert: Haben Sie im Buch ein Restaurant entdeckt, das es nicht mehr gibt, eine Sehenswürdigkeit, die wir noch nicht aufgeführt haben, oder eine falsche Adresse? Dann schreiben Sie uns!

**Wir nehmen jeden Hinweis und jede Kritik ernst und arbeiten kontinuierlich daran, die Bücher aktuell zu halten und immer weiter zu verbessern.** Auch wenn wir nicht jeden Wunsch erfüllen können, machen wir uns immer Gedanken über Ihre Anmerkungen.

**Schreiben Sie an:** info@reise-know-how.de oder Reise Know-How Verlag Peter Rump GmbH, Postfach 140666, 33626 Bielefeld

Wenn sich Ihre Infos direkt auf das Buch beziehen, bitten wir um die Angabe der Seitenzahl und der Auflagennummer bzw. des Erscheinungsjahres. Besonders hilfreiche Beiträge belohnen wir mit einem Sprachführer Ihrer Wahl aus unserer „Kauderwelsch"-Reihe.

**Herzlichen Dank und gute Reisen**
**Ihr Reise Know-How Verlag**

AF163819

Diesem Buch wurde hier ein herausnehmbarer Faltplan beigefügt. Sollte er beim Erwerb des Buches nicht mehr vorhanden sein, fragen Sie bitte bei Ihrem Buchhändler nach.

**Liebe Leserin, lieber Leser,**

ein unabhängiger Verlag für unabhängig Reisende – das sind wir, der Reise Know-How Verlag aus Bielefeld, eines der letzten Familienunternehmen in der Branche. Obwohl wir zu den größten Reiseführerverlagen Deutschlands gehören, ist der familiäre Umgang miteinander in allen Bereichen des Verlagslebens zu spüren: In der Geschäftsführung in zweiter Generation, in einer wertschätzenden Arbeitsatmosphäre, in der Nähe zu unseren frei arbeitenden Autorinnen und Autoren, im engen Austausch mit unseren Leserinnen und Lesern – und auch in der Zusammenarbeit mit Druckereien in Deutschland, in denen wir ausschließlich und regional unsere Bücher produzieren. Die sollen schließlich erst mit Ihnen auf große Reise gehen.

Alles, was wir in unsere Bücher und Landkarten stecken, soll Ihnen eines ermöglichen: Auf Ihre ganz eigene, individuelle Weise die Welt zu entdecken. Wir wünschen Ihnen viel Freude und unvergessliche Erlebnisse mit diesem Reiseführer.

**Es grüßen herzlich**
Peter Rump & Wayan Rump

# Wüstenwinkel mit Weitsicht

Dubai ist die größte Stadt der Vereinigten Arabischen Emirate. In der zu beiden Seiten eines geschwungenen Meeresarms gelegenen Lifestyle-Metropole verläuft das Leben nach dem Motto: Einmaligkeit ist die Regel, Bescheidenheit ein Fremdwort. Ideenreichtum und Rekordstreben prägen Dubais Spirit.

Die Wüstenmetropole steckt voller Extreme und Widersprüche, Kuriositäten und Kontraste. Hier finden Beduinenkultur und Businessmentalität zueinander, hier treffen sich Wüstenbewohner und Weitgereiste.

Dubai boomt! Seit den ersten Ölfunden und dem Zusammenschluss von sieben vormals selbstständigen Shaikhtümern zum Staatenbund der Vereinigten Arabischen Emirate im Jahr 1971 durchsprintet die Stadt eine Entwicklung im Zeitraffertempo. Visionen und Rekorde treiben die Stadtentwicklung an. Vielerorts schießen Villenviertel, Wolkenkratzer, Kulturbezirke, Freizeitstätten und Einkaufszentren aus dem Wüstenboden. Auch künstliche Inseln mit Sandstrandumrandung werden aufgeschüttet.

Hinter dieser ehrgeizigen Stadtplanung, mit der offenkundigen Obsession für Superlative, droht die eigentliche Erfolgsgeschichte fast unterzugehen. Dubai hat sich selbst neu erfunden: als modernes, dynamisches, vergleichsweise liberales und weltoffenes orientalisches Land. Damit nimmt das Emirat in der arabischen Welt eine Pionierstellung ein und wird von vielen als Innovationsträger und Vorbild angesehen. Anders als in manch anderen Ländern der Region werden Fortschrittsglaube, Globalisierung und Digitalisierung nicht als Gefahr gefürchtet, sondern als Geschäftsmodell genutzt.

Der stetige Neubau von Weltrekord-Wolkenkratzern, von Weltklasse-Wohnvierteln oder wasserumfluteten Kunstinseln mit vielerlei Business-, Freizeit- und Tourismuseinrichtungen lockt Immobilieninvestoren, Handelsleute, Arbeitsuchende, Start-ups sowie Urlaubsgäste aus aller Welt an. Bei allen trifft Dubais Weitsicht und Weltoffenheit auf große Wertschätzung.

Der Tourismussektor gilt als ein Schlüsselbereich in der Entwicklungsvision der nächsten Jahre: Die nationale Tourismusstrategie 2031 strebt an, dass 40 Mio. Hotelgäste ins Land reisen und dass der Beitrag des Tourismus 16 % des Bruttoinlandsprodukts betragen soll. 2023 machte dieser Sektor einen Anteil von 11,7 % der emiratischen Gesamtwirtschaft aus, es kamen 18 Mio. internationale Übernachtungsgäste.

## Die Autorin

**Kirstin Kabasci** hat Islam- und Erziehungswissenschaft studiert, arbeitet seit über 20 Jahren als Autorin von Reisehandbüchern, Sprach- und Kulturführern und zeitweise als Lektorin, Reiseleiterin oder Fotografin. Ihre Fachgebiete sind die V.A.E., Oman, Jemen, Qatar und Bahrain sowie Köln. Arbeitsaufenthalte führen sie regelmäßig auf die Arabische Halbinsel, Reiselust in weitere Welt- und Wüstenwinkel.

## Danksagung

Ein herzlicher Dank gilt allen Fotourhebern, insbesondere dem Dubai Department of Economy and Tourism.

## Dubai auf einen Blick

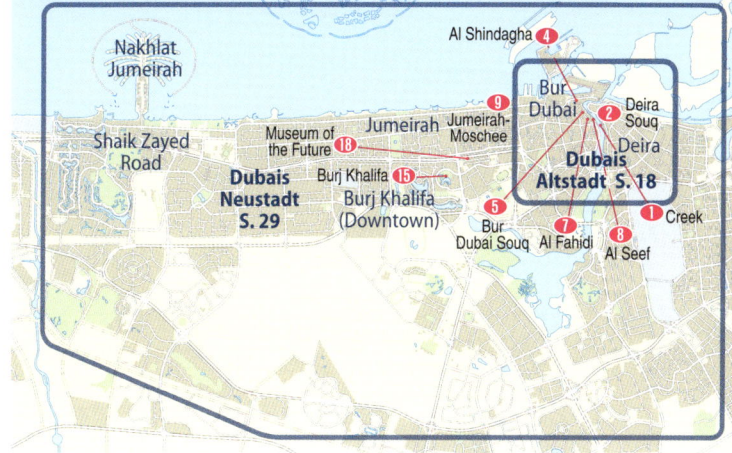

# Inhalt

| | |
|---|---|
| 1 | Wüstenwinkel mit Weitsicht |
| 1 | Die Autorin |

### **7 Dubai entdecken**

| | |
|---|---|
| 8 | Willkommen in Dubai |
| *10* | *Das gibt es nur in Dubai* |
| 10 | Kurztrip nach Dubai |
| **14** | **Altstadtspaziergang** |

| | |
|---|---|
| **18** | **Dubais Altstadt** |
| 18 | ❶ Creek ★★★ [E4] |

| | |
|---|---|
| **21** | **Deira** |
| 22 | ❷ Deira Souq ★★★ [E2] |
| 23 | ❸ Gold Souq ★★ [E2] |

| | |
|---|---|
| **23** | **Bur Dubai** |
| 24 | ❹ Al Shindagha ★★★ [C1] |
| 24 | ❺ Bur Dubai Souq ★★★ [C3] |
| *25* | *Kultur-Entdeckungsreise im Al Shindagha Museum* |
| *26* | *Die Kulturviertel Al Shindagha, Al Fahidi und Al Seef* |
| 27 | ❻ Al-Fahidi-Fort ★ [D3] |

◁ *828 Meter hoch ragt der Burj Khalifa* ⓯ *in den Himmel und symbolisiert Dubais Schaffenskraft (170du Abb.: kk)*

| 27 | ❼ Al Fahidi ★★★ [D4] |
| 28 | ❽ Al Seef ★★★ [E5] |

## 29 Dubais Neustadt
**30 Jumeirah**
| 31 | ❾ Jumeirah-Moschee ★★★ [gl] |
| 31 | ❿ Wild Wadi ★★ 👤 [dl] |
| 32 | ⓫ Burj Al Arab ★ [dl] |
| 32 | ⓬ Souq Madinat Jumeirah ★★ [dl] |

**33 Nakhlat Jumeirah/Palm Jumeirah**
| 35 | ⓭ Aquaventure World ★★ 👤 [ck] |
| *36* | *Auf Sand gebaut: Inselträume à la Dubai* |
| 37 | ⓮ Marsa Dubai/Dubai Marina ★★ [bl] |

**39 Burj Khalifa/Downtown Dubai**
| 40 | ⓯ Burj Khalifa ★★★ [fm] |
| 40 | ⓰ Dubai Mall ★★ 👤 [gm] |
| 42 | ⓱ Souq Al Bahar ★★ [fm] |

**42 Shaikh Zayed Road**
| 43 | ⓲ Museum of the Future ★★★ 👤 [gl] |
| 44 | ⓳ Dubai Frame ★★ [hm] |
| 45 | ⓴ Ibn Battuta Mall ★★ 👤 [al] |

**45 Stadtrand**

## 47 Dubai erleben
| 48 | Dubai für Kunst- und Museumsfreunde |
| 51 | Dubai für Genießer |
| *53* | *Alkohol* |
| *57* | *Smoker's Guide* |
| 62 | Dubai am Abend |
| 65 | Dubai zum Stöbern und Shoppen |
| 74 | Dubai zum Durchatmen |
| 79 | Zur richtigen Zeit am richtigen Ort |
| *82* | *Was passiert im Fastenmonat Ramadan?* |

## 83 Dubai verstehen
| 84 | Dubai – ein Porträt |
| 86 | Von den Anfängen bis zur Gegenwart |
| 88 | Leben in der Stadt |
| *89* | *Herrschende Häupter* |
| 90 | Land ohne Limit – Ziele zum 100-Jährigen |
| *94* | *Zukunftseinblicke in der Expo City Dubai* |

**Inhalt**

## 95 Praktische Reisetipps

| | |
|---|---|
| 96 | An- und Rückreise |
| 97 | Ausrüstung und Kleidung |
| 98 | Autofahren |
| 99 | Barrierefreies Reisen |
| 99 | Diplomatische Vertretungen |
| 100 | Ein- und Ausreisebestimmungen |
| 101 | Elektrizität |
| 101 | Geldfragen |
| *103* | *Dubai preiswert* |
| 104 | Gesundheitsvorsorge |
| 104 | Hygiene |
| 105 | Informationsquellen |
| *105* | *Meine Literaturtipps* |
| 107 | LGBT+ |
| 107 | Medizinische Versorgung |
| 108 | Mit Kindern unterwegs |
| 111 | Notfälle |
| 112 | Öffnungszeiten |
| 112 | Sicherheit |
| 113 | Sport |
| 113 | Sprache |
| *114* | *Bohrer auf dem Buckel – Pimp the Jockey* |
| 115 | Stadttouren |
| 117 | Telefonieren und Internet |
| 119 | Toiletten |
| 119 | Trinkwasser |
| 119 | Uhrzeit |
| 119 | Unterkunft |
| 126 | Verhaltenstipps |
| 127 | Verkehrsmittel |
| 132 | Wetter und Reisezeit |

## 133 Anhang

| | |
|---|---|
| 134 | Höflichkeiten auf Arabisch |
| 135 | Arabische Zahlen |
| 136 | Impressum |
| 137 | Register |
| 139 | Makani – Dubais smartes Adress-System |
| 141 | Liste der Karteneinträge |
| *143* | *Dubai mit PC, Smartphone & Co.* |
| 144 | Benutzungshinweise, Zeichenerklärung |

### Cleveres Nummernsystem

Die Sehenswürdigkeiten sind im Text und im Kartenmaterial mit derselben **magentafarbenen ovalen Nummer** ❶ markiert. Alle anderen Lokalitäten wie Geschäfte, Restaurants usw. tragen ein **Symbol und eine fortlaufende rote Nummer** (🛍1). Die Liste aller Orte und die Zeichenerklärung befinden sich im Anhang.

### Bewertung der Sehenswürdigkeiten

★★★ nicht verpassen
★★ besonders sehenswert
★ wichtig für speziell interessierte Besucher

### Planquadrat im Kartenmaterial

[A1] Orte ohne diese Angabe liegen außerhalb unserer Karten. Alle Ortsmarken werden in der buchbegleitenden Web-App angezeigt (s. S. 143).

### Alle weiteren Benutzungshinweise s. S. 144.

**MEIN TIPP**

**Vor der Reise erledigen**

› Etliche Sehenswürdigkeiten und Freizeitstätten bieten bei Online-Vorabbuchung **günstigere Eintrittspreise**. Wer sich seines Besuchstermins sicher ist, kann bereits vor Abreise Tickets buchen. Das gilt auch für Stadttouren oder Ausflugsfahrten (s. S. 115).

› Wer z. B. das **Museum of the Future** ⓲ oder den **Burj Khalifa** ⓯ an bestimmten Tagen oder zu fixen Tageszeiten besuchen möchte, sollte bereits vor Reisebeginn eine Buchung tätigen.

› Manche **Fine-Dining-Restaurants** bieten Bewirtung nur nach Tischreservierung.

# NICHT VERPASSEN!

### ❶ Creek [E4]
Eine Bootsfahrt durch Dubais natürliche Inlandlagune, den Creek, bietet einen erstklassigen Ausblick auf das alte Stadtzentrum – wahlweise kann man traditionell mit Abra-Boot oder Dhau-Holzschiff unterwegs sein (s. S. 18).

### ❷ ❺ Deira Souq [E2] und Bur Dubai Souq [C3]
Die historischen Marktviertel, die sich im Altstadtbereich an beide Ufer des Creeks schmiegen, sind ein touristisches Highlight und bieten neben Gold und Gewürzen ein buntes arabisches Allerlei (s. S. 22 und S. 24).

### ❹ ❼ ❽ Al Shindagha [C1], Al Fahidi [D4] und Al Seef [E5]
In diesen drei Kulturvierteln, alle im Altstadtbereich von Bur Dubai direkt an Dubais markanter Inlandlagune (Creek) gelegen, kann man viel über traditionelle Lebensweisen, Stadtgeschichte und die Bedeutung des Creek erfahren (s. S. 24, S. 27 und S. 28).

### ❾ Jumeirah-Moschee [gl]
Die größte und schönste Moschee der Stadt ist ein anschauliches Beispiel moderner islamischer Architektur und wird nachts effektvoll ausgeleuchtet. Nichtmuslime können die Moschee während einer Führung besichtigen und an einer Fragestunde zum Islam teilnehmen (s. S. 31).

### ⓯ Burj Khalifa [fm]
Dieser Wolkenkratzer ist – zumindest derzeit – der welthöchste und bietet eine atemberaubende Aussicht auf ein wie eine Ameisenstadt wirkendes Dubai. Im modernen Stadtteil zu seinen Füßen findet man noch weitere Superlative (s. S. 40).

### ⓲ Museum of the Future [gl]
Fantastisch ausgestaltete futuristische Einblicke in das Jahr 2071 bietet die Ausstellung dieses Zukunftsmuseums. Nicht minder spektakulär ist das oval designte Gebäude mit seiner Edelstahl-Kalligraphie-Fassade (s. S. 43).

# DUBAI ENTDECKEN

# Willkommen in Dubai

*Dem Besucher bietet Dubai von Entdeckungstouren bis Erholung eine sonnenscheingarantierte Vielfalt mit einer Prise Orient. In dieser Erlebnisdestination verschmelzen die Vorteile von Metropole, Strand und Wüste. Wer Luxus wünscht, der findet diesen, doch Dubai bietet auch preiswertere Reisemöglichkeiten.*

*Die eindrucksvollste Stadtansicht bietet sich vom welthöchsten Gebäude, vom Burj Khalifa ❶❺ aus. Aber auch von anderen himmelhohen Aussichtspunkten (s. S. 12) aus kann man Dubais Ausdehnung am Meer (die Stadt dehnt sich über 50 km entlang des Golfufers aus), Dubais Wachstum ins Meer (Kunstinseln) und die Zweiteilung durch das Meer (der Creek ❶ windet sich weit ins Landesinnere) sehen. Die Stadt lohnt auf vielfältige Weise erkundet zu werden.*

## Per Pedes

Dubai ist in den letzten Jahren schnell gewachsen, in alle Richtungen, ins Meer, in die Wüste, auf seine Nachbarstädte Sharjah und Abu Dhabi zu – und auch in den Himmel. Spazieren gehen ist nicht überall schön, denn vielerorts kann Dubai nervig sein – und sogar „höllische" Züge zeigen, denn je nach Tages- und Jahreszeit ist es **heiß** – zum Teil brütend heiß – und außerdem schlaucht die **hohe Luftfeuchtigkeit**. Dubai ist zudem **laut**. Autos und Baustellen können nerven und wenn es laut Stadtplan „einfach geradeaus" gehen sollte, können Schnellstraßen ohne Fußgängerüberweg oder Baustellen den **Weg versperren**.

Das Denken vieler Golf-Einwohner kannte lange kein „zu Fuß gehen", weder aus Erholungs- noch aus praktischen Gründen. Doch allmählich setzen **Wandlungen** ein: Spazierengehen wird mehr und mehr als Freizeitvergnügen angesehen und bis 2040 soll ein Netzwerk aus 6500 km miteinander verbundenen, abends beleuchteten Gehwegen entstehen, mit schattigen Bereichen, Grün- und Sportflächen sowie Kunstinstallationen.

Der längste Spazierweg des Landes ist die 14 km lange **Jumeirah Corniche** (s. S. 75). Hier bieten sich viele Gelegenheiten zu Sport, Spiel, Speis' oder Sonnenbad. Auch gut spazieren gehen kann man am 11 km langen Uferweg entlang des **Wellenbrecherrings der Palmeninsel Nakhlat Jumeirah (Boardwalk)**. Der junge Stadtteil **Marsa Dubai/Dubai Marina** ❶❹ wurde durch zwei Flaniermeilen bereichert: der Marina Walk (an jeder Uferseite des Marina-Kanals ca. 3 km lang) und der Jumeirah Beach Residence (JBR) Walk (ca. 2 km an der Strand-Promenade). Neuland zum Spazierengehen sind auch die Ufer des **Dubai Water Canal**, z. B. ca. 3 km ie Uferseite von Jumeirah zur Business Bay.

In Dubais vom malerischen Meeresarm durchzogenen alten Zentrum kann man ebenfalls gut spazieren gehen und **Deira** (s. S. 21) und **Bur Dubai** (s. S. 23) per pedes erkunden, z. B. die Souqs (❸ bzw. ❶❼). Insbesondere am Altstadt-Creekufer ❶ und in den Kulturvierteln (❹, ❼, ❽) kann man prima promenieren.

◁ *Vorseite: Dubai entdecken per Dhau-Holzschiff, hier das Neustadtviertel Marsa Dubai* ❶❹ *...*

▷ *... und dort die Altstadt auf dem Creek* ❶

# Willkommen in Dubai

## Per Touristenrundfahrt

Es gibt mehrere interessante Möglichkeiten, Dubai in seiner Größe, Höhe und Bandbreite kennenzulernen. Toll sind **Hop-on-hop-off-Busrundfahrten** (s. S. 115). Doppelstöckig – unten klimatisiert und „oben ohne" – fahren die Busse Hauptsehenswürdigkeiten an. Man kann nach Belieben ein- und aussteigen und sich ansehen, was man möchte – zum Pauschalpreis, jeden Tag.

Bei den vielen **Tourveranstaltern** (s. S. 115) kann man ebenfalls Stadtrundfahrten buchen.

## Per Boot

Dubais **Lage am Golf** und die **Inselprojekte** (s. S. 36) an der Küste legen eine Erkundung auf dem Wasser nahe. Aber auch auf Binnengewässern lassen sich Bootstouren unternehmen. Unbedingtes touristisches „Muss" ist eine Rundfahrt über Dubais Inlandslagune im Altstadtbereich: den Creek ❶! Man kann aber auch Neustadtteile per Boot erkunden: Der Creek wurde durch die Ausgrabung von Business Bay Canal und Dubai Water Canal bis zur Küste von Jumeirah (s. S. 30) verlängert und man kann auch diese Wasserschleife „erfahren". Imposant ist zudem die Ansicht des Hochhausstadtteils Marsa Dubai/Dubai Marina ⓮ vom gleichnamigen Kanal aus.

Herrlich ist eine Besichtigungsfahrt mit einem traditionellen arabischen **Holzschiff** (arab. *dhau*). Diese gibt es zu erschwinglichen Preisen als Sightseeingtour oder kostspieliger inklusive Dinner. Sowohl den Creek als auch den Marina-Kanal und den Dubai Water Canal kann man mit Dhau-Booten erkunden.

Zumindest mit einem der kleinen **Motor-Fährboote** (arab. *abra*) sollte jeder den Creek überqueren

(s. S. 20). Von jedem der beiden Altstadtufer starten **Abras** im Minutentakt – unermüdlich schippern sie hin und her. Dubais Abra-Epizentrum liegt im Creek, man kann sie hier auch für individuelle Touren mieten.

Als weitere, vergleichsweise kostengünstige Möglichkeit kann man die Personenfähre **Dubai Ferry** sowohl für Fahrten zwischen verschiedenen Stadtteilen (Altstadtteile am Creek und Neustadtteile am Meeresufer) wie auch für die Erkundung von Dubais Wasserwegen nutzen (s. S. 37 und s. S. 131).

### Per Metro

Die Metro ist die beste Möglichkeit, um Dubais alltäglichem Dauerstau zu entgehen. Bisher wurden die **Red Line** und die **Green Line** in Betrieb genommen, weitere Linien sollen folgen. Weite Teile der Trassen verlaufen oberirdisch auf einem Viadukt. Per Metro kommt man also nicht nur **schnell** voran, man hat auch einen guten **Überblick** über die Stadt. Zudem ist das Liniennetz übersichtlich und die Preise sind **erschwinglich.** Warum also nicht einfach mal mit der Metro quer durch die Stadt fahren? Oder zumindest eine Hauptverkehrsachse der Neustadt, die Shaikh Zayed Road, erkunden (s. S. 11)? Denn dort verläuft die Metro oberirdisch (wohingegen sie im Altstadtbereich unterirdisch fährt).

## Kurztrip nach Dubai

Dubai wird grob in „Altstadt" und „Neustadt" eingeteilt. Um Dubais Sahnestücke nicht zu verpassen, folgt als Auftakt eine **Planungshilfe**. Man sollte morgens früh aufbrechen, denn dann ist es noch nicht zu heiß, aber auch in den Abendstunden hat Dubai einiges zu bieten: Die meisten Geschäfte und Restaurants haben bis 22 Uhr geöffnet und öffentliche Verkehrsmittel fahren bis ca. 23/24 Uhr.

### Das gibt es nur in Dubai

> Burj Khalifa ⓯: **Blick** vom welthöchsten Wolkenkratzer (s. S. 40)
> Dubai Frame ⓳: **Stadtansichten** aus dem begehbaren Riesen-Bilderrahmen (s. S. 44)
> Dubai Mall ⓰: **Einkaufsmarathon** in der weltgrößten Mall (s. S. 40)
> Nakhlat Jumeirah: **Strandidylle** auf der weltersten Palmeninsel (s. S. 33)
> Dubai World Cup: Pferderennen mit **Rekordpreisgeld** (s. S. 80)
> Gold Souq ❸: **Goldmarkt** in Giga-Größe (s. S. 23)
> Jumeirah Corniche: Spaziergang an der **längsten Uferpromenade** des Landes (s. S. 75)
> Dubai Metro: Fahrt mit einer der **längsten fahrerlosen Metros** der Welt (s. S. 129)
> Aura Skypool: welthöchster 360-Grad-Infinity-Pool (s. S. 78)
> Al Wasl Plaza: weltgrößte interaktive, immersive Kuppel (s. S. 94)
> Ain Dubai: 250 Meter hoch hinaus im welthöchsten Aussichtsrad (s. S. 39)
> Aquaventure World ⓭: nasser Spaß im größten Wasservergnügungspark der Welt (s. S. 35)
> Museum of the Future ⓲: Architekturikone und Zukunftswahrzeichen (s. S. 43)
> Ski Dubai: Schneeballschlacht in der Wüste (s. S. 43)

## Tag 1: Highlights erkunden

Den ersten Tag kann man nutzen, um den im Buch beschriebenen **Altstadtspaziergang** zu unternehmen (s. S. 14). Wer Vogelperspektiven liebt, kann Dubai vom welthöchsten Wolkenkratzer **Burj Khalifa** ⓯ aus – im wahrsten Wortsinn – „über"blicken. Quasi vis-à-vis bietet **Sky Views** Panoramaausblicke und eine Glasrutsche (s. S. 41). Nicht ganz so hoch kann man vom Riesen-Bilderrahmen **Dubai Frame** ⓳ sowohl auf die Altstadt als auch auf Neustadtteile schauen.

Wer die Stadt lieber „erfahren" möchte, bucht z. B. eine Stadtrundfahrt in einem Doppeldeckerbus (s. S. 115). Für Kulturinteressierte bietet sich der Besuch eines Kulturviertels (**Al Shindagha** ❹, **Al Fahidi** ❼ oder **Al Seef** ❽) an. Wer Sonne tanken möchte, besucht die Strände entlang der **Jumeirah Corniche** (s. S. 75) oder **Palm West Beach** (s. S. 75). Badespaß wie auch trockene Erlebnisse für Groß und Klein bietet der riesige Wasservergnügungspark **Aquaventure World** ⓭. Für einen pittoresken Einkaufsbummel und ein idyllisches Mahl eignet sich der neo-arabische **Souq Madinat Jumeirah** ⓬.

## Tag 2: Die Neustadt erfahren

*Den folgenden Tourvorschlag kann man nicht zu Fuß bewältigen, dafür sind die Distanzen zu groß, also rein in die öffentlichen Verkehrsmittel, in Metro und Bus (s. S. 127). Wer einen Mietwagen gebucht hat, kann den zwei zentralen Straßen, an denen die Route entlangführt, leicht folgen.*

Es folgt eine **Maximalauswahl** an Sehenswertem, aus dem man sich seine Ziele heraussuchen sollte. Am besten liest man den folgenden Abschnitt komplett und wählt dann aus, wo man aussteigen möchte. Wer auf ein nachmittägliches **Bad im Meer** spekuliert, kann seine Schwimmsachen einpacken.

### Entlang der Shaikh Zayed Road

Los geht es entlang der **Schnellstraße Shaikh Zayed Rd,** hier reihen sich diverse Sehenswürdigkeiten und Einkaufszentren von Neu-Dubai aneinander. Mietwagenfahrer müssen leider sehr auf den Verkehr achten. Entspannter ist es mit der **Metro:** die **Red Line** in Richtung UAE Exchange verläuft zum Großteil entlang der Shaikh Zayed Rd – oberirdisch mit tollem Panoramablick! Je nachdem, wo man startet, kann man z. B. an der Station Burjuman aussteigen, um sich das **Einkaufszentrum BurJuman** (s. S. 66) anzusehen. Eine Metrostation (Abu Dhabi Commercial Bank) weiter kann man einen Spaziergang durch das indisch dominierte Wohnviertel zum **Al Karama Souq** (s. S. 71) unternehmen. Oder man steigt eine Station weiter (Max Fashion) aus, um die Stadtansicht von der Panoramagalerie des begehbaren Bilderrahmens **Dubai Frame** ⓳ aus zu betrachten.

Weitere vier Stationen sind es zur Station Burj Khalifa/Dubai Mall. Auf dem Weg gleitet die Metro an den spiegelverkleideten Hochhäusern der Shaikh Zayed Rd vorbei – alle werden jedoch überragt vom höchsten je von Menschenhand errichtetem Bauwerk, dem **Burj Khalifa** ⓯. Hier sollte man zu einer der Aussichtsplattformen hinauffahren! Panoramablick plus Adrenalin bieten die Attraktionen von **Sky Views** (s. S. 41). Einkaufsmöglichkeiten bieten die riesi-

### Allerhöchste Aussichten

› **Burj Khalifa** ⓯: Stadthöchste Aussichtsplattform auf welthöchstem Wolkenkratzer (s. S. 41).
› **Ain Dubai** (s. S. 39): Riesenrad mit Ausblick auf das meeresflankierte Hochhausviertel Dubai Marina.
› **The View at the Palm** (s. S. 34): Rundblick über die Palmeninsel, Aussichtsplattform, Aura Skypool, zwei Restaurants mit Bars/Lounge.
› **The Dubai Balloon at Atlantis** (s. S. 34): Abheben auf der Jumeirah-Palmeninsel im fest verankerten Heißluftballon.
› **Sky Views** (s. S. 41): Glasbrücke, Glasrutsche und Spaziergang auf dem Gebäudesims himmelhoch über Downtown Dubai.
› **Dubai Frame** ⓳: Begehbarer Riesen-Bilderrahmen zwischen Altstadt- und Neustadt.

ge **Dubai Mall** ⓰ und der neu-arabische, auf einer Insel im See gelegene **Souq Al Bahar** ⓱. Cafés und Restaurants gibt es rund um den Souq Al Bahar reichlich. Schön ist eine Pause am Seeufer mit Blick auf spektakuläre, allabendliche Wasserfontänen. Weiter geht die Metrofahrt und wer noch nicht genug vom Einkaufsbummel hat, der kann an der Station **Mall of the Emirates** aussteigen und sich den gleichnamigen Einkaufsstempel (s. S. 68) ansehen. Kurios ist der Blick in die angeschlossene Skihalle – doch, das ist echter Schnee!

Vier Stationen weiter kann man die Fahrt an der Station Sobha Realty im Stadtteil **Marsa Dubai/Dubai Marina** ⓮ unterbrechen und sich dieses als schick geltende Neubaugebiet mit seinen ca. 200 Hochhäusern ansehen. Bei Bewegungsdrang kann man entlang des Marina-Kanals und vorbei an der Marina Mall (s. S. 68) – einem weiteren Einkaufsstempel – zur nächsten Metrostation Dubai Multi Commodities Centre bummeln.

Eine Station weiter – Jebel Ali – zweigt die Route 2020 ins Landesinnere ab. Die Metro Red Line verläuft weiter parallel zur Küste und einen Stopp weiter naht der Scheitelpunkt der Tour, die **Ibn Battuta Mall** ⓴ an der gleichnamigen Metrostation. Wegen ihres aufwendigen Dekors sticht die Mall heraus. Hier lohnt sich auch eine Mittagspause, denn die Speisevielfalt ist groß.

### Entlang der Jumeirah Road

Von der Ibn Battuta Mall ⓴ kann man per Bus Linie 8 (ab Ibn Battuta Bus Station oder Ibn Battuta Food Court 3, ca. alle 20–30 Min., 5–21 Uhr) oder Mietwagen nach **Jumeirah** fahren. Durch diesen meeresgesäumten Stadtteil geht es größtenteils entlang der Jumeirah Rd. Ein empfehlenswerter Endpunkt dieser Bustour ist die Al Ghubaiba Metro Bus Station im Altstadtteil Bur Dubai, denn ab hier kommt man mit verschiedenen Verkehrsmitteln (z. B. mit der Metro Green Line, diversen Buslinien, Dubai Water Ferry) in andere Teile der Stadt weiter. Oder man fügt weitere Besichtigungen in der Altstadt an. Die reine Fahrt ohne Stopps und Staus bis dorthin dauert ca. 100 Minuten. Diese Buslinie fährt danach noch drei Stationen weiter bis zur Endstation Al Baraha Busstation in Deira.

Nach dem Start an der Ibn Battuta Mall geht es zunächst entlang der Shaikh Zayed Rd, dann quer durch den kanalgesäumten Hochhausstadtteil **Marsa Dubai/Dubai Marina** ⓮. Im Stadtteil Al Sufouh folgen namhafte Strandresorts – landeinwärts

## Kurztrip nach Dubai

liegen die Freihandelszonen (Nicht-Emirater können in diesen Gebieten zu Sonderkonditionen Gewerbe betreiben) Media City und Knowledge Village. Ab hier reckt sich das künstliche Eiland **Nakhlat Jumeirah** ins Meer (s. S. 33). Wer möchte, kann an der Station Royal Mirage Hotel 2 aussteigen, um einen Abstecher auf diese Palmeninsel zu unternehmen. Bewältigen lässt sich die Strecke mit einem Taxi oder mit der **Einschienenbahn** (Palm Monorail, s. S. 130), die vom Palmenstrunk einmal quer rüber zum Wellenbrecherkranz und zum Hotel **Atlantis, The Palm** (s. S. 124) samt dem riesigen Wasservergnügungspark **Aquaventure World** ⓭ fährt. Eigentlich ist ein kurzer Abstecher ohne Besichtigungen für die Palme nicht genug. Wer noch ein paar Tage in Dubai ist, sollte sich die Insel für später aufsparen.

Nordöstlich des Palmenstamms stehen riesige Palastanlagen am Meeresufer. Führte die Fahrt bislang auf der King Salman bin Abdulaziz al Saud St. entlang, so geht es ab dem **Hotelresort Madinat Jumeirah**, dessen neo-traditioneller Souq ⓬ auch Nicht-Hotelgästen offensteht, weiter auf der Jumeirah Rd. Der Souq liegt an der Busstation Madinat Jumeirah. Nicht nur das Einkaufsangebot ist überragend, auch die Rastmöglichkeiten auf Dachterrassen, am Kanalufer, im Garten, in Cafés, Restaurants oder Bars sind herrlich. Die nächste Busstation heißt **Burj Al Arab Hotel** ⓫, die darauffolgende **Wild Wadi** ⓾. Wer sich an der markanten Segel-Silhouette noch nicht sattgesehen hat, kann hier zum Fotostopp aussteigen. Einen guten Blick hat man vom südwestlichen Ende der **Jumeirah Corniche** (s. S. 75), vom Umm-Suqeim-Strand im gleichnamigen Stadtteil (Haltestelle Umm Suqeim Park). Ein erfrischendes Bad im Meer ist hier möglich. Man kann sich auch im **Wasserpark Wild Wadi** amüsieren.

*Ein Highlight ist die himmelhohe Aussicht vom Burj Khalifa* ⓯

Entlang der Jumeirah Rd geht es nun parallel zu den ausgedehnten öffentlichen Badeständen der Jumeirah Corniche über den **Dubai Water Canal** (s. S. 19). Auch hier ist die Küste durch Badestrände gekennzeichnet, unter ihnen der **J1 Beach** (s. S. 77) mit 13 schick-luxuriösen Strandrestaurants bzw. Strandclubs, zu erreichen ab Busstop Century Plaza. Wenig weiter, an der Haltestelle Jumeirah Grand Masjid, befindet sich die nächste Sehenswürdigkeit: die **Jumeirah-Moschee** ❾. Dieses herrliche Gebetshaus darf von innen nur im Rahmen einer Führung besichtigt werden, ist aber auch von außen einen Blick wert. Wer Interesse an Landeskunde hat, kann eine Station weiter am **Etihad Museum** aussteigen und dieses besichtigen (s. S. 48).

Hier endet Jumeirah und die Buslinie 8 verlässt die Jumeirah Rd und fährt weiter durch das Hafenviertel Al Mina nach **Bur Dubai** (s. S. 23). Empfehlenswerter Endpunkt hier ist die Al Ghubaiba Metro- und Busstation, neben der sich die Metrostation (Green Line) befindet. Der Bur Dubai Souq ❺ liegt nur ein paar Gehminuten entfernt und auch zum **Creek** ❶, dem pittoresken Meeresarm zwischen den Altstadtteilen Bur Dubai und Deira, sind es nur wenige Gehminuten. Per pedes am Ufer entlang in 10 bis 20 Gehminuten erreichbar sind die **Kulturviertel Al Shindagha** ❹ (creekauswärts nach Norden) und **Al Fahidi** ❼ (creekeinwärts nach Osten).

## Altstadtspaziergang

*Es folgt ein Vorschlag für einen eintägigen Spaziergang von etwa 6 km Länge durch die beidseitig des Creek ❶, Dubais markant geschwungener Inlandlagune, gelegenen Souqgebiete von Deira und Bur Dubai. Wer weniger Zeit hat, die eine oder andere Sehenswürdigkeit nur streift, hier oder dort abkürzt oder sich auf einen Stadtteil beschränkt, schafft die Tour auch in etwas mehr als einem halben Tag.*

◻ *Am öffentlichen Badestrand von Umm Suqeim an der Jumeirah Corniche (s. S. 75)*

## Altstadtspaziergang

### Deira

In Distrikt Deira sind die Metrostation Gold Souq [G2] beziehungsweise die daneben gelegene gleichnamige Busstation ein guter Ausgangspunkt für den Tagesspaziergang. Auch Taxifahrer kennen den Weg hierhin. Über Fußgängerbrücken kann man die mehrspurige Al Khaleej Rd überqueren. Zwischen dieser Straße und dem **Deira-Souqgebiet** verläuft die Al Khor St., in die man nach rechts (Westen) einbiegt und der man rund 400 m folgt. Wer möchte, kann kurz hinter dem auf der rechten Straßenseite gelegenen Hotel Super 8 by Wyndham einen kurzen Rechtsschlenker einbauen, um ein wenig durch die **Gold Souq Extention** (s. S. 23), die Erweiterung des Goldmarktes, zu bummeln. In verschiedenen Gebäuden der Hind Plaza finden sich vornehmlich schicke Schmuck- und Uhrengeschäfte sowie Edelmetallhändler. Alternativ kann man nach links in die Fußgängergasse Sikka 9 St. abbiegen und sich das nur wenige Gehminuten entfernt liegende **Bait al Banat Frauenmuseum** (s. S. 48) ansehen.

Zurück bei der Al Khor St. erreicht man als nächstes am The Gold Centre die nach links abbiegende Street 103. Dieser folgt man weiter, bis sie wenig später von einem Holzdach überspannt wird. Man erreicht jetzt das Kerngebiet des eigentlichen, des alten **Gold Souq** ❸.

Die erste große kreuzende – ebenfalls überdachte – Fußgängergasse ist die Sikkat al Khail Rd, die autofreie **Gold-Souq-Hauptader**. In diese biegt man nach rechts (Westen) ab. In den hiesigen Geschäften – sowie in den ringsherum gelegenen – ist tatsächlich alles Gold, was glänzt. Die aktuellen Preise sind an Werbetafeln ersichtlich. Man kann auf einer der schattigen Bänke rasten und dem Rummel zusehen.

Am westlichen Ende des überdachten Teils der Sikkat al Khail Rd geht es entlang der Straßen Old Baladiya (nach rechts abbiegen) und Al Ahmadiya (nach links) weiter, bis man von der Al Ahmadiya St. nach links (Richtung Südosten, also Richtung Creek) in die Street 19 abbiegt und dieser durch den Deira Souq ❷ bis zur nächsten größeren Kreuzung mit der Street 24/ Al Ras Rd folgt. Dort geht man quasi geradeaus in die kleine Gasse Sikka 15 b. Direkt hinter dem Anfang dieser Gasse links einbiegen in die Gasse 26 a und man stößt nur wenige Meter hinter einem Rechtsknick in der Gasse 23 c auf den Eingang des hübsch renovierten ehemaligen **Wohnhauses des Poeten Al Oqaili**, das als Museum eingerichtet ist (s. S. 49).

Ab dem Museumsausgang folgt man nach rechts der Gasse 23 c, die nur eine Ecke weiter in die etwas breitere, mit Strohdach gedeckte Gasse 32 a mündet. Hier werden vornehmlich Haushaltswaren gehandelt. Quasi geradeaus geht es durch eine schulterbreite Gasse, der Beschilderung „Herbs Souq" und „Deira Grand Souq" folgend, mitten hinein in den **Gewürzmarkt**. Man erreicht eine weitere gedeckte Souqgasse, welche die Hauptgasse des Gewürzsouq ist (Street 34). Linksherum verläuft sie parallel zum nahe gelegenen Creekufer. Immer der Nase nach heißt es hier, denn Säcke mit Gewürzen, Tee und Räucherwerk flankieren den

---

**Routenverlauf im Stadtplan**
Der hier beschriebene Spaziergang ist mit farbigen Linien im Stadtplan eingezeichnet.

Weg. Am Ende dieser Gasse der Geruchsvielfalt erreicht man wieder die Old Baladiya St. Sie führt am hölzernen Eingangs-Torbogen und an einer großen Deko-Schmuckkiste (Al Mandoos) im Stil alter Beduinentruhen vorbei zum **Creek** ❶. Diese markant geschwungene Inlandlagune ist ein Markenzeichen von Dubais Altstadt.

All diejenigen, die diesen Spaziergang verkürzen möchten, können an der hier gelegenen **Boot-Station Deira Old Souq** für 1 Dh ein Abra genanntes Holzboot der Linie CR1 besteigen (s. S. 20), um damit den Creek zu überqueren und ab der Anlegestelle Bur Dubai Station am Ufer entlang entweder creekeinwärts nach Al Seef ❽ oder creekauswärts nach Al Shindagha ❹ zu spazieren (beide Varianten s. S. 17).

Der hier beschriebene, längere Spaziergang verläuft nach dem Verlassen des Gewürzsouqs weiter ca. 600 m entlang der **Uferpromenade** creekeinwärts (nach links, nach Osten). Beeindruckend ist der Anblick der im Wasser schwimmenden hölzernen Dhau-Schiffe. Waren aller Art türmen sich auf den Schiffen und am Uferweg.

Auf der anderen Creekseite liegt der **Distrikt Bur Dubai** – dorthin geht bzw. fährt man als nächstes. Etwa 3 km nach Beginn dieses Spaziergangs kann man ab der gegenüber der Al Sabkha Rd gelegenen **Al Sabkha Station** per motorgesteuertem Abra-Boot (s. S. 20) für 1 Dh mit der Linie CR2 auf die andere Seite des Zentrums zum **Bur Dubai Souq** ❺ übersetzen. Tagsüber fahren sie alle paar Minuten.

## Bur Dubai

Direkt hinter der Bur Dubai Old Souq Abra Station verläuft die schattendachgedeckte Hauptgasse des **Bur Dubai Old Souq** ❺ – hier werden hauptsächlich Souvenirs feilgeboten, in den angrenzenden Seitengassen Stoffe und Textilien. Beidseitig der Abra Station laden tolle Cafés und Restaurants zur Rast auf ihren Terrassen direkt am Creekufer ein: das **Bayt al Wakeel** (s. S. 55) liegt nur eine Handvoll Gehminuten nach Westen (creekauswärts) und das **Mazmi Coffee and More** (s. S. 61) ist nach Osten (creekeinwärts) ähnlich schnell erreicht.

Danach kann man der **Hauptgasse des Bur Dubai Souqs** nach Westen (creekauswärts) folgen, bis ihre Überdachung endet. An der Bank of Baroda führt der Weg weiter nach links (Süden) und folgt der 34. Straße bis zur nächsten Kreuzung kurz vor einer auffällig gekachelten iranisch-schiitischen Imam-Ali-Moschee. Hier biegt man links (Osten) in die beginnende Ali bin Abu Talib Rd und gelangt nach ca. 300 m zum nächsten großen Gebetshaus, der sandfarbenen sunnitischen Great Mosque (Große Moschee), die mit 45 Kuppeln bestückt ist. Wie die allermeisten Moscheen stehen auch diese nur Muslimen offen.

Gegenüber erhebt sich das **Al-Fahidi-Fort** ❻. 1787 erbaut, ist es heute das bedeutendste historische Gebäude Dubais.

Vom Fort geht es durch die Al Fahidi Rd nach links (Osten) bis zum nächsten Verkehrskreisel, dem Al Fahidi R/A. Hier kann man nach links Richtung Creek (Norden) in die Gassen des **Kulturviertels Al Fahidi** ❼ abbiegen. In diesem rekonstruierten Viertel mit traditionellen Windturmhäusern ist vom Souq-Rummel nichts zu spüren. Man kann sich durch die autofrei-

▷ *In den engen Altstadtgassen werden Waren per Handkarren geliefert*

# Altstadtspaziergang

en und schattigen Gassen dieses ursprünglich anmutenden Stückchens Dubai nach Laune treiben lassen – verlaufen kann man sich kaum und spätestens beim Erreichen einer Autostraße oder des Creekufers sollte man umdrehen, denn hier ist das Viertel zu Ende. Zwischendurch bieten **Windturmhaus-Cafés** gemütliche Gelegenheiten zum Rasten (Arabian Tea House und XVA Café, s. S. 54 u. s. S. 61). Kunstfreunde finden interessante **Galerien** (z. B. Majlis Gallery, s. S. 50) zum Stöbern. Kulturfreunde können sich das **Coffee Museum** (s. S. 48) ansehen oder über das Angebot des **Shaikh Mohammed Centre for Cultural Understanding** informieren.

Das Shaikh Mohammed Centre (Haus Nr. 26, s. S. 105) befindet sich am Al-Diwan-Kreisverkehr am Beginn der Al Seef Rd, nur wenige Schritte vom Creekufer entfernt (es gibt ein weiteres Haus des Centres im Al-Fahidi-Viertel mit der Nr. 47, nicht verwirren lassen). Am Ufer liegt auch die Al Fahidi Marine Transport Station, ab der man per Abra übersetzen kann nach Al Sabkha (CR4, 2 Dh) oder Deira Old Souq (CR5, 2 Dh, Details s. S. 20). Ab hier bieten sich **zwei Möglichkeiten, den weiteren Spaziergang zu gestalten:** Zu entscheiden ist, ob man am Ufer entlang creekeinwärts oder creekauswärts spaziert. Insbesondere am Abend sind beide Uferstücke beliebte und autofreie Flaniermeilen. Beide führen durch mit traditionellen Häusern rekonstruierte Stadtteile und sind touristisch sehr sehenswert.

**Variante 1:** Creekeinwärts (nach Osten) kann man am Ufer oder durch die Gassen des **Kulturviertels Al Seef** ❽ spazieren. Dieses neo-traditionelle Freizeit- und Flanierviertel bietet auf ca. 1,8 km Länge viel zu sehen, zu erleben und zu speisen.

**Variante 2:** Creekauswärts (nach Westen) kann man ebenfalls am Ufer entlanggehen. Vorbei an eingezäunten Regierungs- und Gerichtsgebäuden („diwan") kann man nochmal durch die Hauptgasse des Bur Dubai Souq ❺ spazieren. Nach Passieren der Abra-Station Bur Dubai und des Marine-Transportterminals Al Ghubaiba erreicht man nach ca. 1½ km das **Kulturviertel Al Shindagha** ❹. Hier lohnt es sich, Zeit für das Al Shindagha Museum (s. S. 25) einzuplanen. Ab der Al Ghubaiba Station kann man per Metro, Bus oder Dubai Ferry die Altstadt verlassen.

# Dubais Altstadt

*Dieses Kapitel führt in das alte und historisch gewachsene Dubai. Wobei der Begriff „historisch" im Vergleich zu anderen orientalischen Städten einen vergleichsweise kurzen Zeitraum umfasst.*

**Deira** und **Bur Dubai** heißen die beiden Distrikte die das annähernd Alte repräsentieren und sich eng an die Biegung des **Creek** ❶, Dubais markante Inlandlagune, schmiegen. Anders als in neueren Vierteln kann man am Creekufer entlang und in den Souq-Arealen von Deira ❷ und Bur Dubai ❺ **gut spazieren gehen.**

### ❶ Creek ★★★ [E4]

*Seit Jahrhunderten ist die ca. 12 km lange, geschwungene natürliche Inlandlagune die Lebensader Dubais. Der Fischreichtum des Golfs bot den Bewohnern eine sichere Nahrungsquelle, die strategisch günstige Lage des Ortes am Eingang zur Arabischen Halbinsel war die Basis für Handelsgeschäfte. In der Lagune fanden Fischerboote und Handelsschiffe sicheren Schutz vor Meeresstürmen.*

An der **Mündung der Lagune** liegen auf der Deira-Seite die Landspitze Al Ras und auf der Bur-Dubai-Seite das Kulturviertel Al Shindagha ❹. Auffällig ist eine 12-spurige Autobrücke über den Creek, die **Infinity Bridge**, deren Bogenform ein Unendlichkeits-Symbol wiederspiegelt. Unter dem Creek hindurch führt der Al Shindagha Tunnel.

Am Bur-Dubai-Ufer, an der Mündung, wurde das **Kulturviertel Al Shindagha** rekonstruiert, weiter creekeinwärts wurde **Al Seef** ❽ als Freizeit- und Flaniermeile aufgebaut.

Vier weitere **Autobrücken** queren den Creek im weiteren Verlauf creekeinwärts (Al Maktoum Bridge [hm], Floating Bridge [hm], Al Garhoud Bridge [hm], Business Bay Bridge [hn]). Jenseits der **Dubai Festival City** – samt gleichnamiger Mall (s. S. 67) – nimmt das Neubaugebiet **Dubai Creek Harbour** Gestalt an (www.ecm.ae). Gerne besucht wird die **Harbour Promenade,** die sich um das runde Becken des Jachthafens schmiegt. Bei Sonnenuntergang fantastisch ist die Aussicht auf das gegenüberliegende Creekufer samt dem in der Ferne aufragenden Burj Khalifa ⓯. **The Viewing Point** ist eine ele-

gant geschwungene Aussichtsplattform, die 26 m über den Creek hinausragt. Gastronomiebetriebe und Geschäfte säumen Teile der Promenade, Kinderspielplätze 🧍, Sitzbänke, Grünanlagen, Skulpturen und Lichtinstallationen bieten Abwechslung. Im wahren Wortsinn ein Highlight soll Dubai Creek Tower werden, ein markant geformtes Hochhaus, das zu den höchsten der Stadt gehören wird. Das einstmalige Ende des Creek wurde ausgebaggert, sodass eine Wasserschleife vom Creek über die Business Bay und den **Dubai Water Canal** bis zur Küste in Jumeirah reicht.

Am Übergang vom natürlichen Creek zum künstlichen Kanal liegt das Naturschutzgebiet **Ras al Khor Sanctuary** 🌿 [gn], in dem unter anderem Flamingos leben.

Im Süden des Dubai Water Canal erstreckt sich District One samt Crystal Lagoon als Teil des riesigen Neubaustadtteils **Mohammed bin Rashid City**.

## Creek-Cruise

An beiden Seiten des Creek liegen traditionelle **Dhaus**, große bauchige **Holzschiffe**, vor Anker. Sie kommen aus dem Iran, Indien, Pakistan, Bahrain, dem Oman, Djibouti, Somalia, Kenia, Sri Lanka oder Singapur. Wie seit Jahrhunderten spielt der Dhau-Handel trotz der Existenz großer, moderner Containerschiffe auch heute noch eine bedeutende Rolle.

An der Uferpromenade von Deira kann man an den Namen der unzähligen Fracht-Dhaus erkennen, woher sie samt ihrer Besatzung stammen. Besonders viele ankern an den Kais (wharfage) creekeinwärts, zwischen dem Sheraton Dubai Creek Hotel and Towers und der Al-Maktoum-Brücke.

Auf einer **Dhau** kann man auch eine interessante Stadt- und Creek-Besichtigung unternehmen. Die **Rundfahrten** werden zu verschiedenen Zeiten offeriert, abends mit Büfett oder Barbecue, tagsüber meist ohne. Die meisten starten ihre etwa zweistündige Dinner-Rundfahrt abends zwischen 20 und 20.30 Uhr. Die Preise inklusive Mahlzeit variieren zwischen 100 und 450 Dh. Sightseeing-Cruises ohne Essen gibt es ab 50 Dh. Man kann mittags oder abends einfach entlang des Creek bummeln und sich eine Dhau aussuchen. In Deira stehen **viele Dhau-Cruise-Veranstalter** zwischen den Abra-Stationen Al Sabkha und Baniyas (s. S. 20). In Bur Dubai haben eher wenige ihren Ankerplatz am Ufer von Al Seef ❽.

### Weitere Touren auf dem Creek

●3 [C2] **Al Ghubaiba Marine Station**, Anlegestelle für Dubai Ferry. Saisonweise werden Rundfahrten durch den Creek angeboten (FR3, ab 50 Dh), zudem Fahrten aus dem Creek hinaus an der Küste entlang nach Marsa Dubai bzw. nach Bluewaters (FR1 und FR2, 13 und 18 Uhr, ab 50 Dh). Auch in die Nachbarstadt Sharjah fährt Dubai Ferry (FR5, ab 15 Dh). Infos bei RTA, Tel. 800 9090, www.rta.ae.

●4 [hn] **Anlagestelle Al Faris Abra Tours und Floating Restaurant**, Dubai Festival City Bay, Tel. 3266651, www.alfariscruises.com, einstündige Abra-Bootsfahrten durch den Creek und den Dubai Water Canal, 11, 13, 15, 18 Uhr, 120 Dh pro Person. Zudem jeden Abend 19–21.30 Uhr Dhau-Dinner-Rundfahrt mit Imagine Wassershow durch Creek, Water Canal und Business Bay Canal zum beleuchteten Wasserfall an der Shaikh-Zayed-Brücke, ab 360 Dh.

◁ *Am Creekufer in Deira liegen allerlei Waren zum Abtransport per Dhau-Holzschiff bereit*

# Dubais Altstadt

> **KURZ & KNAPP**
>
> **Dhaus**
> Arabische Holz-Dhaus sind altbewährte **Schiffstypen,** die seit Jahrhunderten von geschickten Seefahrern und berühmten Navigatoren über die Weltmeere gefahren werden. Von den Küsten der Arabischen Halbinsel segelten Dhaus bereits im achten Jahrhundert allen Stürmen, Strömungen und sonstigen Gefahren zum Trotz bis nach China. Diese frühen Dhaus wurden ohne jegliches Metall, also auch ohne Nägel, konstruiert. Die Planken wurden mit in Öl eingeweichten und gedrehten Kokosnussfasersträngen regelrecht „zusammengenäht".

- **1** [hn] **Anlegestelle Black Pearl Piratenschiff,** Dubai Creek Harbour Promenade. Tour Dubai (s. S. 116) bietet einstündige Sightseeing-Rundfahrten (mit Pizza) auf dem Dhau-Piratenschiff Black Pearl an, 132 Dh, stündliche Abfahrt zwischen 10 und 19 Uhr.
- **2** [E5] **Anlegestelle Tour Dubai Al Seef,** Abfahrt ab dem Bur Dubai Ufer, Al Seef Marina, täglich einstündige Sightseeing-Dhau-Touren (mit Pizza), stündliche Abfahrt zwischen 10 und 17 Uhr, ab 132 Dh, ab 20.30 Uhr auch zweistündige Dinner Cruises ab 311 Dh, s. S. 116.

## Creek-Überquerung

**Abras** sind kleine hölzerne Barkassen, deren wichtigste Aufgabe darin besteht, Passagiere zwischen den Ufern der Lagune hin- und herzuschippern. Als wichtiges Stück Stadtkultur ist eine Fahrt mit einem Abra ein Muss bei jedem Dubai-Besuch.

**Motorisierte Abras** werden von der der Roads and Transport Authority (RTA) betrieben und schippern täglich auf verschiedenen Routen von einem Altstadtufer zum anderen. Welche Routen RTA anfährt, kann sich ändern: Neue Stationen können dazukommen, Routen wechseln, Stationen ausfallen!

Jedes Streckenstück der folgenden beiden Routen kostet pro Person 1 Dh, bar zu bezahlen:
- CR1: Deira Old Souq Station ↔ Bur Dubai Station (6–24 Uhr)
- CR2: Deira Al Sabkha Station ↔ Bur Dubai Old Souk Station (rund um die Uhr)

Jedes Streckenstück der folgenden Routen kostet 2 Dh (bar oder mit NOL-Karte, Mo.–Fr. 8–23, Sa./So. 10–23.30 Uhr):
- CR3: Deira Baniyas Station ↔ Bur Dubai Old Souq Station
- CR4: Deira Al Sabkha Station ↔ Bur Dubai Al Fahidi Station
- CR5: Deira Old Souq Station ↔ Bur Dubai Al Fahidi Station
- CR6: Deira Baniyas Station ↔ Al Seef Station

*Handwerker beim Bau eines Dhau-Holzschiffes*

## Dubais Altstadt

Nur Sa./So. 16–23 Uhr fahren die folgenden Abras für 2 Dh (bar oder mit NOL-Karte):
› CR7: Al Seef Station ↔ Bur Dubai Al Fahidi Station ↔ Bur Dubai Old Souq Station
› CR9: Dubai Festival City Station ↔ Dubai Creek Harbour Station

Ab/nach Al Jadaf (Anschluss an Metro Green Line Station Creek) bestehen wochentags folgende Abra-Verbindungen für 2 Dh (bar oder mit NOL-Karte):
› CR11: Al Jadaf ↔ Dubai Creek Harbour (Mo.–Fr. 7.30–11 und 16–23 Uhr)
› BM2: Al Jadaf ↔ Dubai Festival City (8–23.30 Uhr)

Auch die Ufer des Dubai Water Canal werden von Abra-Booten angesteuert, 2 Dh je Teilstück (bar oder mit NOL-Karte):
› DC2: Al Wajeha ↔ Al Marasi ↔ Business Bay (Mo.–Sa. 8–15.20, So. 10–16.20 Uhr)
› DC3: Al Jadaf ↔ Dubai Design District (Sa./So. 16–22.45 Uhr)

Motorbetriebene Abra-Boote kann man auch **individuell chartern,** um mit bis zu 20 Personen unbhängig von den oben genannten Routen herumzuschippern. Zudem bieten an den Stationen Al Seef und Deira Baniyas strombetriebene Abraboote von 16 bis 23 Uhr **touristische Rundfahrten** an. Die Preise betragen jeweils 300 Dh pro Boot und Stunde.
› **Informationen bei RTA:** Tel. 800 9090, www.rta.ae

### Creek-Spaziergang

Beide Altstadtufer des Creek, Deira und Bur Dubai, eignen sich hervorragend zum Flanieren, da sie jeweils von Fußgängeruferwegen flankiert sind.

In **Deira** spaziert man um die Halbinsel Al Ras in weiten Teilen am Souq vorbei, dann an Parkplätzen, großen Hotels, Bankzentralen und der Stadtverwaltung bis zu den creekeinwärts gelegenen Dhau-Anlagekais kurz vor der Al Maktoum Bridge.

Auf der **Bur-Dubai-Seite** kann man am Creek entlang ab dem Kulturviertel Al Shindagha ❹ an der Al-Ghubaiba-Bus-, Metro- und Marine-Station vorbei am Bur Dubai Souq ❺ entlanggehen. Nachdem man eingezäunte Gerichts- und Regierungsgebäude passiert hat, führt der Weg weiter nach Al Seef ❽. Dieses neoemiratische Kultur-, Freizeit- und Flanierviertel dehnt sich auf ungefähr 1,8 km Länge direkt am Creekufer aus.

### Deira

*Auf der nördlichen Seite des Creek bildet der historisch gewachsene Distrikt Deira einen Teil des Stadtzentrums. Das „Kernstück" ist dabei die Landspitze Al Ras, die dem Mündungsverlauf des Creek seine Biegung verleiht.*

**Bekannte Stadtteile** auf der Deira-Seite sind: Al Ras (Altstadtlandspitze an der Mündung des Creek), Naif (um die Naif Rd), Al Garhoud (zwischen Al Maktoum International Airport und Creek), Al Mamzar (an der Al Mamzar Lagune an der Grenze zu Sharjah), Corniche und Al Hamriya (am Golfufer), Al Rigga (um die Al Rigga Rd), Al Muraqqabat (um die westliche Shaikh Rashid Rd) und Hor al Anz (rund um die östliche Shaikh Rashid Rd).

Zentrale **Orientierungspunkte** in Deira sind der an der Al Maktoum Rd gelegene monumentale Uhrturm *(clock tower),* der Union Square (Me-

tro-Umstiegsstation) sowie der Baniyas-Platz (zwischen Creek und Souq).

Die **Meeres-Uferpromenade** Deiras wird aufwendig ausgebaut: Hotels, Büro- und Geschäftsgebäude, Apartments, Sport-, Einkaufs- und Freizeiteinrichtungen sowie Museen sollen die City in Zukunft attraktiver machen. Auch die vier künstlichen Eilande von Dubai Islands (s. S. 36) sind Teil der Ausbaupläne.

◸ *Markanter Orientierungspunkt mitten in Deira: der „clock tower"*

◹ *Schmucke Schaufenster und Schatten spendende Dächer laden zum Spaziergang durch den alten Bereich des Goldmarktes ein*

❷ **Deira Souq** ★★★ [E2]

*Der Souq von Deira dehnt sich auf der Halbinsel Al Ras aus – genau genommen ist die ganze Landspitze ein einziges riesiges Souq-Gebiet, das vom Glanz des Gold Souq* ❸ *dominiert wird.*

Die Stadtverwaltung Dubais hat an vielen Stellen **Restaurierungen der alten Geschäftsgebäude** vornehmen lassen, bei denen nur traditionelle Materialien wie Korallen- und Muschelstein sowie Palm- und Sandelholz verwendet wurden. Baustil und Design der Zierornamente im Mauerwerk und auf den Holztüren folgen althergebrachten Mustern. Bei Hitze von Vorteil: Etliche Gassen des Souqs sind mit **hölzernen Schattendächern** überspannt.

Im Deira Souq gibt es eine große **Vielfalt** an orientalischem und unorientalischem Allerlei, auch etliche Souvenirshops finden sich. Wer traditionell arabische oder indische Kleidung sucht, der findet hier eine große Auswahl. Nicht für Touristen ist das Sortiment vieler Shops rund um den Gold Souq ❸, denn sie verkaufen nur Großabnehmermengen – zu erkennen am Schild „wholesale only".

Ein Erlebnis der besonderen Art verspricht ein Bummel durch die gedeckten **Gassen des Gewürzmarktes**, der sich zwischen der Old Baladiya St., der Al Ras Rd und der am Creek entlanglaufenden Baniyas Rd ausdehnt. Der Beginn der Old Baladiya St. (s. S. 23) ist unverkennbar mit einem hölzernen Torbogen überspannt, hier zweigt die Hauptgasse des Gewürzsouqs ab. Die Gerüche der verschiedensten Gewürze ziehen durch die Gassen – Paprika, Curry, Koriander, Kardamom, Kurkuma, Ingwer, Gewürznelken, Muskatnüsse, Kräuter, Chilischoten, Knoblauch und Limonen.

## Dubais Altstadt

Es finden sich auch unzählige Naturheilmittel. Sowohl als Heilmittel, aber in erster Linie als Duftstoff wird Weihrauch verwendet. Wohlriechende Dufthölzer und Räuchermischungen werden ebenfalls angeboten sowie die entsprechenden Brenngefäße. Auch Duftöle und Parfüms verströmen ihr Odeur – nicht zu vergessen die filigranen Glasflakons. Dazwischen steht immer wieder Hennapulver, mit dem sich arabische und indische Frauen gerne die Hände und Füße verschönern.

Die **Old Baladiya St.** wurde zum fußgängerfreundlichen Touristenkorridor umgestaltet, mit schattigen Sitzgelegenheiten, Verschönerungselementen wie Skulpturen in Form von traditionellen Beduinentruhen und Wandmalereien mit historischen Szenen sowie abendlicher Retro-Petroleumlampen-Beleuchtung. Hölzerne Schilder weisen zu verschiedenen Souq-Bereichen und weiteren Sehenswürdigkeiten, so auch zum **Museum of the Poet Al Oqaili** (s. S. 49). Es ist das einstige Wohnhaus des 1954 verstorbenen Dichters Mubarak bin Hamad Al Oqaili. Ein Besuch des sorgsam restaurierten Hauses lohnt und vermittelt Einsichten in die traditionelle Bauweise und bietet Informationen zum Leben des Hausherren.

❸ Gold Souq ★★ [E2]

Im Altstadtbereich Deiras liegt auch der Goldmarkt. In seiner autofreien Hauptgasse, der mit einem Schatten spendenden Dach überspannten **Sikkat al Khail Rd**, sowie den umgebenden Gassen und Straßen bieten rund 300 Schmuckgeschäfte güldene Geschmeide feil. Dubais Goldmarkt wurde mit der **Gold Souq Extention** um etwa nochmal so vielen Läden erweitert. Dieser zwischen Creek und Al Khor St. gelegene Bereich ist schicker und moderner gestaltet, auch hier gibt es Fußgängerwege. Juweliere haben die untersten Etagen verschiedener Apartmentwohnhäuser der Hind Plaza bezogen – zwischendrin finden sich Cafés und Restaurants.

Goldschmuck bildet den Hauptteil des Brautpreises, der in arabischen Familien traditionsgemäß von der Bräutigamsfamilie an die Eltern der Braut und sie persönlich gezahlt wird.

### Bur Dubai

*Südlich des Creek* ❶ *dehnt sich der zweite wichtige Distrikt des alten Stadtzentrums aus: Bur Dubai. Hier befindet sich mit dem Al-Fahidi-Fort* ❻ *auch eins der ältesten Gebäude der Stadt. 1787 erbaut, be-*

*herbergte es lange Jahre den Herrschersitz. Neben diesem einstigen Machtzentrum steht der heutige Regierungspalast („diwan"). Die Festung ist das einzige historische Gebäude in Bur Dubai. Andere Häuser, die alt aussehen, sind wieder aufgebaut worden und bieten in den beiden historischen Vierteln Al Fahidi ❼ und Al Shindagha ❹ sowie in Al Seef ❽ Einblick in die Vergangenheit.*

Wichtige **Stadtteile** auf der Bur-Dubai-Seite des Creek heißen Mankhool (um die Shaikh Sabah al Ahmad al Jabr al Sabah St.), Al Karama (zwischen Trade Centre Rd und Zabeel Rd) und Umm Hurair (um die Umm Hurair Rd).

Wichtige **Orientierungspunkte** zusätzlich zum Al-Fahidi-Fort ❻ sind Al Ghubaiba als Verkehrsknotenpunkt (Metro-, Bus- und Wassertransportstation) und das Einkaufszentrum BurJuman (s. S. 66).

## ❹ Al Shindagha ★★★ [C1]

*Der direkt an der Mündung des Creek gelegene historische Stadtteil Al Shindagha (siehe auch Exkurs S. 26) befindet sich im Aufbau zum Kulturviertel bzw. zur Museumsmeile.*

Viele Jahre hat man sich dem **Wiederaufbau von rund 160 traditionellen Gebäuden** gewidmet. Wohn- und Handelshäuser, aber auch Werkstätten, Moscheen und historische Plätze wurden rekonstruiert sowie touristisch erschlossen. Es lohnt, entlang der knapp 1 km langen Uferpromenade oder durch die angrenzenden engen Gassen zwischen den typischen Windturmhäusern zu spazieren, kein Auto stört hier. In etlichen Häusern finden sich interessant und interaktiv gestaltete **Ausstellungen** zu vielfältigen geschichtlichen und kulturellen Themen zusammengefasst werden sie **Al Shindagha Museum** (s. S. 25) genannt.

Zusätzlich gibt es bzw. entstehen weitere Museen oder Kultureinrichtungen, die Interessierte willkommen heißen – diese haben jedoch eigene Öffnungszeiten und sofern der Eintritt nicht gratis ist, ist dieser nicht im Komplettpreis des Al Shindagha Museums eingeschlossen, so z. B.:
› Das **Crossroads of Civilisations Museum** (s. S. 48) bietet eine Zeitreise zu vergangenen Hochkulturen.

## ❺ Bur Dubai Souq ★★★ [C3]

*Wie in Deira, so hat die Stadtverwaltung auch in Bur Dubai eine umfangreiche Renovierung und Verschönerung des Souq-Gebietes initiiert. Manche Gassen sind mit hölzernen Bogengängen überdacht und die Häuser wurden im traditionellen Stil restauriert.*

In den gedeckten Gassen des Bur Dubai Old Souq finden sich **typische Souvenirs** – die Bandbreite reicht von arabischem und indischem Nippes über Handwerksarbeiten bis hin zu einer Vielfalt an T-Shirts mit Dubai-Aufdrucken.

Die mitten im Souq-Areal gelegene Al Fahidi St. sowie einige ihrer Seitenstraßen fungieren als **Elektromarkt**, der sich auf den Verkauf von Unterhaltungselektronik, elektronischen Haushaltsgeräten, Handys sowie Armbanduhren spezialisiert hat. Das Angebot ist groß, es gibt sowohl Billigschrott als auch Markenprodukte.

Zwischen der Großen Moschee und dem Creek liegt der farbenprächtige

▷ *Das Al Shindagha Museum zeigt vielerlei Ausstellungen in rekonstruierten Altstadthäusern*

# Kultur-Entdeckungsreise im Al Shindagha Museum

Dieses außergewöhnliche Mueum im Al Shindagha Kulturviertel ❹ liegt malerisch direkt am Creekufer ❶ und umfasst 22 kulturhistorische Einzelausstellungen, die in 80 größtenteils rekonstruierten Altstadthäusern eingerichtet sind. Überaus sehenswert sind sowohl das Viertel aus hübschen Häusern mit Windtürmen und Innenhöfen wie auch die ausgeklügelten Ausstellungen.

Verschiedene landeskundliche und kulturelle Themen sind einfallsreich, multimedial und multisensorisch ausgestaltet – man kann auf vielfältige Weise mitmachen bzw. miterleben. Immer wieder fließen Lebensgeschichten ein und veranschaulichen so historische Hintergründe. Auch Kinder finden spezielle Angebote. Die Häuser liegen verstreut im gesamten Kulturviertel, Schilder weisen den Weg durch die autofreien Gassen. Ein Spaziergang durch das Viertel kommt einer Entdeckungsreise gleich. Den Creek entlang zieht sich ein breiter Flanierweg.

🏛5 [C1] **Al Shindagha Museum, Visitor Centre,** Tel. 800 33222, https://alshindagha.dubaiculture.gov.ae, geöffnet einheitlich 10–20 Uhr, 50 Dh für alle Ausstellungen. Das gläserne Willkommenszentrum verkauft Tickets, bietet Infos und Raum zum Treffen und Rasten. Ticketverkauf auch in den Häusern Poetry und Culture of the Sea.

Empfehlenswerte Einzelausstellungen:
🏛6 [C1] **Dubai Creek – Birth of a City**
🏛7 [D1] **Emerging City**
🏛8 [C1] **Perfume**
🏛9 [C1] **Traditional Jewellery**
🏛10 [C1] **Beauty and Adornment**
🏛11 [C1] **Traditional Crafts**
🏛12 [D1] **Traditional Food**
🏛13 [C1] **Traditional Healthcare**
🏛14 [C1] **People and Faith**
🏛15 [D1] **Life on Land**
🏛16 [D1] **Culture of the Sea**
🏛17 [C1] **Childrens Pavilion** ⚲
🏛18 [C1] **Al Maktoum Residence**
🏛19 [C1] **Poetry**
🏛20 [C1] **Saruq Al Hadid Archaeology**

192du Abb: © Al Shindagha Museum

## Die Kulturviertel Al Shindagha, Al Fahidi und Al Seef

Am Creekufer von Bur Dubai bieten sich drei sehenswerte **Kultur-, Freizeit- und Touristenviertel** zur Erkundung an. Al Shindagha ❹ liegt direkt an der Lagunenmündung, creekeinwärts folgen Al Fahidi ❼ und Al Seef ❽.

Al Shindagha und Al Fahidi sind **historische Altstadtteile:** Hier stehen die landesweit ältesten Bauwerke, hier lebten einst sowohl einflussreiche Shaikhs als auch wohlhabende Kaufmannsfamilien. Wegen Baufälligkeit wurden diese Viertel Anfang der 1970er-Jahre größtenteils abgerissen, sodass weiträumige Wiederaufbau- und Rekonstruktionsmaßnahmen erfolgen mussten. Da der Bewahrung des kulturellen Erbes ein hoher Stellenwert zugeschrieben wird, wurden traditionelle Baumethoden und -materialien wie Korallenstein, Muschelblöcke, Kalk und Lehm verwendet. Sehenswert sind die typischen **Windturmhäuser.** Diese um einen Innenhof erbauten, meist zweigeschossigen Gebäude fallen durch mindestens einen Windturm auf (auf Arabisch „bajeel" genannt). In früheren Zeiten sorgten die bis zu 15 m hohen Türme dafür, dass eine kühle Brise in das Haus ziehen konnte. Die Schächte reichen vom Erdgeschoss über alle Etagen und sind nach allen vier Seiten hin geöffnet. Im Turminnern sorgt eine x-förmige Mauer dafür, dass auf der einen Seite kühle Luft ein- und auf der anderen warme Luft ausströmen kann.

Erlebten Al Shindagha und Al Fahidi ihre **Renaissance,** so wurde Al Seef komplett **neu gebaut** – der größere Teil je-

**Stoffmarkt** Bur Dubais. Die Schaufenster konkurrieren um die bunteste Auslage, unter den Vordächern flattern indische Seidensaris und Kaschmirschals, im Innern der Läden stapeln sich dicke Stoffballen in allen Farben, Mustern und Qualitäten.

Etwas Besonders ist der **Al Fahidi Traditional Souq** (s. S. 71). In einem mit Türmen bewehrten und von Arkaden gesäumten Gebäudekomplex mit Innenhof bieten auf zwei Etagen rund 230 Geschäfte traditionelle Waren und Souvenirs zum Verkauf an.

doch im Stil eines historischen Viertels. Wirken jene Teile wie aus einer anderen Epoche, so bietet Al Seef zusätzlich einen Bereich mit modernen Bauweisen.

All diese neo-historischen Viertel dienen der Präsentation **traditioneller Lebensweisen** und des nationalen Erbes baulicher und kultureller Art. In vielen Windturmhäusern wurden **interessante Ausstellungen** eingerichtet. Besonderes Augenmerk kommt Landestraditionen, Geschichte, Architektur und althergebrachten Wirtschaftsbereichen wie Handel, Perlentauchen, Fischerei, Seefahrt und Kunsthandwerk zu. In allen drei Vierteln laden unzählige **Cafés und Restaurants** – manche mit tollem Creek-Blick – zum Verweilen ein. Al Seef bietet sogar Bars. Auch Hotels, Geschäfte, Freizeit- und Unterhaltungsmöglichkeiten wie Bootstouren reihen sich ein.

Diese autofreien Stadtteile mit ihren Uferpromenaden und Gassen sind beliebt zur Freizeitgestaltung, zum abendlichen Spazierengehen oder für einen Familienausflug. Touristen können auf eine **Zeitreise** gehen, aber auch Annehmlichkeiten der Moderne genießen. Einheimische wiederum können ihre kulturelle Identität wiederbeleben, Schulklassen verlegen ihren Geschichtsunterricht hierhin. Die drei Viertel weisen **graduelle Unterschiede** auf: Al Shindagha ist von musealen Ausstellungen geprägt, Al Fahidi durch seine Kunstgalerien und Kultureinrichtungen und Al Seef durch ein breit gefächertes Gastronomie- und Einkaufsangebot.

### ❻ Al-Fahidi-Fort ★ [D3]

1787 wurde das imposante Al-Fahidi-Fort erbaut, das heute das bedeutendste historische Gebäude Dubais ist. Seit 1971 beherbergen seine Mauern – samt einem unterirdischen Anbau – das Nationalmuseum.

Bis 1896, als der damalige Herrscher in ein Palastgebäude an den Creek umzog, wurde die Festung als Herrschersitz genutzt. Zudem diente sie zur Bewachung und Verteidigung der Stadt sowie als Waffenlager und Gefängnis. Der riesige Festungsbau fungiert seit der Staatsgründung 1971 als **Nationalmuseum für Landeskultur und Geschichte.**

Das Fort und das Museum werden derzeit saniert und sind **geschlossen.**
› Bur Dubai Souq, 62a St. Ecke Al Fahidi Rd, Makani 28548 95221, Tel. 3531862, https://dubaiculture.gov.ae, Metro Green Line: Sharaf DG

### ❼ Al Fahidi ★★★ [D4]

*Dieses nur einen Block östlich des Forts ❻ gelegene Kultur- und Kunstviertel ist eines der ältesten der Stadt. Mitten im Trubel Bur Dubais öffnet es sich als eine Oase der Ruhe. Das gesamte Viertel wurde mit traditionellen Baustoffen restauriert. Zudem wurden Gebäude ergänzt, dabei zählt Al Fahidi nur 55 Häuser. Schlendert man durch die schattigen Gassen, bekommt man einen Eindruck vom alten Dubai.*

*In diversen* **Windturmhäusern** *(s. S. 26) sind Kunstgalerien und Kulturbehörden bzw. -organisationen untergebracht. Manche Fassaden sind großflächig mit Straßenkunst gestaltet worden. Schön, schattig und*

◁ *Die gedeckte Hauptgasse im Bur Dubai Souq* ❺

charmant bieten Innenhof-Cafés Kaffee, Kunst und Flair.

**Besondere Tipps:**
- Nach Voranmeldung kann man in den Wintermonaten an einer vom Shaikh Mohammed Centre for Cultural Understanding (s. S. 105) organisierten **Stadtteilführung** teilnehmen: Heritage Touren dauern ca. 90 Min., kosten 110 Dh pro Person, beinhalten eine Führung durch die Farooq-Moschee und schließen mit einer traditionellen Kafferunde ab (Di./Do. 10.30, Fr.–So. 9 Uhr).
- **Bayt Al Khanyar Museum** (s. S. 48). Spezialausstellung zu traditionellen Dolchen und Schwertern.
- **Coffee Museum** (s. S. 48). Kleines, aber feines Kaffeemuseum.
- **Majlis Gallery** (s. S. 50). Stadtbekannte, alteingesessene Kunstgalerie.
- **XVA Café & Art Hotel** (s. S. 61 bzw. S. 121). Tolles Innenhofcafé und besonderes Kunst-Hotel.
- **Arabian Tea House** (s. S. 54). Mit baumbestandenem Innenhof.

*Mit Landesflaggen geschmücktes Windturmhaus in Al Fahidi* ❶

### ❽ Al Seef ★★★ [E5]

*Das Creekufer östlich von Al Fahidi* ❶ *wurde auf 1,5 km Länge zum Kultur-, Freizeit- und Touristenviertel Al Seef ausgebaut. In diesem neo-arabisch inspirierten Viertel liegen ursprünglich gestaltete und modern inspirierte Bereiche in trauter Nachbarschaft.*

Im Nordwesten Al Seefs überwiegt die Wiederbelebung der Landeskultur, z. B. in Form eines neo-traditionellen **Souqs im Stil der 1950er-Jahre**. Im südöstlichen Teil von Al Seef wird diese Ausrichtung durch Modernität in Form von bunt bemalten oder beleuchteten Würfelgebäuden abgelöst. Rund 500 Gelegenheiten zum **Einkaufen und Essen** sowie weitere Angebote zum touristischen Erkunden bzw. zur Unterhaltung bietet das Gebiet, das komplett fußgängerfreundlich ist.

**Besondere Tipps:**
- Per **Abra-Boot** (s. S. 20) kann man ab dem Deira-Ufer anfahren: ab der Station Baniyas zur Station Al Seef (CR6) oder ab Al Sabkha nach Al Fahidi (CR4) sowie nur am Wochenende ab Bur Dubai Old

Souq nach Al Fahidi (CR7), je 2 Dh. Alle Routen auch retour.
- **Infos bei RTA:** Tel. 800 9090, www.rta.ae
- Man kann **Rundfahrten auf hölzernen Dhau-Schiffen** unternehmen, z. B. mit Tour Dubai (s. S. 20)
- In der **Events Plaza** finden wechselnde Veranstaltungen statt, während des alljährlichen Dubai Shopping Festivals zudem allerlei Kultur- und Familienveranstaltungen.
- Das **Museum of Illusions** (s. S. 49) ist ein beliebter Insta-Spot.
- Die beiden **Hampton & Canopy by Hilton Dubai Al Seef Hotels** stehen im modernen Teil und sind eine angesagte Unterkunftsmöglichkeit (s. S. 122). Das **Al Seef Heritage Hotel Dubai, Curio Collection by Hilton** (s. S. 121) besteht aus 22 im traditionellen Stil gestalteten Einzelhäusern zwischen Creek und Al-Seef-Souq.
- **Infos:** https://alseef.ae

# Dubais Neustadt

*Jenseits der Altstadt dehnen sich großflächige Neustadtbezirke aus. Entlang der ehemals natürlichen Küstenlinie des Golfes werden neue Welten im Meer geschaffen. Hier sind Wasserkanäle zur Stadtgestaltung beliebt, so wie der ca. 4 km lange Marina-Kanal von Marsa Dubai/Dubai Marina* ⓮ *und die beiden ineinander übergehenden, 12 km langen Creekerweiterungen Business Bay Canal und Dubai Water Canal.*

Auch künstlich aufgeschüttete Inseln oder Halbinseln schaffen Wohnräume und Freizeitflächen am Wasser. Der Distrikt Jumeirah hat so ein Vielfaches an Küstenlinie dazugewonnen. Am bekanntesten sind die Palmeninseln, doch als Krönung der Symbolik schafft sich Dubai mit The World tatsächlich seine eigene Welt.

Die **Shaikh Zayed Rd**, die hochhausbestandene und metroflankierte Schnellstraße nach Abu Dhabi, markierte Ende des letzten Jahrtausends die im Landesinneren gelegene Stadtgrenze, doch inzwischen ist Dubai darüber hinaus immer weiter in die Wüste hineingewachsen. Auch die spiegelglasverkleideten Wolkenkratzer entlang der Shaikh Zayed Rd sind immer höher geworden und haben Rekordmarken gesetzt. Weiter südwestlich grenzt Dubai an das Emirat **Abu Dhabi**. Im Nordosten grenzt Dubais Küste an **Sharjah** – im Grunde sind beide Städte in den letzten Jahren aneinandergewachsen.

*Maritime Nostalgie im neo-historischen Teil von Al Seef*

## Jumeirah

*Weite Teile Dubais liegen am Ufer des Arabischen Golfs. Von der Creekmündung bis zur Palmeninsel Nakhlat Jumeirah sind es rund 25 km. Noch vor wenigen Jahren als kleines Fischerdorf weitab vor den Toren Dubais gelegen, liegt der Distrikt Jumeirah heute geografisch gesehen mittendrin. Hier stehen zahlreiche elegante Strandvillen, hier haben etliche Geschäfte, Restaurants und Cafés eröffnet und hier reihen sich luxuriöse Hotelresorts aneinander. Kilometerlange Sandstrände laden zu Sport, Spiel, Spaziergang oder Sonnenbad ein. Flanier-, Jogging- und Radwege ziehen sich am Strand entlang.*

Der Küstenstreifen wird stetig mit neuen kleinen **Halbinseln** bebaut, wie z. B. Pearl Jumeirah oder Jumeirah Bay Island, die Hotelresorts und Luxuswohnraum bieten. Neuestes Projekt ist The Island (https://bsbgroup.com) im Las-Vegas-Stil.

Im Meer soll **Dubai Reefs** (https://urb.ae) entstehen, ein nachhaltig agierendes Zentrum für Meeresforschung, -sanierung und Ökotourismus. Neu geschaffene Inseln mit Mangroven, Öko-Lodges, Wellenfarmen und ein riesiges Korallenriff charakterisieren dieses Projekt.

Touristisch interessant sind die stilvoll dekorierte **Jumeirah-Moschee** ❾ und die Strandpromenade **Jumeirah Corniche** (s. S. 75) sowie mehrere Einkaufszentren. Das Rückgrat Jumeirahs ist die **Jumeirah Rd**, die beim Hotelresort Madinat Jumeirah (s. S. 123) in die King Salman bin Abdulaziz St. übergeht.

Meist wird Jumeirah als Synonym für alle seeseitigen Bereiche zwischen dem Rashid-Hafen und der südöstlichen Stadtgrenze bei Jebel Ali gebraucht, doch dabei werden einige andere Stadtteilnamen unter den Tisch gekehrt, so **Umm Suqeim** und **Al Sufouh,** die im Südwesten von Jumeirah entlang dem Meeresufer liegen und

*Am Fischreihafen von Umm Suqeim 1*

## Dubais Neustadt

ebenfalls von Villenvierteln geprägt sind. Bei Al Sufouh ragt die Palmeninsel **Nakhlat Jumeirah** (s. S. 33) ins Meer. Daran schließt sich **Marsa Dubai/Dubai Marina** ⓮ an.

In Jumeirah mündet der **Dubai Water Canal** ins Meer. Der insgesamt 12 km lange, künstlich gegrabene Wasserweg hat seinen Anfang unter dem Namen **Business Bay Canal** im natürlichen Wasserlauf des Creek ❶, passiert als selbiger das Viertel Burj Khalifa (s. S. 40) und fließt unter der Shaikh Zayed Road hindurch, ab der er Dubai Water Canal heißt.

❾ **Jumeirah-Moschee** ★★★ [gl]

*Die sich im Norden der Jumeirah Rd befindende Jumeirah-Moschee ist eine der schönsten der Stadt. Mit ihren zwei schlanken Minaretten und der Gebetshalle mit fünf Kuppeln ist sie ein anschauliches Beispiel moderner islamischer Architektur. Abends erstrahlt das illuminierte Gebäude in einem breiten Spektrum von Beige- und Gelbtönen.*

Der **Besuch** der 1975 erbauten Moschee ist Nichtmuslimen nur im Rahmen einer Führung gestattet. Diese ist sehr empfehlenswert, denn sie vermittelt nicht nur Einblicke in das bonbonbunte, stuckverzierte Innere der Moschee, sondern es werden auch die wesentlichen Grundzüge des Islam erläutert. Zudem bietet sich eine besondere Gelegenheit, denn jeder bekommt hier seine persönlichen Fragen zum Islam beantwortet.

Beim Besuch der Moschee sollten sowohl Männer als auch Frauen **gebührlich gekleidet** sein: Die Knie und Schultern bitte bedecken, also keine kurzen Hosen, und Frauen sollten ein Kopftuch tragen. Beim Betreten des Gebetsraumes muss jeder seine Schuhe ausziehen.

› Jumeirah 1, Jumeirah Rd, Makani 25303 91982, www.jumeirahmosque.ae, Tel. 3536666, Moscheeführungen des Shaikh Mohammed Centre for Cultural Understanding (s. S. 105), Sa.–Do. 10 und 14 Uhr, 40 Dh (ohne Voranmeldung). Angegliedert sind ein Museumsraum mit landeskundlicher Ausstellung (Sa.–Do. 9–17 Uhr), ein Souvenirshop (Sa.–Do. 9.30–17 Uhr) und ein Veranstaltungsraum, in dem wechselnde Ausstellungen stattfinden.

❿ **Wild Wadi** ★★ [dl]

Dieser **Wasserpark** ist sehr aufwendig und detailgetreu einem Fluss (arab. *wadi*) nachempfunden. In den „wilden" Fluten finden große Wasserratten ihren Adrenalinkick und kleine ihren Spaß. 30 Attraktionen bietet der Park, speziell für jüngere Kinder

◁ *Die Jumeirah-Moschee strahlt zeitlose Eleganz aus*

auch einige extra-gefahrlos. Die Parkgestaltung ist inspiriert von den Erlebnissen der Märchenfigur Juha. Jumeirah Sceirah ist eine beliebte Tunnelrutsche, durch die man aus 32 m Höhe mit bis zu 80 km/h in Wasserbecken schnellt. Langsamer geht es in Juha's Journey zu, einer 360 m langen Wasserrutsche. Der zum Park gehörige **Strand** lädt zum Entspannen und Sonnenbaden ein.

› Umm Suqeim 3, Jumeirah Rd, Makani 17388 81534, Tel. 3484444, www.wildwadi.com, 10–18 Uhr, ab 295 Dh

### ⓫ Burj Al Arab ★ [dl]

Eine der frühen Architekturikonen des himmelhoch aufstrebenden Dubai ist das Luxushotel **Burj Al Arab**, was mit „Turm Arabiens" übersetzt wird. Bei seiner Einweihung im Jahr 2000 waren Superlative hier noch eine Besonderheit.

Der viel fotografierte **futuristische Bau** reckt sich unübersehbar 321 m hoch in den Himmel. Die offene Lobby reicht bis zum Dach. Sogar die Freiheitsstatue würde im Inneren Platz finden! In der Architektur des Gebäudes zeigt sich die Seefahrertradition der Emirate, denn der Burj Al Arab ist in **Form eines aufgeblähten Segels** erbaut. 202 doppelstöckige Suiten gibt es hier, **viel Platz, Privatbutler, Pomp und Plüsch** verwöhnen selbst die anspruchsvollsten Gäste. 10.000 m² Blattgold wurden zur Dekoration aufgetragen und kontrastieren das kunterbunte Farbdesign. Gegen Gebühr können Nicht-Hotelgäste während einer geführten **Besichtigungstour** exklusive Einblicke und Fotogelegenheiten erlangen.

Für die **kulinarischen Genüsse** kann man wählen, ob man eine Himmelsbar erstürmen oder in ein Unterwasserrestaurant abtauchen möchte. In direkter Nachbarschaft stehen weitere ikonisch designte Hotelresorts der Jumeirah-Gruppe: So das **Jumeirah Beach Hotel**, das die Form einer Riesenwelle widerspiegelt, und das **Jumeirah Marsa Al Arab**, das an eine avangardistische Superjacht erinnert. Für Fotofans ist dieses maritime Trio ein beliebtes Motiv.

› Umm Suqeim 3, Jumeirah Rd, Makani 17112 81793, Tel. 3647194, www.jumeirah.com

› **Inside Burj Al Arab**, Tel. 800 467433, https://insideburjalarab.com, geführte Besichtigungstour: 90 Minuten, ab 249 Dh, Familien- oder Luxuspakete, Nachmittagstee, Restaurant- oder Spabesuche gegen Aufpreis, Vorabbuchung empfehlenswert. Beim Hotelbesuch ist die geltende Kleiderordnung zu beachten.

### ⓬ Souq Madinat Jumeirah ★★ [dl]

Dieser Souq mit seinen engen, gedeckten Gassen ist Teil des riesigen von Wasserkanälen und Grünanlagen durchzogenen Hotelresorts Madinat Jumeirah (s. S. 123), das wegen seiner arabisch-emiratischen Bauweise für Furore sorgt.

Der Souq Madinat Jumeirah ist eine modern-komfortabel gestaltete Neuinterpretation eines **arabischen Marktviertels**. Viele der insgesamt **95 Läden** verkaufen schicke und eher hochpreisige Souvenirs, Antiquitäten, Handwerksartikel, Bekleidung, Accessoires, Schmuck, Wohnungsdekoration und Feinkostartikel. Die gedeckten, säulengetragenen Gassen und das farbenfrohe Warensortiment vermitteln orientalisches Flair und bieten den Pluspunkt, dass sie klimagekühlt sind.

Wer diesen Souq besucht, sollte Zeit haben, um sich in einem der über 20 gemütlichen **Cafés** oder interessanten **Restaurants** niederzulassen, viele herrlich im Garten oder an den Kanälen gelegen und mit Aussicht auf unzählige Windtürme, vorbeigleitende Abras und den alles überragenden Burj Al Arab ⓫ im Hintergrund (weitere Gastronomieangebote in den Hotels der Madinat Jumeirah Resortanlage).

Die vielen verwinkelten **Terrassen**, insbesondere die Dachterrassen, gehören zu den schönsten der Stadt und auch Bars und Nachtclubs, ein Amphitheater und ein Theater für Digitale Kunst (s. S. 50) sind Teil des Souq Madinat Jumeirah.

Der Souq ist Teil des **Hotelresorts Madinat Jumeirah.** „Jumeirah-Stadt" ist die passende Übersetzung für dieses riesige Resort der Jumeirah-Hotelgruppe, das genau genommen im Stadtteil Al Sufouh zwischen Meeresstrand, Gärten und Wasserkanälen liegt. Vier verschachtelte Hotelkomplexe mit vielen Windtürmen bestimmen das Erscheinungsbild dieser außergewöhnlichen Resortanlage.

› Al Sufouh 1, Jumeirah Rd, Makani 17175 80934, Tel. 800 738245, www.jumeirah.com, 10–23 Uhr

☐ *The Boardwalk (s. S. 34) nennt sich die Uferpromenade auf dem Wellenbrecherring der Jumeirah-Palmeninsel*

## Nakhlat Jumeirah/ Palm Jumeirah

*Am Ufer von Jumeirah „wurzelt" die berühmte Palmeninsel Nakhlat Jumeirah, auch Palm Jumeirah genannt. Sie ist die erste künstlich erschaffene Insel Dubais und die kleinere der beiden Kunstinseln mit Palmengrundriss.*

Die **Dimensionen** von Nakhlat Jumeirah sind umwerfend: Länge des Palmenstamms (engl. *trunk*) 2 km, Länge des Wellenbrecherrings (engl. *crescent*) 11 km, Anzahl der Palmenwedel (engl. *fond*) 16 km, Uferlinie 78 km. Rund 30.000 Menschen wohnen auf der Jumeirah-Palme, dauerhaft, im Zweitwohnsitz oder in Ferienwohnungen: auf dem Stamm vor allem in Apartmenthäusern, auf den 16 Palmwedeln in Strandvillen. Der Zugang zu den Palmwedeln ist nur Anwohnern möglich.

Nakhlat Jumeirah wartet mit einem Wasser-Themenpark der Extraklasse auf: **Aquaventure World** ⓭ vereint den Riesen-Wasserpark Aquaventure, die Meeresaquarienwelt The Lost Chambers und das Atlas Village, in dem man Delfinen und Seelöwen begegnen kann.

Auf dem Palmenstrunk verläuft als Hochbahn die Einschienenbahn **Palm Monorail**, die Festland und Wellen-

## Dubais Neustadt

> **MEINE TIPPS**

### Palm Jumeirah: Uferpromenaden
**Palm West Beach**
Entlang dieser mit 300 Palmen bestandenen, 1,6 km langen Strandpromenade auf dem westlichen Stamm der Palmeninsel gibt es Restaurants, Bars, Hotelresorts, Unterhaltungsmöglichkeiten, Wassersportaktivitäten, Spielplätze, Sitzbänke, Springbrunnen sowie Spazier- und Joggingwege. Hier findet sich eine große Auswahl an Strandclubs – allein The Club vereint sieben Beach Clubs samt Restaurants/Bars. Auch einige Restaurants (z. B. Orange Cameleon, Lucky Fish, Koko Bay) bzw. Strandbars (z. B. February 30, Surf Club) bieten hauseigene Badestrände, Sonnenliegen, Sitzsäcke, Sonnenbetten oder Duschen (Strandnutzung wochentags ab 150 Dh, meist auf Speisen und Getränke anrechenbar). Abends ist die Promenade hell erleuchtet und ein beliebter Sonnenuntergangs-Treffpunkt. Partygänger kommen hier auf ihre Kosten. Als fotogener Hintergrund fungiert die Hochhaus-Silhouette von Marsa Dubai samt Bluewaters ⓮.
› Infos: www.westbeach.ae, Tel. 3659441

**The Boardwalk**
Der dem Wellenbrecherring vorgelagerte, 11 km lange Uferpromenadenweg bietet viel Platz – ohne Gastronomie, Geschäfte oder Badegelegenheiten. Ruhesuchende, Spaziergänger und Jogger kommen gerne her.

### Palm Jumeirah: Aussichten
**The View at the Palm**
Auf dem Palmenstamm bietet **The View** im 52. Stock des The Palm Tower Rundblick aus 240 m Höhe. **The Next Level** führt noch zwei Etagen höher. Zudem kann man bei Top-Aussicht im 51. Stock im Restaurant **SushiSamba** speisen (s. S. 60) oder im **Aura Skypool** (s. S. 78) baden bzw. in der Lounge & Bar einen Sundowner genießen.
› Zugang über die Dubai Mall ⓰, Rooftop Level 2, Tel. 800 8438439, www.theviewpalm.ae, 9–20.30 Uhr, The View ab 100 Dh, The Next Level ab 175 Dh

**The Dubai Balloon at Atlantis**
In einem fest verankerten **Heißluftballon** kann man 300 m in den Himmel über dem Wellenbrecherkranz der Jumeirah-Palmeninsel abheben und einen **360°-Ausblick** genießen. Die riesige, runde Gondel kann 20 Personen aufnehmen.
› 7–11 und 18–24 Uhr, 175 Dh, Dauer: ca. 10–15 Min., Tel. 800 2255666, https://thedubaiballoon.com, Zugang besteht über die öffentlich zugängliche Einkaufspassage The Avenues des Hotels Atlantis, The Palm (s. S. 124)

brecherkranz miteinander verbindet (s. S. 130). Mitten auf dem Stamm gelegen bietet die **Nakheel Mall** rund 300 Gelegenheiten zum Einkaufen, Essen und Entertainen (s. S. 68). Der flankierende, 240 m hohe The Palm Tower ist der höchste Turm der Insel und lädt dazu ein, sich die Insel von oben anzusehen (s. o.).

Das westliche Stammufer wird von der Strandpromenade **Palm West Beach** (s. S. 75) flankiert. Badespaß, Gastronomiegenüsse und Partyfeeling gehen hier Hand in Hand.

Auf dem Palmenstamm und auf dem Wellenbrecherkranz kann man in etlichen **Luxusresorts** nächtigen. Die auffälligsten und opulentesten sind Atlantis, The Palm und Atlantis The Royal (beide s. S. 124).

Für einen Spaziergang und zum Joggen gut geeignet ist der um den Kranz laufende **Boardwalk** (s. links).
› Infos: www.nakheel.com

## Dubais Neustadt

### 13 Aquaventure World ★★ ⚲ [ck]

Aquaventure World ist mit 22,5 ha der weltgrößte **Wasservergnügungspark**. 105 Rutschen, Stromschnellen, Wasserbecken und weitere nasse Attraktionen bieten Spaß gleichwohl für Familien wie auch für Adrenalinjunkies. Auch zum Chillen finden sich in der Tropenlandschaft ruhige Plätze – beispielsweise komfortable Cabanas. Zum Baden ist der knapp 1 km lange Sandstrand ideal. Sportbegeisterte können aus einer Vielzahl von Wassersportarten wählen. Restaurants, Imbisse und Outdoor-Kioske helfen, Hunger und Durst zu stillen.

Unter den drei Türmen des Wasserparks ist der **Trident Tower** mit 48 m der höchste. Vom 30 m hohen **Neptune Tower** saust man auf der nahezu senkrechten Riesenrutsche Leap of Faith (27,5 m hoch, 60 m lang) in fast freiem Fall in einem durchsichtigen Acryltunnel durch eine Haifischlagune.

**Familien** finden Gefallen an den speziell für Kinder konzipierten Splashers-Parkbereichen mit Wasserrutschen, Planschbecken, Fontänen, Kletterstrecken usw.

Aquaventure World umfasst auch einen der größten menschengemachten Meereslebensräume, in dessen Lagunen und Großaquarien rund 65.000 Meerestiere leben. Mehr als 100 Spezialisten widmen sich hier der Erforschung und dem Erhalt dieses maritimen Ökosystems. Besucher können sich auf eine Erlebnisreise durch die legendäre versunkene Stadt **Atlantis** begeben. Der Park ist fantasievoll im altorientalischen Stil designt.

**The Lost Chambers**, die „verlorenen Kammern", bilden ein Labyrinth aus Aquarien und gläsernen Unterwasserkorridoren. Hier kann man trockenen Fußes vorbei an bunten Fischschwärmen, versunkenen Ruinen, vergessenen Artefakten und verschollenen Manuskripten auf Entdeckungsreise gehen.

Im Atlas Village – in den Bereichen **Dolphin Bay** und **Sea Lion Point** – bietet sich die seltene Gelegenheit, Delfinen und Seelöwen zu begegnen. Dieses Erlebnis steht Schwimmern wie auch Nichtschwimmern offen. Es gelten strenge Regeln und die Begegnungen finden unter Anleitung statt, wobei die Bedürfnisse der Tiere an erster Stelle stehen. Verschiedene Erlebnisse wie z. B. „Meet & Greet" sind buchbar. Angeschlossen sind eine Meeressäugerklinik sowie ein Rettungs- und Pflegezentrum für gestrandete Tiere.

› Aquaventure World gehört zu Atlantis Dubai (s. S. 124), steht aber auch Nicht-Hotelgästen offen, www.aquaventureworld.com, Tel. 4262000

196du Abb.: ©Atlantis, The Palm

*Im Aquaventure-Wasserpark führt die Rutsche Leap of Faith hinab durch eine Haifischlagune*

## Auf Sand gebaut: Inselträume à la Dubai

**Stadtplanungen im XXL-Format** sind für Dubai nichts Besonderes. Für Furore sorgten Masterpläne zur Erschaffung künstlicher Inseln. Das bekannteste und fast fertiggestellte Beispiel ist die Palmeninsel Nakhlat Jumeirah (s. S. 33).

An der Grenze zum Emirat Abu Dhabi wurde mit der **Nakhlat Jebel Ali** eine zweite Palmeninsel geschaffen. Die Landgewinnung ist zum Großteil abgeschlossen, ihre Bebauung steht noch aus. Diese Palmeninsel soll doppelt so groß werden wie Nakhlat Jumeirah. 110 km Küstenlinie soll sie umfassen und 35.000 Familien sollen hier leben. 80 Hotels und Resorts werden Gäste beherbergen. Ausgedehnte Badestrände mit Strandclubs, eine Mall sowie markante Gateway-Hochhaustürme sollen folgen.

Vor der Küste Deiras sollte einst eine dritte Palmeninsel erschaffen werden, doch diese Pläne wurden gesundgeschrumpft zu **Dubai Islands**. Die fünf künstlichen Inseln messen zusammen 17 km² und vergrößern Dubais Küstenlinie im Bereich des alten Stadtzentrums um mehr als 40 km, davon 21 km Strand. Der Badestrand Dubai Islands Beach (s. S. 74) lädt schon zum Besuch ein. Weitere Strände und Strandclubs folgen. Über 80 Hotels – von Luxus bis Budget – sollen noch eröffnen. Zudem werden Eigentumswohnungen für 250.000 Bewohner, Grünanlagen, ein Wasserpark, Freizeit- und Sportstätten sowie die Deira Mall mit mehr als 1000 Geschäften, Gastronomie- und Unterhaltungsangeboten und zu öffnendem Glasdach gebaut.

Neben Palmen und Inseln hat Dubai auch eine gigantische Weltkarte kreiert. **The World** besteht aus 300 künstlichen Inseln, die sich zu einer Weltkarte formieren. 9 x 7 km misst dieser aus über 350 Mio. Kubikmeter Sand und 34 Mio. Tonnen Gestein geschaffene Insel-Atlas, der Dubai 232 km neues Strandufer beschert. Das Ganze ist als Welt der Superreichen konzipiert. Jeder Landbesitzer kann sein Areal so gestalten, wie er es möchte. Der Großteil der Inseln ist verkauft und wartet auf Bebauung, die nach Erlass von Shaikh Mohammed klimaneutral sein muss. Als ersteröffnetes Urlaubsdomizil bietet das tropisch anmutende, elegant-luxuriöse **Anantara World Islands Dubai Resort** in seinen Strand- und Poolvillen Abgeschiedenheit, Urlaubsruhe und Barfuß-Feeling (www.anantara.com).

Teileröffnet ist **The Heart of Europe** (www.thoe.com). Auf einer Inselgruppe aus sechs Eilanden plus einer schwimmenden, korallenumgebenen Lido-Insel entstehen strandnahe Eigentumswohnungen der Oberklasse sowie schwimmende Seepferdchenvillen mit Unterwasserbereich. Honeymoon Island ist in Herzform gestaltet und speziell als Hochzeits- und Flitterwocheninsel konzipiert. Insgesamt werden 16 Hotelresorts gebaut. Das Floating Lido Hotel wird einen Unterwasserbereich haben. Auf der Europa-Hauptinsel wartet der Côte-d'Azur-Bereich mit vier farbenfroh gestalteten Boutiquehotels auf. Das bereits eröffnete voco Monaco Dubai (s. S. 77) ist ein Party-Hotel nur für Erwachsene, das Portofino ein Familienhotel. Auf allen Heart-of-Europe-Inseln sind Straßen, Plätze und Promenaden jeweils landestypisch gestaltet. Dank eines Außenklimakontrollsystems kann man die 1 km lange Rainy Street bei einem Regenschauer entlanggehen.

> Infos zu all diesen Inselprojekten vom Projektentwickler **Nakheel**: www.nakheel.com

## Dubais Neustadt

- **Aquaventure (Wasserpark):** 9–17.30 Uhr, Tagesticket 320 Dh, inkl. Zugang zum Gästestrand
- **The Lost Chambers (Aquarium):** 10–21 Uhr, 145 Dh
- **Atlas Village (Sea Lion Point und Dolphin Bay):** 9–17.30 Uhr, Sea Lion Meet & Greet 625 Dh, Dolphin Meet & Greet 725 Dh
- Für den Besuch mehrerer Attraktionen lohnt ein **Kombiticket**. Zusatzbuchungen sind möglich, z. B. Lagunen-Schnorcheln, Aquatrek-Unterwasserspaziergänge zwischen Rochen und Haien (mit Spezial-Tauchhelm) oder verschiedene Wassersportarten.

### ⑭ Marsa Dubai/Dubai Marina ★★ [bl]

Dieses Hochhaus-Küstenviertel liegt am Fuße des Stammes von Nakhlat Jumeirah in Nachbarschaft zu zahlreichen Strandhotels. Marsa Dubai – bekannt als **Dubai Marina** – besticht durch maritimes Flair von Strand und Jachten und durch das Zusammenspiel von Wasser und Architektur. Marsa Dubai versteht sich als Einkaufs-, Gastronomie- und Flanierareal. Ein rund 4 km langer künstlicher **Meereskanal** durchzieht das Hochhausgebirge. Zwischen den Hotel- und Resortstränden befinden sich Strandclubs und öffentliche Strandareale.

Ein markantes Ensemble sind die 36 Apartmenttürme der Jumeirah Beach Residence (JBR), die sich zwischen Kanal und Meer aufreihen und die ca. 2 km lange Einkaufs- und Flaniermeile **JBR Walk** flankieren. Der JBR Walk verläuft mitten durch JBR – meist von Hochhäusern beschattet.

Das strandgesäumte Golfufer bildet der **JBR Beach:** Sonnenbaden und Strandvergnügen sind hier Trumpf, auch allerlei Gastronomieangebote finden sich. Zwischen den Strandhotels Hilton und Address Beach Resort (unverkennbar an seinen Doppel-Hochhaustürmen) verläuft ein Spazierweg am Strand entlang. Zwischen Strand und den JBR-Hochhäusern duckt sich die Einkaufsplaza **The Beach** (s. S. 69), die neben Shops und Gastronomie auch Freizeitangebote offeriert, u. a. Wasser- und Kinderspielplätze 👶, die Aussichtsplattform The Flying Cup, den Strandbereich **Sea Breeze** (s. S. 76) oder den Party-Pool-Club **Bla Bla** (s. S. 78).

Ein weiterer Spazierweg ist der **Marina Walk** beidseitig des Marina-Kanals. Auch hier wechseln sich Restaurants, Cafés und Geschäfte ab, zudem lädt die **Marina Mall** zum Shoppen ein (s. S. 68). Am Marina Walk werden im **Pier 7 Restaurantturm** und seinen Außenterrassen kulinarische Genüsse der mittleren und gehobenen Preisklasse aus aller Welt angeboten (auch Alkoholausschank). Über den Kanal können Wagemutige mit der **Seilrutsche Xline** hinwegsausen (s. S. 39).

- Klimatisierte **Wassertaxis** (s. S. 131) verbinden die Kanalufer zwischen vier Stationen (BM1, z. B. Marina Mall Station ↔ Marina Walk, 11.30–23 Uhr, 7 Dh), auch zur angegliederten Halbinsel Bluewaters fahren Wassertaxis (BM3, 16–23 Uhr, 7 Dh), auch retour.
- **Dubai Ferry** startet täglich ab der Marina Mall Station um 11.30 und 16.30 Uhr zu Rundfahrten durch den Marina-Kanal mit Stopp an Bluewaters zur Aussicht auf die Palmeninsel Nakhlat Jumeirah (FR4, ab 50 Dh). Auch an die Mündung des Dubai Water Canals in Jumeirah sowie bei Bedarf weiter nach Bur Dubai Al Ghubaiba kann man mit der Personenfähre fahren (FR1 und FR2, 13 und 18 Uhr, ab 50 Dh).

- **21** [bl] **Marina Mall Marine Station.** Anlegestelle der Wassertaxis und der Dubai Ferry. Weitere Infos zu Wassertaxi und Ferry bei RTA, Tel. 800 9090, www.rta.ae
- **22** [bl] **Anlegestelle Tour Dubai Marsa Dubai.** Man kann auch an einer **Dhaufahrt** (s. S. 19) durch den Marina-Kanal teilnehmen, z. B. mit Tour Dubai (s. S. 116), tägl. einstündige Sightseeing-Cruises (jede volle Stunde 10–16 Uhr, 132 Dh) und zweistündige Dinner-Dhau-Cruises (20.30 Uhr, ab 417 Dh), Abfahrt: Kanalpromenade bei der Marina Mall.
- **23** [bl] **Anlegestelle Lotus Megajacht.** Dutch Oriental Megayachts (www.dutchoriental.com, Tel. 5530153) bietet täglich zwei- bis dreistündige Dinner-Cruise-Rundfahrten verschiedener Art im Marina-Kanal und zur Jumeirah-Palmeninsel: Lotus ist eine Luxusjacht mit Speisebereich und Partydeck. Ab 19 Uhr, ab 263 Dh. Ebenfalls zu Dutch Original Megayachts gehört die Ocean Empress:
- **24** [bl] **Anlegestelle Ocean Empress.** Ocean Empress ist eine schicke Luxusdhau, ab 20 Uhr, ab 157 Dh.
- **25** [bl] **Anlegestelle The Yellow Boats**, Tel. 800 892, www.theyellowboats.com. Bei einer Rundfahrt per Schnellboot kann man Marsa Dubai und die Palmeninsel erkunden, z. B. 60 Min. Marina Cruise 149 Dh.
- **26** [bl] **Aqua Fun**, am JBR-Strandufer, www.aquafun.ae, Tel. 054 5226663. Wasserpark aus aufblasbaren Spielgeräten, Rutschen, Schaukeln, Sprüngen, 9–18 Uhr, Tagespass 155 Dh.

**Bluewaters** (https://bluewatersdubai.ae) liegt als künstliche Halbinsel an der südwestlichen Mündung des Marina-Kanals – vom JBR-Strand führt eine Fußgängerbrücke dorthin, ab der Marina Mall fahren für 7 Dh auch Wassertaxis und die Dubai Ferry Personenfähre (siehe links) dorthin (und retour). Unübersehbares Aushängeschild ist das **Riesenrad Ain Dubai,** das mit 250 m Höhe das bei seiner Eröffnung weltgrößte Aussichtsrad seiner Art war. Wegen seiner Größe, des imposanten Ausblicks

*Hochhäuser und Jachten prägen das Bild am Marina-Kanal*

Dubais Neustadt  39

und der nächtlichen Lichtspiele ist Ain Dubai ein Instagram-Favorit.

An den beliebten Flaniermeilen **The Boardwalk und The Wharf** buhlen über 30 Restaurants (z. T. auch Alkoholausschank) plus Geschäfte um die Gunst der Kunden. Auch auffällig sind die stählernen, floral-verzierten Schattenschirme, die abends bunt beleuchtet werden und als „Super Trees" bekannt sind. Luxushotelzimmer und -apartments bieten sich zur Übernachtung an (Bayan Tree Dubai, www.banyantree.com). Auch sehenswert: die lebensecht wirkenden Figuren im **Madame Tussauds Wachsfiguren-Kabinett** (s. S. 49) und die verblüffenden Täuschungen in **illusion City** (s. S. 49).

★27 [bl] Ain Dubai, https://aindubai.com, Tel. 800 246392, Di.-Fr. 12-21, Sa./So. 11-21 Uhr, ab 195 Dh. Riesenrad mit 48 Gondeln, die 360-Grad-Ausblick bieten, eine Runde dauert 38 Minuten.

## Burj Khalifa/Downtown Dubai

*In diesem hypermodernen und vor Superlativen strotzenden Stadtteil lohnt ein Besuch nicht nur wegen der Aussicht vom namensgebenden welthöchsten Wolkenkratzer oder wegen des Warenangebots der Dubai Mall. Gerne wird das Viertel als der prestigeträchtigste Quadratkilometer der Welt bezeichnet.*

Burj Khalifa heißt der Stadtteil „unter" dem alles überragenden Wolkenkratzer Burj Khalifa ⓯, doch das Areal ist besser bekannt als **Downtown Dubai**. Das Teilgebiet **The Old Town** ist anders als der Name suggeriert keinesfalls alt, jedoch im Stil traditionell arabischer Formengebung mit schmalen Gassen und schattigen Bogengängen designt. The Old Town Island ist ein (halb) von einem gro-

> ### MEIN TIPP
> **Action!**
> **Xline Dubai**, eine der längsten, steilsten und schnellsten innerstädtischen Seilrutschen der Welt, spannt sich auf 1 km Länge über den Marina-Kanal. Die Startplattform liegt in 170 m Höhe, mit 80 km/h Höchstgeschwindigkeit saust man an den Wolkenkratzern vorbei, Helmkameras zeichnen dieses Erlebnis auf. Zwei Ziplines laufen parallel, sodass dieser „Flug" zum unvergesslichen Gemeinschaftserlebnis werden kann.
> ❯ Tel. 056 5076366, http://xline.xdubai.com, 499 Dh, 10-19 Uhr, Ticketverkauf bei Xline in der Marina Mall (s. S. 68)

ßen, künstlichen, türkisfarbenen See umspülter Wohnbereich, an dessen Rand sich der sehenswerte **Souq Al Bahar** ⓱ befindet. Naturakzente setzen der Burj Park und der See, auf dem die **Dubai Fountain** allabendlich wechselnde Wasser-, Licht- und Klangspektakel der Extraklasse zeigt. Auch die **Dubai Mall** ⓰ dehnt sich hier aus. Ein Vorzeigebau ist Dubais **Opernhaus** (s. S. 64), das als riesiges gläsernes Schiff westlich des Burj Khalifa in See zu stechen scheint. Auffällig sind die **Sky-Views-Zwillingstürme**, die im Inneren das Luxushotel Address Sky View (s. S. 120) beherbergen und auf den obersten Etagen Besucher willkommen heißen, sich Dubais himmelhohe Stadtansichten auf besonders spektakuläre Art anzusehen (s. S. 41). Der sechsspurige und 3 km lange Shaikh Mohammed bin Rashid Boulevard umrundet den gesamten Stadtteil.

❯ Infos: www.ecm.ae, https://entertainment.emaar.com

❯ **Dubai Fountain**, abendliche, fantastische Fontänenshows (gratis, 18-23 Uhr halbstündlich)

## Dubais Neustadt

*Kamelstatuen zu Füßen des Burj Khalifa*

### ⑮ Burj Khalifa ★★★ [fm]

*Ein himmelhoch aufragendes Wahrzeichen der Stadt ist der Burj Khalifa, der „Turm Khalifas", dessen Name sich auf den zweiten Präsidenten in der Geschichte der V.A.E. bezieht. Der asymmetrische Himmelsstürmer – sein Grundriss soll den einer Wüstenlilie widerspiegeln – ist mit 828 Metern bzw. 189 Stockwerken das höchste Gebäude der Welt.*

Dieser Wolkenkratzer gleicht einer opulenten **„Stadt über der Stadt"** mit Apartments, Büros, Geschäften, Sport- und Freizeitstätten, Bars, Restaurants sowie Hotels.

**Bautechnische Meisterleistungen:** Noch nie zuvor wurden so viel Beton gen Himmel gepumpt (330.000 m³) und so große Mengen Stahl (39.000 t) und Glas (142.000 m²) auf so engem Raum verbaut. Der Burj symbolisiert die Schaffenskraft globaler Zusammenarbeit und das Selbstbewusstsein der herrschaftlichen Bauherren Al Maktoum.

› Burj Khalifa, Shaikh Mohammed bin Rashid Bvd, Makani 26144 87868, Tel. 800 2875, www.burjkhalifa.ae
› Einmalige Stadtansichten bietet **At The Top Burj Khalifa** (s. S. 41)

› **Lake Ride:** Mit einem RTA-Elektro-Abra-Boot (s. S. 131) kann man sich 18 bis 23 Uhr über den See schippern lassen, Abfahrt alle halbe Stunde zwischen den Shows (68 Dh). Auch Tretboote kann man mieten (55 Dh).
› **Fountain Boardwalk:** 272 m langer Spaziersteg im See nahe an Dubai Fountain, 18–23 Uhr, 20 Dh
› Alle **Tickets** werden an den Anlegestellen an der Brunnenpromenade sowie im At the Top Burj Khalifa Besucherzentrum (s. S. 41) verkauft.

### ⑯ Dubai Mall ★★ [gm]

In direkter Nachbarschaft zum Superturm Burj Khalifa ⑮ findet sich diese **Mall der Superlative**. Rund **1200 Outlets** erstrecken sich über vier Etagen und auch die Warenhäuser Galeries Lafayette und Bloomingdale's finden sich hier. In der Fashion Avenue finden sich Geschäfte mit namhafter Designerware, rund 150 Marken sind hier vertreten. **Chinatown** bietet vielerlei Waren aus China. Dubai Mall vereint außerdem über 200 Gelegenheiten für eine Rast: **Restaurants, Cafés, Eisdielen** und ein **Food Court** de-

## Dubais Neustadt

### Downtown-Weitblicke für Wagemutige

**At The Top Burj Khalifa**
Der Himmelsstürmer Burj Khalifa ⑮ bietet einen fantastischen „Über"blick. At the Top Burj Khalifa, Online-Ticket ab 179 Dh, Zugang zu 124. u. 125. Etage in 456 m Höhe, 7–23 Uhr. At the Top Burj Khalifa Sky, Online-Ticket ab 399 Dh, 124., 125. u. 148. Etage, letztere mit Außenterrasse, 9–22 Uhr. Am allerhöchsten kommt man in **The Lounge,** die samt Außenterrasse in den Etagen 152., 153. u. 154. auf 585 m Höhe liegt, Online-Ticket 769 Dh, 9–21 Uhr.

Zugang zu allen Etagen besteht über das Dubai Mall Lower Ground Level Besuchszentrum At the Top. Die Fahrt im Hochgeschwindigkeitsaufzug zu den Aussichtsetagen dauert nur eine Minute.

› https://entertainment.emaar.com, https://tickets.atthetop.ae, Kombitickets bieten Preisvorteile, Tel. 800 2875

**Sky Views**
Das markante zweitürmige Hotel Address Sky View bietet adrenalingeladene Attraktionen mit atemraubenden Aussichten. Die Zwillingstürme ragen über 50 Stockwerke aus einem gemeinsamen Sockelbau empor, bevor sie an ihren Spitzen durch eine Himmelsbrücke wieder zusammengeführt werden. Diese mehrgeschossige Sky Bridge bietet Hotelgästen einen spektakulären gläsernen Infinity-Pool und zahlenden Besuchern weitere Höhepunkte.

**Sky Observatory** ist eine zweigeschossige, freitragende Aussichtsplattform mit Glasboden, Glaswänden und Glasgang, die nur einem Panoramalift zu erreichen ist. Vom Stockwerk 53 – in 219,5 m Höhe – können Mutige in einer transparenten Glasrutsche – der **Sky Glas Slide** – eine Ebene hinabsausen. Geöffnet 10–21 Uhr, Plattform und Glasrutsche ab 80 Dh. Wagemutige können den **Sky Edge Walk** beschreiten. Er führt auf einem außen verlaufenden breiten Gebäudesims eine Runde um eine Turmspitze herum. Keine Geländer und keine Glaswände behindern diesen Himmelsspaziergang bzw. Selfies vor dem Burj Khalifa – Schutz bieten Gurtzeug und Sicherheitspersonal. Geöffnet 10.30–20.30 Uhr, 499 Dh. Auf Etage 52 kann man im klassischen **Diner-Restaurant Sky 52** einkehren.

› Eingang am Tower 1 des Address Sky View Hotels (s. S. 120), https://entertainment.emaar.com, Kombitickets bieten Preisvorteile, www.skyviewsdubai.com, Tel. 800 28843867

---

cken die allermeisten Preis- und Geschmacksvorlieben ab.

Doch die Mall ist auch eine Erlebniswelt (fast alle Freizeitaktivitäten kosten Eintritt): Im **Dubai Aquarium** (www.thedubaiaquarium.com) kann man Haien, Rochen und sonstigen bunten Fischen zusehen, wie sie ihre Runden drehen. Durch dieses Riesenaquarium führt ein 51 m langer Unterwassertunnel, der Blick von außen ist gratis. Im angegliederten **Unterwasserzoo** tummeln sich Pinguine, Seehunde, Otter und Nutrias.

Spaß nicht unter, sondern auf Wasser in seiner gefrorenen Form bietet die **Eislaufbahn,** auf der man Schlittschuh laufen kann (www.dubaiicerink.com). In KidZania (https://dubai.kidzania.com) können Kinder in einer Mini-Kinderstadt alle möglichen Erwachsenenberufe nachspielen. **Play DXB** bietet auf zwei Etagen vielfältige VR-Abenteuer (High Tech Virtual Reality Gaming) und Erlebnisspiele für alle Altersklassen. Im Trampolinpark **Trampo Extreme** (www.trampo-uae.com) kann man sich ausgiebig austoben. Gruselig geht es im Horror-Spukschloss **Hysteria** (http://hysteria.ae) zu. **House of Hype** (https://hyperspace.com/hoh) ist ein riesiger, hypermoderner, immersiver Unterhaltungspark, in dem sich digitale Spielarten mischen: Virtuelle Realitäten, Technik, Gaming, Mode und Kunst fusionieren futuristisch miteinander und bieten Erlebnisse der besonderen Art.

Von der Dubai Mall kann man auch hoch hinaus: Das **At the Top Besucherzentrum** (s. S. 41) bietet Zugang zu den Aussichtsterrassen des nebenan gelegenen Burj Khalifa ⑮.

Den Erweiterungstrakt **Dubai Mall Zabeel** erreicht man über einen klimatisierten Übergang, der die Financial Centre Rd quert. Hier gibt es einen E-Kart-Parcours. Auf dem Dach findet sich ein Multi-Sportkomplex.

Eine zusätzliche Erweiterung am Mohammed bin Rashid Boulevard ist **Fountain Views:** Beliebt sind dort die rund 30 Speisestätten der Food Hall namens Downtown Kitchens.

Zukünftig soll die Mall um weitere 240 Outlets ergänzt werden.

› Burj Khalifa, Financial Centre Rd, Makani 26661 88056, Tel. 800 382246255, www.thedubaimall.com, 10–22 Uhr

⑰ **Souq Al Bahar** ★★ [fm]

Zwischen der Dubai Mall ⑯ und dem angegliederten See bietet der Souq Al Bahar – der Markt des Meeres – Gelegenheit zum entspannten klimagekühlten Bummeln durch einen schicken neo-arabischen „Altstadt"-Souq.

Auf zwei Etagen bieten in orientalisch gestylten und säulenbestandenen Gassen über 100 Geschäfte Markenmode, Kunst, Handwerk, Antiquitäten und Souvenirs. In vielen der 22 **Restaurants und Cafés** kann man draußen sitzen: am Seeufer, in Innen-

**Dine in Downtown Dubai**

Der neo-arabische **Souq Al Bahar** ⑰ bietet Speisenvielfalt und tolle Außenterrassen. Abends unschlagbar ist der Blick auf die Wasserspiele der **Dubai Fountain** (s. S. 39) vor dem himmelhoch aufstrebenden Burj Khalifa. Auf der dritten Etage findet sich auch der **Time Out Market** (www.timeoutmarket.com, Mo.–Fr. 12–24, Sa./So. 10–24 Uhr), der als Food-Hall lokal erfolgreiche Gastronomiebetriebe sowie Bars mittlerer Preisklasse vereint. Das kulinarische Angebot überrascht mit innovativen, modernen Gerichten von bunter Geschmacksvielfalt. Wechselnde Events und Konzerte sowie die Außenterrasse tragen zur Beliebtheit bei.

höfen oder im Schatten des Burj Khalifa ⑮. Viele Lokale haben innovative und interessante Speisekarten und auch Bars gibt es im Souq Al Bahar. Im Obergeschoss befindet sich der **Time Out Market** (siehe oben).

› Burj Khalifa, Burj Khalifa Lake, Makani 26364 87593, www.emaarmalls.ae, Tel. 3627011, 10–22 Uhr

## Shaikh Zayed Road

*Ein paar Blocks jenseits der Küste führt die autobahnähnliche Shaikh Zayed Rd am Küstenstadtteil Jebel Ali samt seiner Hafen- und Freihandelszone sowie dem landeinwärts gelegenen Flughafen Al Maktoum (s. S. 97) zur Landeshauptstadt Abu Dhabi.*

Dieser Streifen Dubais kann – im wahrsten Sinne des Wortes – als „aufstrebend" charakterisiert werden. Entlang dieser meist übervollen Schnellstraße (staufrei geht es dagegen per Metro voran) reihen sich Dutzende glasverspiegelte Apartment-, Hotel- und Bürohochhäuser sowie

## Dubais Neustadt 43

Einkaufszentren und Einzelhandelsgeschäfte aller Art aneinander.

Die gesamte Shaikh Zayed Rd, die ihren Namen zu Ehren des als Vaterfigur verehrten, 2004 verstorbenen Staatsgründers der V.A.E., **Shaikh Zayed bin Sultan Al Nahyan**, trägt, wird vom Burj Khalifa ⑮ überragt, dem höchsten Wolkenkratzer der Welt.

### ⑱ Museum of the Future ★★★ [gl]

An der Shaikh Zayed Rd E11, direkt an der Metro Red Line Station Emirates Towers, steht Dubais avantgardistisches Zukunftsmuseum. Auffällig ist das Obergeschoss mit oval geschwungener Fassadenform, das einen starken Kontrast zu den umgebenden monolithischen Wolkenkratzern bildet und auf einem begrünten Untergeschoss steht. Die beeindruckende, über 17.000 m² große, metallisch funkelnde – und abends imposant illuminierte – Fassade besteht aus über 1000 verschiedenen Edelstahlplatten. Die kurvenreichen Fenster sind wie arabische Kalligrafien geformt.

Das Museum fungiert als wissenschaftliche Plattform und Prüfstand für **Zukunftsinnovationen**. Der säulenlos-geschwungene Innenraum beherbergt auf sieben Etagen einzigartige Zukunftsumgebungen. Die interaktiv-immersive Ausstellung beschäftigt sich mit Themen wie der Zukunft der Raumfahrt und der Nutzung von Weltraumressourcen, dem Klimawandel und Ökosystemen, Biotechnik, Gesundheit, Wasserversorgung, Ernährung, Transport, Energie, virtueller und erweiterter Realität, Big Data, künstlicher Intelligenz etc.

211du Abb.: kk

*Hochhäuser an der Shaikh Zayed Rd*

---

**MEIN TIPP**

**Der größte Kühlschrank der Welt**

Zur Mall of the Emirates (s. S. 68) gehört die Skihalle **Ski Dubai**. Hier spüren viele Bewohner der Golfregion zum ersten Mal in ihrem Leben **Minusgrade**. Ski Dubai beherbergt eine komplette **Winterlandschaft** mit fünf verschneiten Skipisten, Snowboarder haben eine Piste, die Freestyle Zone und den Stunt Park. Zudem gibt es eine Eishöhle, einen Rodelhügel und eine Innen-Seilrutsche, logischerweise auch Skikurse, Skilifte und Lokale zum Après-Ski (alkoholfrei!). Die Stars hier sind die Pinguine.

› Al Barsha, Shaikh Zayed Rd, Mall of the Emirates, Tel. 4094000, www.skidxb.com, Mo.–Fr. 10–24, Sa./So. 9–24 Uhr, Schneepark 220 Dh inklusive Verleih von Winterbekleidung, Extrakosten für Einzelattraktionen

Vielerlei – und immer Neues – erwartet die Besucher, die aktiv mit allen fünf Sinnen mitmachen dürfen: Fantastisch-tierisch anmutende Drohnen schweben durch das riesigen Atrium. Im Café (Nightjar Coffe Roasters) kredenzen Roboter-Baristas Heiß- und Kaltgetränke. Eine **Zeitreise in das Jahr 2071** bietet multisensorische Erfahrungen, führt ins Weltall und zeigt, wie Dubai dann aussehen könnte. Eine futuristische Bibliothek präsentiert in bunt beleuchteten Laborgefäßen digitale Darstellungen von mehr als 2000 DNA-Proben von lebenden wie auch ausgestorbenen Tieren und Pflanzen.

Die erste Etage – **Future Heros** – ist speziell **Kindern** im Alter von 3 bis 10 Jahren gewidmet: Hier können sie kindgerecht Zukunftsthemen erforschen.

Spannende futuristische Designtrends und Museumsartikel bietet der **Shop**.

› Trade Centre 2, Shaikh Zayed Rd E11, Makani 26953 90287, www.museumofthefuture.ae, Tel. 800 2071, 9.30–21 Uhr, 149 Dh

**⓳ Dubai Frame** ★★ [hm]

Ein im Nordosten der Shaikh Zayed Rd aufragendes und goldfunkelndes Wahrzeichen Dubais ist Dubai Frame, ein 150 m hoher und 93 m breiter begehbarer Bilderrahmen. Als beliebtes Fotomotiv rahmt er Ansichten auf Dubais alte Areale (Al Karama, Bur Dubai) sowie auf Neubaugebiete (Shaikh Zayed Rd, Burj Khalifa) ein.

Zwei Ausstellungsgalerien im Sockel des Bilderrahmens bieten Einblicke in **Dubais Vergangenheit und Zukunft**. Als Highlight fungiert das obere Rahmenteil, aus dem sich **beeindruckende Ansichten** auf die Stadt eröffnen. In einem Seitenelement fährt ein Panoramaaufzug in nur 75 Sekunden hinauf. Dubai Frame steht am Rand des ca. 47 Hektar großen **Zabeel Parks** (s. S. 76). Dort sind die Garden-Glow-Lichtinstallationen (Extra-Eintritt, www.dubaigardenglow.com) beliebt.

› Al Kifaf, Shaikh Zayed Rd E11, Zabeel Park Gate 4, Makani 28848 91971, www.dubaiframe.ae, Tel. 800 900, 8–21 Uhr, 50 Dh inkl. Parkeintritt

# Dubais Neustadt

### ⓴ Ibn Battuta Mall ★★ ♀  [a1]

In dieser Mall kann Shopping zur Nebensache werden, denn wer sie betritt, begibt sich auf eine **Reise durch Raum und Zeit**. Die riesige Mall besticht durch ihr detailliert-farbenfrohes Dekor und ist dem berühmten arabischen Weltreisenden Ibn Battuta gewidmet, der im 14. Jh. 29 Jahre lang ca. 120.000 km um die Welt reiste. Sie ist in sechs Entdeckerbereiche (engl. *courts*) unterteilt, die alle im entsprechenden Landesstil ausgestaltet sind: Andalusien, Tunesien, Ägypten, Persien, Indien und China. Beeindruckende **Ausstellungsstücke** vermitteln Informationen zu Ibn Battuta und seinen Reisen und geben Einblicke in die Errungenschaften vergangener Zeiten, etwa aus der Seefahrt oder der Astrologie.

Wer Hunger hat, findet sicher etwas in 70 **Speisestätten**. Als Supermarkt ist Carrefour angegliedert und für Unterhaltung nach dem Shoppen steht das hauseigene IMAX-Kino bereit. Kinder können im **Spieleland Fun City** (https://funcityarabia.com) oder im **Trampolinpark Sky Zone** (https://skyzone.ae) Spaß haben.

Mit einem **Mall-Shuttle** können Fußmüde für 10 Dh die 1,3 km vom einen Ende zum anderen fahrend zurücklegen. Nach **Erweiterungen** soll die Ibn Battuta Mall von rund 500 auf mehr als 1000 Geschäfte, Gastronomiebetriebe und Freizeitattraktionen anwachsen!

❯ Jebel Ali 1, Shaikh Zayed Rd, Makani 10284 71297, Tel. 800 6254335, www.ibnbattutamall.com, 10–22 Uhr

◁ *Die außergewöhnliche Fassade des Museum of the Future* ⓲

## Stadtrand

*Dubai wächst stetig weiter. Gebiete, wo noch vor wenigen Jahren Wüstenstaub vorherrschte, sind heute begehrtes Neubauland und Standort von Freizeitparks:*

★**28** [ip] **Dubai Crocodile Park** ♀, Mushrif, Al Khawaneej Rd, Makani 42876 88348, www.dubaicrocodilepark.com, Tel. 2663700, 10–20 Uhr, 95 Dh. In diesem Krokodilpark, der großen Wert auf möglichst artgerechte Ausstattung legt, können Besucher Krokodile aus verschiedenen Blickwinkeln sehen. 250 Nilkrokodile aller Altersstufen und Körpergrößen leben hier. Eine naturkundliche Ausstellung, ein Aquarium, eine afrikanisch gestaltete Speiseterrasse, ein See und Landschaftsbereiche gehören zum Park.

★**29 Dubai Parks and Resorts** ♀, Saih Shuaib 1, Shaikh Zayed Rd E11, Motiongate Makani 98486 57610, Tel. 800 2629464, www.dubaiparksandresorts.com, Riverland 10–23, **Motiongate** 11–20 Uhr, 23, **Real Madrid World** 12–21, **Legoland** 10–18, **Legoland Water Park** 10–19, **Neon Galaxy** 11–20 Uhr, Tagesticket je Park 295–330 Dh, Pass für zwei Parks 395 Dh. Dieser riesige Freizeitpark bietet drei Themenparks, einen Wasserpark (Motiongate Dubai, Real Madrid World, speziell für Familien Legoland bzw. Legoland Water Park), Riverland (15 Dh) als Gastronomieareal mit mehr als 50 Restaurants, die Kinderspielhalle Neon Galaxy sowie das Hotel Rove at the Park und die Familienhotels Lapita und Legoland.

★**30 Dubai Safari Park** ♀, Al Warqa'a 5, Al Aweer Rd E44, Makani 43579 85527, Tel. 800 900, https://dubaisafari.ae, nur in den Wintermonaten geöffnet, 9–18 Uhr, Tagesticket 50 Dh, Tagesticket mit Safari-Fahrt 105 Dh. Naturgetreu gestaltete Heimat von rund 3000 Tieren

## Wüstenausflug

Nahezu alle in Dubai ansässigen Tourveranstalter (s. S. 115) bieten in den kühleren Wintermonaten Wüstensafaris bzw. abendliche **Dinner-Wüstenausflüge** an, die in ein in den Sanddünen gelegenes sog. Beduinencamp führen. Gäste können sich bei Musik und Tanz, Speis und Trank auf einem Lager aus Teppichen und Kissen entspannen und den Sternenhimmel betrachten. Meist werden **Grillgerichte** zubereitet, **Bauchtanzshows, Hennamalerei, Sanddünenski** und **Kamelritt** sind weitere Arrangements. Preise variieren zwischen 120 und 500 Dh. Qualität und persönlichen Service bieten:

› **Wüstenerlebnis-Abend** im Sonara Camp, Tel. 050 3367909, www.nara.ae, Anmeldung erbeten, ohne Abendessen ab 480 Dh, Sonnenuntergang in den Dünen, Sofas, Hängematten, Lagerfeuer, Sandboarding, Falkenshow, Wüstenerlebnis-Abend mit Abendessen ab 690 Dh, zudem Kamel- oder Pferderitte, Dünenfahrten, Naturtouren oder Sandbuggyverleih möglich.

› **Ökotourismus-Wüstensafaris** sowohl in komfortablen Geländewägen wie auch in Land-Rover-Oldtimern bietet Platinum Heritage. Diverse Touren jeweils mit oder ohne Kamelritt, Falkenshow, Ballonfahrt, Übernachtung, z. B. halbtägige Heritage Safari ab 695 Dh, Tel. 4126333, www.platinum-heritage.com.

› Outdoor-Wüstenrestaurant **Al Hadheerah** (s. S. 54). Nach Sonnenuntergang inmitten von Sanddünen werden neben Speis und Trank auch Lagerfeuer, Tanzshow, Musik, Kamelritt und mehr geboten.

› **Al Khayma Heritage Camp** bietet Einblicke in traditionelles Beduinenleben mit Falkenvorführung, Kamelritt, arabischem Tanz und Büfett, 17–21 Uhr, 353 Dh, Tel. 055 4030943, https://alkhayma.com.

› **Dubai Camel Ride** bietet Kamelritte durch die Wüste, ab 250 Dh, https://dubaicamelride.com, Tel. 052 8328261.

› Zukünftig wird die Wüsten-Erlebnisroute **Seih al Salam Scenic Route** auf ca. 100 km Länge ausgebaut und soll Besucherzentren, ein Wüsten-Camp, eine Wildtier-Station, einen Abenteuer- und Outdoorsport-Park, Fahrrad- und Wüstenspazierwege, eine Kamelfarm und mehr umfassen.

---

aus aller Welt, in der u. a. die Möglichkeit zu Tierbegegnungen im Safari-Stil geboten wird.

★31 [dp] **Global Village**, Wadi al Safa, Shaikh Mohammed Bin Zayed Rd E311, Makani 29010 73808, Oktober–Mai 16–24 Uhr, Di. nur für Frauen und Familien, 30 Dh, www.globalvillage.ae, Tel. 3624114. In diesem bunt-beleuchteten Multikulti-Festival- und Kirmespark präsentieren sich 93 Länder mit Miniatur-Nachbauten berühmter Baudenkmäler, mit kulinarischen Köstlichkeiten, kulturellen Darbietungen und Souvenirständen. Für Spaß sorgen Karussells, Shows, Spielaktionen, Konzerte.

★32 [ep] **IMG Worlds of Adventure**, Wadi al Safa 4, Shaikh Mohammed Bin Zayed Rd E311, Makani 30376 75173, www.imgworlds.com, Tel. 4038888, So.–Do. 12–22, Fr./Sa. 12–23 Uhr, 365 Dh. 140.000 m² riesige, stets klimatisierte Halle mit verschiedenen Abenteuerzonen. Im größten Parkbereich Lost Valley sind lebensgroße, realistisch wirkende, hydraulisch bewegbare Dinosaurier-Robotnics die Stars.

# DUBAI ERLEBEN

# Dubai für Kunst- und Museumsfreunde

## Museen

Dubai bietet allerlei Museen. Ein besonderes Augenmerk verdienen Ausstellungen in historischen, renovierten Altstadthäusern, z. B. in den Kulturvierteln Al Shindagha ❹ und Al Fahidi ❼.

> Al Shindagha Museum (s. S. 25). Dubais Geschichte und Kultur in 22 Ausstellungen im Al Shindagha Kulturviertel ❹ am Creekufer.

🕌 33 [F2] **Bait al Banat**, Al Daghaya, Sikka 28, zwischen Al Khaleej Rd und Goldsouq ❸, Makani 28692 96129, www.womenmuseumuae.com, Tel. 2342342, Sa.–Do. 10–18 Uhr, 20 Dh. Dieses in der Region einzigartige Frauenmuseum stellt auf drei Etagen Facetten aus dem Leben der Frauen in den V.A.E. vor. Auch ein Café, ein Parfüm- und ein Andenkenladen sowie ein Zentrum für Frauenstudien gehören zum Museum.

🕌 34 [D4] **Bayt Al Khanyar Museum**, Al Fahidi, House 42, Makani 28834 95237, gegenüber vom Coffee Museum (siehe rechts), Tel. 2862222, https://khanyar.com, Sa.–Do. 8–17 Uhr. In historischem Altstadthaus eingerichtete Privatausstellung speziell zur Kultur, Historie und Herstellung der traditionellen Krummdolche (arab. *al khanyar*) sowie Schwerter, Kamelstecken, Beduinen-Holztruhen, Kaffeekannen etc., auch Verkauf von wertvollen Stücken. Mit angegliedertem kleinen Coffee Shop.

> **Children's City** (s. S. 109). Bonbonbuntes Mitmachmuseum für Kinder im Creek Park.

◁ *Vorseite: Traditionelle Beduinenweberei*

▷ *Im Museum of Illusions*

🕌 35 [D4] **Coffee Museum**, Al Fahidi, Makani 28822 95235, Tel. 3538777, www.coffeemuseum.ae, Sa.–Do. 9–17 Uhr, 10 Dh. Die kleine, liebevoll eingerichtete Ausstellung thematisiert die lokale wie auch die globale Kaffeekultur und ihre Geschichte. Verschiedene Arten der Röstung und Zubereitung werden demonstriert und können probiert werden. Emiratischer Beduinenkaffee wird in den typischen kleinen Porzellantassen serviert. Die hauseigene Bibliothek bietet Informationen, ein kleiner Shop kaffeebezogene Andenken.

🕌 36 [C1] **Crossroads of Civilisations Museum**, Al Shindagha, Makani 27703 95540, Tel. 3934440, https://the museum.ae, 9–18 Uhr, 25 Dh. Dieses Museum behandelt die Bedeutung und Geschichte des Fernhandels sowie den Lebensstil der beteiligten Hochkulturen seit 3000 v. Chr. bis zum Ende des 19. Jh. vor dem Hintergrund der Rolle Dubais und der heutigen V.A.E. als Handelsknotenpunkt. „We remember" heißt die erste Holocaust-Gedenkausstellung in der arabischen Welt. Alte Bücher, Manuskripte und Waffen sind in zwei weitere Ausstellungshäuser ausgegliedert, die hinter dem Haupthaus stehen. Ein Shop verkauft traditionelle Gegenstände wie Schmuck und Dolche.

🕌 37 [gl] **Etihad Museum**, Jumeirah 1, 2nd of Decembre Rd/Ecke Jumeirah Rd, Makani 25757 92806, https://etihadmuseum.dubaiculture.gov.ae, Tel. 800 33222, 10–20 Uhr, 25 Dh. Futuristisch designtes Museum, das die historisch-politischen Ereignisse der Staatsgründung und die Anfangsjahre der V.A.E. beleuchtet. Auch das materielle und immaterielle Kulturerbe wird thematisiert. Das Museum wurde exakt an der Stelle errichtet, an der der Vertrag zur Gründung der V.A.E. 1971 offiziell

## Dubai für Kunst- und Museumsfreunde

unterzeichnet wurde – die gewölbte Form des Gebäudes soll an ein riesiges Manuskript erinnern.

**38 Expo 2020 Dubai Museum,** Expo City Dubai, Sunset Avenue, Tel. 5552030, www.expocitydubai.com, Mo.–Fr. 12–20, Sa./So. 10–20 Uhr, 50 Dh. Museum zur Weltausstellung Expo 2020 Dubai (s. S. 94).

**39** [bl] **illusion City**, Bluewaters, Makani 10702 74958, Tel. 5297880, https://illusioncity.ae, Mo.–Do. 10–22, Fr.–So. 10–23 Uhr, 75 Dh. Museum zum Staunen mit optischen, akustischen und taktilen Täuschungen sowie Zauber- und Techniktricks für die ganze Familie.

**40** [bl] **Madame Tussauds,** Bluewaters, Makani 10702 74958, Tel. 8733042, www.madametussauds.com, 10.30–19.30 Uhr, ab 145 Dh. Sammlung detailtreu gestalteter Wachsfiguren mit 60 Berühmtheiten aus verschiedenen Bereichen wie Musik, Mode, Sport, Film und Politik.

**41** [hm] **Museum of Candy**, Umm Hurair St., Makani 29810 92907, Tel. 050 6293502, https://themuseum ofcandy.com, 10–23 Uhr, 129 Dh. Bonbonbuntes Süßigkeits-Museum mit Gummibärchen-Pool, Zuckerwatte-Wolken und vielerlei Naschereien – auch im angeschlossenen Café.

**42** [E5] **Museum of Illusions**, Al Seef, zwischen Al Seef St. und Creekufer, Makani 29615 95009, www.museum ofillusions.ae, Tel. 3573999, Mo.–Do. 10–22, Fr.–So. 10–23 Uhr, 90 Dh. Diese Ausstellung widmet sich auf vielfältige Weise dem Thema optische Täuschungen: Visuelle, sensorische oder wissenschaftliche Spiele und Experimente bieten originelle Selfie-Spots sowie Spaß und Spannung.

**18** [gl] **Museum of the Future**. Architektonisch auffälliges und spektakulär eingerichtetes Zukunftsmuseum (s. S. 43).

177du Abb.: © Museum of Illusions

**43** [D2] **Museum of the Poet Al Oqaili,** Deira, Sikka 26a, Makani 28433 95683, Tel. 800 33222, www.dubaiculture.gov.ae, Mo.–Do. 8–15, Fr. 8–11.30 Uhr, Eintritt frei. Am Rand des Deira Gewürzsouq befindliches, restauriertes und sehenswertes historisches Wohnhaus des Dichters Mubarak bin Hamad Al Oqaili.

## Kunstgalerien

Man kann verschiedene Kunstviertel erkunden:

Das **Kulturviertel Al Fahidi** ❶ lädt zum Spaziergang durch diverse Windturmhaus-Galerien ein.

Das entlang der Shaikh Zayed Rd gelegene Industriegebiet **Al Quoz** [dm] ist weniger romantisch und kein Spaziergehareal, aber die ausgedienten Lagerhallen bergen außergewöhnliche Räume für Kreativität.

# Dubai für Kunst- und Museumsfreunde

**44** [dm] **Alserkal Avenue**, Al Quoz Industrial Area 1, 8 St., Makani 21214 81709, https://alserkal.online, Tel. 3333464, meist 10–19 Uhr. Rund 60 voneinander unabhängige Galerien, Studios und Kunstorganisationen mit Design- und Kreativräumen für zeitgenösische Kunst finden sich in diesem Kulturbezirk in einem Lagerhallenkomplex. Neben Kunstausstellungen gehören auch Veranstaltungs- bzw. Projekträume für Kultur- und Nachbarschaftsinitiativen, Concept Stores, Cafés und Restaurants dazu.

› **Artezaar**: Plattform und Onlineshop, der internationalen Versand von mehr als 1500 Kunstwerken von über 150 in den V.A.E. ansässigen Kunstschaffenden anbietet, www.artezaar.com.

**45** [em] **Courtyard**, Al Quoz Industrial Area 1, 6a St., Makani 20957 81976, Tel. 3475050, www.courtyard-uae.com, 8–19 Uhr. Dieser „Innenhof" vereint rund 20 Einzelgalerien, Kunsthandwerksgeschäften, Design- und Fotostudios verschiedener Kunststile. Einheimische und internationale Künstler haben sich hinter den hübschen Fassaden eingerichtet.

**46** [gm] **Dubai Design District (d3)**, Zabeel 2, zwischen Ras al Khor Rd und Dubai Water Canal, Makani z. B. 28471 86917, Tel. 4333000, https://dubaidesigndistrict.com, meist 10–19 Uhr. In diesem Design-Viertel am Dubai Water Canal dreht sich vieles um Design, Mode, Kunst und Kreativität. Zwischen den Bürogebäude-Blöcken finden sich Promenaden mit Geschäften, Galerien und Ausstellungsräumen voll mit Mode, Kunstwerken und Designerartikeln sowie Restaurants und Cafés.

**47** [gl] **Dubai International Art Centre**, Jumeirah 1, 75 b St., Makani 24089 89851, Tel. 3444398, www.artdubai.com, Mo.–Sa. 9–21 Uhr. Beherbergt die Gallery 76 und ist Veranstalter von wechselnden Ausstellungen und Kunstkursen.

**48** [fm] **Foundry**, Burj Khalifa, Shaikh Mohammed bin Rashid Boulevard, Crescent Tower 2, Makani 25795 87256, Tel. 3673696, www.emaarmalls.ae, 10–22 Uhr. Progressiver, multifunktionaler Kunst- und Kultur-Treffpunkt mit Galerien, Café, Co-Working-Space, Podcast-Raum, wechselnden Ausstellungen, Workshops, Events, Filmvorführungen.

**49** [hm] **Jameel Arts Centre**, Al Jadaf, Makani 32867 91342, Tel. 8739800, www.jameelartscentre.org, Sa.–Do. 10–20, Fr. 12–20 Uhr. Direkt am Creekufer gelegenes, nicht-kommerzielles, unabhängiges Kunstzentrum mit zehn Galerien und wechselnden Ausstellungen sowie Veranstaltungen zu zeitgenössischer Kunst. Mit Shop, Restaurant, Bibliothek, Kino, Skulpturenpark und Kunstgarten.

**50** [D4] **Majlis Gallery**, Al Fahidi, Al Fahidi St., Makani 28812 95188,

---

*MEIN TIPP*

**Immersive Kunsterlebnisse**
Hier kann man Kunst anders als bei einem Galeriebesuch erleben, denn man taucht quasi in die Kunstwerke ein und entdeckt sie dank neuster Medientechnologien multisensorisch. Die visuell-kreativen digitalen Shows kombinieren klassische Kunst mit raffinierten Effekten verschiedener Multimedia-Technologien wie ausdrucksstarker Musik, 360-Grad-Projektion, Lichtspiele und virtueller Realität.

› **Arte Museum**, Dubai Mall **16**, Etage 2, Tel. 5707084, https://dubai.artemuseum.com, Mo.–Do. 10–23, Fr.–So. 10–24 Uhr, ab 129 Dh

› **Theatre of Digital Art**, Souq Madinat Jumeirah **12**, Tel. 5754739, www.toda.ae, 11–23 Uhr, ab 110 Dh

# Dubai für Genießer

www.themajlisgallery.com, Tel. 3536233, Mo.–Sa. 10–18 Uhr. Die in einem hübschen Windturmhaus im Kulturviertel eingerichtete Galerie – eine der ältesten der Stadt – zeigt in wechselnden Ausstellungen Kunstwerke arabischer Künstler und Kalligrafen eher traditionelleren Stils, außerdem kann man Einrichtungsgegenstände oder Schmuck erstehen und einen Einblick in das Innere eines alten Windturmhauses bekommen.

🅖 51 [bl] **The Arabian Gallery,** Dubai Media City, 34. Etage Media One Tower, Makani 13669 76169, Tel. 4273040, www.thearabiangallery.com, Mo.–Fr. 9–18 Uhr. Kunstgalerie und digitale Plattform mit Fokus auf Gemälden, Skulpturen und Fotografien etablierter und aufstrebender Kunstschaffender.

› **XVA Gallery** (s. S. 121), 10–18 Uhr. Wechselnde Ausstellungen zeitgenössischer Kunst in einem restaurierten historischen Windturmhaus im Kulturviertel Al Fahidi (Hausnummer XVA). Mit traditionell-schick ausgestattetem Hotel, gemütlichem Café und Handwerksboutique.

*Fisch und Meeresfrüchte: fangfrisch und vielfältig*

*Dubai gleicht einem Schlaraffenland! Es gibt unglaublich viele Restaurants, (Speise-)Kneipen, Imbisse, Cafés, Eisdielen, Bars und Lounges mit einer entsprechend großen kulinarischen Vielfalt, die keine Ländergrenzen kennt. Je nach Geschmack und Geldbeutel kann man zwischen einem Festmahl oder einem Imbiss wählen.*

Die meisten **Restaurants**, vor allem die der Hotels, servieren von 12 bis 15 und von 19 bis 23 Uhr. Am Freitagmittag (wichtige muslimische Gebetszeit) schließen viele Straßenrestaurants, auch die in den Malls und Einkaufszentren – Hotelrestaurants haben dagegen geöffnet. Restaurants und Cafés **in den Einkaufszentren** haben meist durchgehende Öffnungszeiten von 10 bis 22 Uhr. Auch Food Courts bzw. Food Halls sind durchgängig geöffnet. Sonderregelungen gelten während des muslimischen Fastenmonats **Ramadan** (s. S. 82).

Wer die **Vielfalt** liebt, findet eine große Auswahl an Restaurants und anderen Einkehrmöglichkeiten in den **Malls** (s. S. 65) und den verschiedenen neu-arabischen **Souqs** (z. B. Souq Al Bahar ⑰ und Souq Madinat Jumeirah ⑫). Die volle Vielfalt bietet auch der Stadtteil **Marsa Du-**

bai ⓮, z. B. in Hotels, im Pier-7-Restaurantturm an der Marina Mall und am Marina Walk sowie am Jumeirah Beach Residence Walk inklusive der Einkaufsplaza **The Beach** (s. S. 69). **The Link** im One & Only One Za'abeel Resort ist ein besonderer Restaurantbereich: In einer 100 m hohen gläsernen Hochhaus-Brücke finden sich zehn Gourmet-Restaurants und Bars (www.thelinkdubai.com).

Auf Palm Jumeirah kann man an der palmenbestandenen Uferpromenade **Palm West Beach** (s. S. 75) einkehren, toll sind hier die Strandrestaurants bzw. -clubs.

Im Norden von Jumeirah (Jumeirah 1) finden sich zwei interessan-

> **MEIN TIPP**
>
> ### Schnell und günstig
>
> In den meisten der unzähligen kleinen und billigen Straßenrestaurants bekommt man **Sandwiches, Burger** und indische und pakistanische **Reisgerichte**. Standardbeläge für Sandwiches sind z. B. *chicken* (Huhn), *mutton* (Hammelfleisch) und *shrimps* (Krabben).
>
> Am verbreitetsten ist das **arabische „shawarma"**: auf einem Drehspieß gegrilltes Lamm- oder Hühnchenfleisch, das mit Salat in eine typisch arabische Brottasche gerollt und als Sandwich gereicht wird. *Manakish* bzw. *saj* sind weitere arabische Brotspezialitäten (frisch gebackenes Fladenbrot mit vielerlei Belägen wie Ei, Fleisch, Käse, Gewürze). Vegetarier können *felafel* (Falafel – Kichererbsenbratlinge) oder *foul* (Bohnenbreifüllung) in nahezu allen arabischen Restaurants bzw. Imbissen ordern. Alle genannten arabischen Schnellessen sind für 12 bis 35 Dh zu bekommen, je nach Größe und Qualität. Auch Sandwiches und Burger kosten ähnlich wenig.
>
> Eine weitverbreitete **indische Schnellmahlzeit** ist „thali". Neben Reis und Brot bekommt man verschiedene kleine Schälchen mit Soßen, Chutneys und Currys, die so lange aufgefüllt werden, bis man satt ist. *Thali* kostet meist 10 bis 20 Dh. Ähnlich günstig sind *Chaat*: Snacks an Straßenständen in herzhaften Varianten. *Tikka*, gegrillte Fleischstücke, sind ab 35 Dh in fast allen Imbissen zu haben. Noch preiswerter (unter 12 Dh) sind *dhosa*, hauchdünne, knusprige Linsenmehl-Crêpes mit pikanter Beilage. Als Hauptmahlzeit bieten sich Reisgerichte an, die es in riesiger Vielfalt gibt. Hier kann man sich für 20 bis 40 Dh durchprobieren.
>
> Fleischfreunde finden Gefallen an pakistanischen Grillgerichten – meist Lamm oder Huhn –, die ab 35 Dh verkauft werden.

197du Abb.: © Atlantis, The Palm

te Speise-Hotspots: In und um das Wohn- und Einkaufsareal **Wasl 51** (Al Wasl Rd, Makani 24723 90158) gibt es über ein Dutzend kreative Restaurants und Cafés. Am Meer gelegen bietet die Strandpromenade von **J1 Beach** (s. S. 77) eine 13-fache Vielfalt an exzellenten, lizenzierten Restaurants bzw. Strandclubs. Hier kann man nicht nur gut essen gehen, sondern auch einen schönen Tag am Meer verbringen. Generell kann man in Dubais vielen **Strandclubs** (s. S. 76) gut speisen, abends bieten viele Partys an.

Auf der Karte von Hotelrestaurants findet man die **Zeichen ++**. Sie bedeuten, dass zum Preis bis zu 25 % Steuern und Gebühren hinzukommen.

Üblicherweise bieten Gastronomiebetriebe (auch Bars, Lounges und Clubs) großer Hotels sowie Cafés, Restaurants und Food Courts in Malls bzw. Einkaufszentren **WLAN**.

## Ausgewählte Restaurants

### Orientalische Speisekarte

Wer authentisch Arabisch essen möchte, dem bieten libanesische Restaurants genau das Richtige. Oder wie wäre es mit persischer, marokkanischer oder türkischer Küche?

◌**52** [E5] **Al Fanar Seafood Restaurant** €€, Al Seef St., Makani 29331 95205, Tel. 3966669, www.alfanarrestaurant.com, 12–23 Uhr. Dieses nostalgisch dekorierte Restaurant bietet die seltene Gelegenheit, emiratische Fisch- und

# Alkohol

Wer glaubt, in arabischen Ländern gebe es keinen Alkohol, der irrt gewaltig – besonders was Dubai angeht. Da der Koran Alkohol für Muslime verbietet, wird dieser in Dubai aber „nur" in dazu lizenzierten Bars, Nachtclubs, Strandclubs sowie Restaurants ausgeschenkt – doch davon gibt es mehr als reichlich: Nahezu alle **Hotellokalitäten besitzen eine Schanklizenz**. Straßenrestaurants, Imbissläden, Fast-Food-Lokale, Food Trucks sowie Food Courts und Gastronomiebetriebe in Malls und Einkaufszentren sind zwar üblicherweise alkoholfreie Zonen, doch es gibt Ausnahmen: So bieten beispielsweise Lokale im Souq Madinat Jumeirah ⑫, im Pier-7-Restaurantturm an der Marina Mall (s. S. 68), im Pyramids-Freizeitkomplex der Wafi City (s. S. 69), in der riesigen Food Hall The Market Island der Festival City Mall (s. S. 67), im Speisebereich Pavilion der Einkaufsplaza The Beach (s. S. 69), im Bereich C2 in der Einkaufsmeile City Walk (s. S. 67) oder im Souq Al Bahar ⑰ Alkohol an. Auch Golfclubs und Gastronomiebetriebe an Strandpromenaden wie J1 Beach (s. S. 77) und Palm West Beach (s. S. 75) sowie Strandclubs (s. S. 76) sind lizenziert.

Die **Preise** für alkoholische Getränke sind relativ hoch: So kosten ein Flaschenbier, ein Glas Wein, ein Cocktail oder ein Tequila-, Wodka-, Rum-, Gin-, Likör- bzw. Schnapsgläschen ab ca. 50 Dh. Günstiger wird es zur Happy Hour.

Alkoholika dürfen nur dort getrunken werden, wo sie auch verkauft werden – und natürlich in Hotelzimmern und Privatwohnungen. **Öffentlicher Alkoholgenuss ist verboten,** und wer Bier trinkend durch die Straßen spaziert, kann dafür mit Geld- oder Freiheitsstrafen bestraft werden. Speist man mit gläubigen Muslimen, so sollte man stets bedenken, dass sie keinen Alkohol trinken.

Fleischgerichte zu moderaten Preisen zu genießen, mit Außenterrasse am Creek; weitere Filialen im Time Out Market des Souq Al Bahar ⑰, in Al Barsha im Pond Park, in der Expo City Dubai (s. S. 94) und in der Dubai Festival City Mall (s. S. 67).

**53 Al Hadheerah** €€€, Tel. 8096194, www.babalshams.com, 19–24 Uhr. Die ca. 50 km weite Anreise zu diesem zum Bab Al Shams Wüstenresort gehörenden Outdoor-Erlebnisrestaurant lohnt. Samt Innenhof im Stil eines arabischen Landhauses mit arabischem Dekor erbaut. Zum Programm gehören Musik- und Tanzaufführungen, Lagerfeuer, Kamelritt und Jagdfalken, zu essen gibt es typisch Arabisches vom Büfett mit Kochstationen, auch Lammbraten im heißen Sand gegaart, Reservierung empfehlenswert, ab 399 Dh.

**54 [dl] Al Jalboot** €€, Umm Suqeim 2, Jumeirah Rd, Fishing Harbour 3, Makani 18496 83123, https://aljalboot.com, Tel. 3215177, Mo.–Fr. 11.30–23.30, Sa./So. 9.30–23.30 Uhr. Delikate emiratische Fischgerichte, mit Außenterrasse am Fischereihafen.

**55 [D4] Al Khayma Heritage Restaurant** €€, Al Fahidi, Makani 28882 95242, Tel. 055 4030943, https://alkhayma.com, 8–23 Uhr. Im Kulturviertel Al Fahidi ❼ gelegenes Restaurant mit emiratischen bzw. arabischen Speisen, stets frisch gebackenem Fladenbrot und emiratischem Ambiente, schöner, schattiger Innenhof.

**56 [cm] Allo Beirut** €, Al Barsha 3, Hessa St., Makani 16933 76632, Tel. 800 86234788, www.allobeirutstreetfood.com. Rund um die Uhr libanesisches Street Food, Sandwiches und Grillgerichte, frische Fruchtsäfte. Weitere Filialen: JBR Walk, City Walk, Al Warqa Mall.

**57 [C4] Al Ustad** €, Bur Dubai, Al Musallah Rd/Ecke 15a St., Makani 28662 94777, Tel. 3971933, https://alustadspecialkabab.has.restaurant, Sa.–Do. 12–16 und 18.30–1, Fr. 18.30–1 Uhr. Alteingesessenes, reich bebildertes iranisches Kebab-Restaurant.

**58 [D4] Arabian Tea House** €€ ♀, Al Fahidi, Makani 28783 95183, https://arabianteahouse.com, Tel. 3535071, 7–23 Uhr. Gemütliches und kinderfreundliches Innenhof-Speisecafé in Windturmhaus im Kulturviertel Al Fahidi, emiratische und arabische Speisen (auch vegetarisch), Grill- und Fischgerichte, Süßigkeiten, frische Fruchtsäfte, große Tee-Auswahl; weitere Filialen in der Mercato Mall, in Jumeirah und am Umm Suqeim-Strand.

**59 [hm] Awtar** €€€, Umm Hurair 2, im Grand Hyatt Dubai Hotel, Makani 31559 91226, www.hyattrestaurants.com, Tel. 3172221, Di.–So. 19.30–3 Uhr. Feinste libanesische Speisen unter Beduinen-Zelt-Deko, Shishas, Livemusik und Bauchtanzshow.

◁ *Dinner-Bootsfahrten finden auf dem Marina-Kanal, dem Creek und auch auf dem Dubai Water Canal statt*

# Dubai für Genießer

## Preiskategorien
Richtwert für ein Hauptgericht pro Person exklusive Getränke.
€   ca. 15–65 Dh (ca. 4–17 €)
€€  ca. 65–135 Dh (ca. 17–35 €)
€€€ ab ca. 135 Dh (ab ca. 35 €)

**60** [C3] **Bayt al Wakeel** €€, Bur Dubai Souq, 3a St., Makani 28240 95348, www.wakeel.ae, Tel. 3530530, 11–24 Uhr. Arabische und sonstige Speisen sowie Grillgerichte in historischem Handelshaus mit Aussichtsterrasse über dem Creek.

**61** [fl] **Karachi Grill** €, Jumeirah 2, Jumeirah Rd, Makani 22991 88882, Tel. 3447000, www.karachigrilluae.com, 11–2 Uhr. Modernes pakistanisches Restaurant mit Grillspeisen und täglichem Mittagsbüfett.

› **Khan Murjan** €€, Umm Hurair 2, Wafi City (s. S. 69), Tel. 3279795, www.wafi.com, So.–Do. 10–22, Fr./Sa. 10–24 Uhr. Orientalische Kost und Grillspeisen in einem detailgetreu arabisch gestalteten Innenhof im Souq-Areal Khan Murjan.

› **Logma Khaleeji Taste** €€, Burj Khalifa, Dubai Mall **16**, Fashion Avenue, www.logma.ae, Tel. 800 56462, 10–24 Uhr. Traditionelle Speisen der Golfregion in modernem Restaurant zu fairen Preisen.

**62** [fm] **Operation:Falafel** €, Burj Khalifa, Mohammed bin Rashid Boulevard, Makani 26065 87277, Tel. 600 530006, www.facebook.com/operationfalafel, 24 h geöffnet. Falafel in verschiedenen Varianten sowie weitere arabische Schnellspeisen; weitere Filialen: JBR The Beach, Dubai Festival City, Dubai Media City.

**63** [gl] **Ravi** €, Al Satwa, Al Satwa Rd am Al Satwa R/A, Makani 26646 91925, Tel. 3315454, https://ravirestaurants.ae, 5–3 Uhr. Beliebtes, alteingesessenes pakistanisches Schnellrestaurant mit authentischer Punjab-Küche. Weitere Filiale in Al Karama.

**64** [dm] **Sultan Saray** €€, Umm al Sheif, Shaikh Zayed Rd/Ecke Al Thanya St., Makani 19694 80701, Tel. 2290600, www.sultansaray.ae, 8–1 Uhr. Authentische türkische Speisen – je nach Bestellung mit Servier-Show –, auch Frühstück und Wasserpfeifen.

## Meine Tipps

### Kosmopolite Kost
**Frying Pan Adventures** bietet Touren zur Erkundung der kulinarischen Vielfalt Dubais an. Besucht werden einfache Restaurants mit gutem, landestypischem Essen, aber auch andere Lokalitäten wie Märkte, Bäckereien und Süßwarenläden. Drei bis vier Stunden dauert ein geführter Spaziergang. Zwischendurch wird hier und dort eingekehrt zum Genießen und Naschen, zum Schmecken und Schnuppern. Auch PDF-Tourenführer und Apps zum Selbererkunden kann man kaufen.
› Tel. 056 4718244, www.fryingpanadventures.com, ab 450 Dh pro Person inklusive Speisen und Getränke

### Emiratische Esskultur
**Heritage Express** (s. S. 106) bietet am Kulturaustausch interessierten Touristen Kulturmahlzeiten („Emirati Hospitality Experience") im Zusammensein mit Emiratis im historischen Altstadthaus in Al Fahidi an. Dazu gehört auch eine Stadtrundfahrt im traditionell eingerichteten Trolleybus.
› 250 Dh, 3 Stunden, wochentags Frühstück, Mittag- oder Abendessen, am Wochenende Brunch, Reservierung notwendig

> **Tagine** €€€, Marsa Dubai, The Palace Hotel vom One & Only Royal Mirage (s. S. 123), www.oneandonlyresorts.com, Tel. 3999999, Di.–Sa. 19–24 Uhr. Märchenhaftes Restaurant mit aufwendigem Interieur und marokkanischen Spezialitäten.

🍴**65** [dl] **Tent Jumeirah** €€, Umm Suqeim 2, Kite Beach/Ecke 31A St., Makani 18542 83175, Tel. 055 2756091, https://tentj.ae. Rund um die Uhr geöffnetes Strandrestaurant mit arabischen und emiratischen Speisen, Grill- und Fischgerichten; weitere Filialen in Al Seef und am Rashid-Hafen.

🍴**66** [bl] **Zaatar w Zeit** €, Marsa Dubai, Marina View Towers, Makani 12616 75001, Tel. 600 522231, www.zaatarwzeit.net, 24 Std. geöffnet. Libanesische Wraps und sonstige gesund zubereitete Schnellgerichte. Viele weitere Filialen, z. B. Dubai Mall, Business Bay und Dubai Festival City.

### Kulinarische Weltreise

In Dubai kann man ohne Probleme auf kulinarische Weltreise gehen: von Texas über die Toskana bis nach Thailand.

---

**KURZ & KNAPP**

### Food Court versus Food Hall

**Food Courts** sind in den meisten großen Malls und Einkaufszentren zu finden. Hier kann man sich preisgünstiges Essen an einem von vielen Selbstbedienungsschaltern holen – z. T. auch Bedienungsservice – und in einem gemeinsam genutzten, funktional ausgestatteten Sitzbereich verzehren. Meist sind **Fast-Food-Ketten** vertreten.

Statt einer schnellen Essensmöglichkeit steht in den **Food Halls** ein **kulinarisches Speiseerlebnis** im Vordergrund. Hier finden sich ausgewählte Restaurants mit innovativer, qualitativ hochwertiger und oftmals gesundheitsbewusster Kost. Ein Mix aus verschiedenen Küchen ist im multikulturellen Dubai eine Selbstverständlichkeit. Die Speisebereiche sind ein toller Treffpunkt für gemeinsame Gemütlichkeit, während jeder nach seinen Vorlieben sein Essen auswählen kann. Food Halls haben der Gastroszene Dubais in den letzten Jahren einen neuen Kick verliehen, immer mehr eröffnen und begeistern, z. B. **Depachika** in der Nakheel Mall (https://depachika.ae, s. S. 68), **The Market Island** in der Festival City Mall (https://m-island.space, s. S. 67), **Flayva** in Al Ghurair Centre (s. S. 66), **Food Central** im City Centre Deira (s. S. 67), **South Market** in der Gate Avenue des Dubai International Financial Centre (www.difc.ae), **Time Out Market** im Souq Al Bahar (s. S. 42) oder **Downtown Kitchens** im Bereich Fountain Views der Dubai Mall **16**.

218du Abb.: © Time Out Market

◁ *Speisevielfalt bietet die Time Out Market Food Hall (s. S. 42) im Souq Al Bahar*

🍴**67** [fl] **3 Fils** €€, Jumeirah 1, Jumeirah Fishing Harbour 1, Makani 23124 89316, https://3fils.com, Tel. 3334003, 12–23.30 Uhr. Asiatische Speisen mit japanischem Twist, mit Außenterrasse am Fischereihafen.

🍴**68** [D2] **Al Bait Alqadeem** €, Al Ras, Al Ahmadiya St., Makani 28306 95796, Tel. 2256111, www.albaitalqadeem.com, 8–22 Uhr. Restaurant/Café im Altstadthaus mit arabisch-persisch-indischen Speisen, tollem Innenhof und traditionell eingerichteten Speiseräumen.

› **Aprons & Hammers The Beach at JBR** €€€, Marsa Dubai, in der Einkaufsplaza The Beach (s. S. 69), Tel. 4567888, www.apronsandhammers.com, 12–24 Uhr. Zwischen Meer und Hochhäusern kann man erstklassige Fischmenüs speisen oder Riesenschüsseln voller Krebse, Shrimps, Muscheln und Hummer bestellen – auch Alkoholika werden serviert.

🍴**69** [bl] **Arcadia** €€€ 🌿, Nakhlat Jumeirah, Jumeirah Zabeel Saray Hotel, Makani 10781 77142, www.jumeirah.com, Tel. 4530444, 13–16 und 19–22 Uhr, Reservierung erforderlich. Freiluft-Restaurant im Landhausstil, das Speisen mit erntefrischen Kräutern, Salat und Gemüse aus der hauseigenen, einsehbaren Hydrokultur-Farm serviert.

🍴**70** [C6] **Aryaas Gourmet Veg** €, Al Hamriya, Khalid bin al Waleed Rd, Makani 29145 94353, Tel. 3577800, www.facebook.com/Aryaasgourmetveg, 7–23.30 Uhr. Indische vegetarische Kost, preisgünstig, zentral gegenüber dem BurJuman-Einkaufszentrum gelegen.

› **Black Tap** €€, Burj Khalifa, Mall of the Emirates (s. S. 68), 11–23 Uhr, Tel. 3542071, www.blacktapme.com. Prall belegte Burger und mit allerlei Süßigkei-

## Smoker's Guide

In Dubai gilt ein **generelles Rauchverbot** in allen öffentlichen Innenräumen (also auch in Museen, Restaurants, Cafés, Einkaufszentren, Freizeiteinrichtungen, Theatern, Kinos, Sportstätten, Bildungsstätten, Gotteshäusern, Gesundheitseinrichtungen, Ämtern, Banken, Büros etc.), in allen öffentlichen Verkehrsmitteln, an deren Haltestellen und in öffentlichen Parks, Erholungs-, Sport- und Freizeitstätten, Stränden sowie Spielplätzen. Auch in allen Autos, in denen Kinder unter 12 Jahren mitfahren, darf nicht geraucht werden. All diese Verbote betreffen auch **E-Zigaretten und Vaporizer**.

**Erlaubt** ist Rauchen in ausgeschilderten Sonderzonen und Außenarealen (z. B. von Restaurants) sowie in Bars und Nachtclubs. Manche von ihnen haben sich zum Nichtraucherlokal erklärt – ein Trend, der sich immer weiter ausbreitet.

Das Schmauchen einer **Wasserpfeife**, auch Shisha oder Hubbly Bubbly genannt, ist – außer in Privathäusern – nur in dazu lizenzierten Shisha-Cafés, Restaurants oder Bars möglich. Schwangere Frauen dürfen sich nicht in Shisha-Cafés aufhalten, auch wenn sie nicht rauchen. Das Rauchen von Wasserpfeifen **in der Öffentlichkeit** außerhalb von lizenzierten Gastronomiebetrieben, also z. B. am Strand oder im Park, ist untersagt. Wer seine eigene Shisha anheizt, könnte eine Geldbuße von 500 Dh auferlegt bekommen.

Während des muslimischen Fastenmonats **Ramadan** (s. S. 82) ist jegliches Rauchen in der Öffentlichkeit tagsüber überall untersagt und könnte bestraft werden.

ten aufgepeppte Milchshakes; weitere Filiale z. B. in der Dubai Mall ⓰.

🚩**71** [hl] **Calicut Paragon** €, Al Karama, Rückseite der Zabeel St., 20b Street, Makani 29387 92948, Tel. 3358700, www.facebook.com/calicutparagon, 7–24 Uhr. Gute und günstige südindische Speisen.

› **Claw BBQ Crabshack and Grill** €€, Burj Khalifa, Souq Al Bahar ⓱, Tel. 4322300, www.clawbbq.com, 12–2 Uhr. Amerikanisches Diner-Lokal mit Grillspeisen, Burgern, Tacos, Bier und Co., mit Außenterrasse; weitere Filiale in Marsa Dubai im Pavilion at The Beach.

› **Eauzone** €€€, Al Sufouh 2, im Arabian Court des One & Only Royal Mirage Hotels (s. S. 123), Tel. 3999999, Fr.–Di. 12–23 Uhr. Fernöstlich beeinflusste Menüs in romantischer Bilderbuchkulisse zwischen Swimmingpool und Tropengarten.

› **Ernst** €€, Trade Centre 2, 25hours Hotel Dubai One Central (s. S. 120), www.ernstbiergarten.com, Tel. 2102511, So.–Mi. 12–24, Fr./Sa. 12–1 Uhr. Bayrisch inspiriertes Wirtshaus mit Terrassen-Biergarten, Live-Sportübertragungen, Wochenendbrunch und Blick auf das Museum of the Future vor der Hochhaus-Skyline der Shaikh Zayed Rd.

➦**72** [bl] **Fish-Beach Taverna** €€, Marsa Dubai, im Le Meridien Mina Seyahi Beach Resort and Marina, Makani 13162 76394, www.destinationmina seyahi.com, Tel. 5117373, 12–23 Uhr. Griechisch-türkische Fischgerichte in gemütlicher, griechisch inspirierter Taverne mit Terrasse am Meer – beliebt zum Sonnenuntergang.

› **Gigi Rigolatto** €€€ 🍴, Jumeirah 1, Jumeirah Beach Rd, J1 Beach (s. S. 77), Tel. 5582067, https://gigi-restaurant.com, Restaurant 12–18, 20–1 Uhr, Bar, Pool, Strand 10–18 Uhr. Elegantes italienisches Restaurant mit Ganztags-Wohlfühlclub, mediterranem Garten, Bar, Pool, Badestrand und Kinderzirkus-Spielbereich. Sowohl Feinschmecker als auch Familien und Partygänger kommen gerne hierher. Strandliege ab 300 Dh.

🚩**73** [fm] **Krasota** €€€, im The Address Downtown Dubai Hotel, Makani 26612 87534, Tel. 4331258, https://krasota.art, 18–24 Uhr, 2 Shows pro Abend. Futuristisch-fantastisches Erlebnisrestaurant, hier vereint sich immersive Kunstperformance mit einem Degustationsmenü der Spitzenklasse. Vorausbuchung notwendig.

🚩**74** [bl] **Mama Zonia** €€, Marsa Dubai, Pier 7 Restaurantturm, Makani 12501 74658, Tel. 2404747, www.mama zoniadubai.com, Mo.–Fr. 12–23, Sa./So. 13–23 Uhr. Restaurant und Lounge mit asiatischer, südamerikanischer und karibischer Kost, coole Cocktails, buntes Dschungel-Flair und Außenterrasse am Marina-Kanal.

➋**75** [F2] **My Govinda's** €, Deira, New Gold Souq, Makani 28606 96323, Tel. 3940056, www.mygovindas.com, 10–23 Uhr. Modernes kleines Restaurant mit rein vegetarischer, gesundheitsbewusster indischer Kost, auch Süßspeisen. Weitere Filiale in Al Karama.

🚩**76** [al] **Osh del Mar** €€€, Marsa Dubai, im The Address Beach Resort, Makani 11068 74255, Tel. 050 9144215, https://oshdubai.com, 13–23 Uhr. Authentische usbekische Speisen in modern-schickem Restaurant.

🚩**77** [hl] **Paratha King** €, Al Karama, Kuwait Rd/Ecke Zabeel Rd, Makani 29416 93132, Tel. 3976899, www.parathaking.com, 8–23 Uhr. Nordindische Parathas – gefülltes, backfrisches Fladenbrot – in rund 100 vegetarischen Variationen.

› **Pierchic** €€€, Al Sufouh 1, Jumeirah Al Qasr Hotel, Madinat Jumeirah (s. S. 123), Tel. 800 323232, www.jumeirah.com, 13–14.30 und 18.30–22 Uhr. Feinste Fischgerichte und italienisch-mediterrane Kost in einem meer-

# Dubai für Genießer

### Lokale mit guter Aussicht
- **SushiSamba** (s. S. 60): Rundumblick auf die Jumeirah-Palmeninsel
- **Ristorante L'Olivo at Al Mahara** (siehe unten): Aquariumausblick
- **The Lounge**, Burj Khalifa (s. S. 41): Tee oder Sundowner mit Dubai zu Füßen
- **Bayt al Wakeel** (s. S. 55): der Creek hautnah

### Dinner for one
- **Hoya** (s. S. 61): Dieses Villen-Café bietet neben Kaffee auch Bücher zum Lesen.
- **Ernst** (s. S. 58): Im Wirtshaus findet sich stets jemand zum Zuprosten.

### Für Verliebte
- **Bahri Bar** (s. S. 62): Meeresrauschen und Jazzklänge in schicker Bar
- **Eauzone** (s. S. 58): Romantik im Privatpavillon mit Meeresblick und fernöstlichen Speisen
- **Pierchic** (s. S. 58): ins Meer hineingebautes Restaurant
- **Tagine** (s. S. 56): Candle-Light-Dinner mit marokkanischen Schlemmereien

### Lecker vegetarisch
- **Aryaas Gourmet Veg** (s. S. 57): indische, preiswerte Kost
- **My Govinda's** (s. S. 58): indische Küche samt Süßspeisen
- **Paratha King** (s. S. 58): nordindische Calzone-Pizza in 100 Variationen
- **Saarangaa Bhojan Shala** (siehe unten): indisch-vegetarische Speisen

### Für den späten Hunger
- **Tent Jumeirah** (s. S. 56): Strandrestaurant
- **Allo Beirut** (s. S. 54): lecker libanesisch
- **Operation:Falafel** (s. S. 55): Falafel-Vielfalt
- **Salt** (siehe unten): Burger rund um die Uhr am Kite Beach
- **Ravi** (s. S. 55): preiswerte Punjab-Kost
- **Zaatar w Zeit** (s. S. 56): rund um die Uhr geöffnet

umspülten Restaurant, elegant und romantisch, mit schöner Außenterrasse, Bar und Lounge.

**78** [fm] **PizzaExpress Live** €€, Business Bay, Bay Square 5, Makani 26718 86670, Tel. 5665722, www.pizzaexpress.ae, 10–24 Uhr. Coole Pizzeria, in der häufig Live-Entertainment geboten wird, auch vegane Speiseauswahl. Weitere Filialen: Jumeirah Lake Towers, ohne Musik z. B. in der Ibn Battuta Mall und im World Trade Centre.

› **Ristorante L'Olivo at Al Mahara** €€€, Umm Suqeim 3, Jumeirah Rd, Burj Al Arab Hotel ⑪, www.jumeirah.com, Tel. 800 323232, Di.–So. 18.30–22 Uhr. Exquisite Fischgerichte, mediterrane Speisen und edle Weine vor der Kulisse eines riesigen, raumhohen Aquariums, umsäumt von Korallen und beäugt von bunten Fischen. Reservierung erforderlich.

**79** [al] **Saarangaa Bhojan Shala** €, Marsa Dubai, Marina Pearl Building, Makani 11801 73959, Tel. 4512525, www.facebook.com/saarangaabhojanshala, 7.30–23.30 Uhr. Indisch-vegetarische Speisen, authentisch, vielfältig und delikat; weitere Filialen: Bur Dubai, Business Bay.

**80** [el] **Salt** €€, Umm Suqeim 1, Kite Beach, Makani 19761 84760, Tel. 055 9965802, https://findsalt.com, 24 Std. geöffnet. Beliebtes Burger- und Frühstücks-Strandrestaurant mit Außenterrasse. Weitere Filialen: Marina Mall, Jumeirah Marsa Al Arab, Museum of the Future, gegenüber Dubai Fountain (außerhalb von Dubai Mall Exit 5).

### Gastro- und Nightlife-Areale

Bläulich hervorgehobene Bereiche in den Karten kennzeichnen Gebiete mit einem dichten Angebot an Restaurants, Bars, Clubs etc.

### Trinkgeld

In den Vereinigten Arabischen Emiraten erfolgt die Zahlung von Trinkgeld meist freiwillig, als Anerkennung und Dank für Serviceleistungen.

In höherpreisigen **Restaurants** ist ein Aufrunden auf maximal 10 % des Rechnungsbetrages angebracht, am besten händigt man es der Servicekraft zusammen mit Dankesworten persönlich aus, denn von der Servicegebühr *(service charge)*, die auf manchen Speisekarte aufgeführt ist (++), erhält das Personal oft nichts. In **einfachen Restaurants, Imbissen, Coffeeshops** oder **Foodtrucks** ist Trinkgeld unüblich – auffallend guter Service wäre mit 5 Dh angemessen honoriert.

Wer im **Hotel** Trinkgeld geben möchte, z. B. als Dank und Anerkennung an Servicepersonal wie Gepäckträger, Reinigungskraft, Concierge, Parkwächter, Autowäscher etc., kann 5–10 Dh persönlich überreichen, denn von den prozentual zum Zimmerpreis fälligen Hotel-Zusatzgebühren (s. S. 119) erhalten sie meist nichts. Ähnlich belohnt werden Autowäscher oder Parkplatzwächter außerhalb von Hotels.

Ist man mit Service und Fahrweise des **Taxifahrers** zufrieden, so sind 5–10 Dh angemessen.

Trinkgelder für **Tankwarte** an Tankstellen und **Tütenpacker** in Supermärkten sind nicht üblich – auffallend guter Service wäre auch hier mit 5 Dh angemessen honoriert.

🔴**81** [bl] **Señor Pico Beach** €€, Nakhlat Jumeirah, Palm West Beach, Makani 13029 78053, Tel. 5682502, https://senorpico.com, Restaurant 12–24 Uhr, Tagespass Strand 10–18 Uhr, ab 150 Dh (anrechenbar auf Speisen und Getränke). Mexikanisches Strandrestaurant mit Bar am Palm West Beach Strand.

🔴**82** [ck] **SushiSamba** €€€, Nakhlat Jumeirah, Makani 12474 78863, Tel. 2784888, www.sushisamba.com, 13–15 und 18–2 Uhr. Dieses im 51. Stock des Palm-Tower-Hochhauses gelegene Restaurant bietet einen innovativen Mix aus japanischer, brasilianischer und peruanischer Kost mit offener Schauküche, Robata-Grill und Sushi-Bar unter riesiger 3D-Druck-Deckeninstallation zu atemberaubendem Rundblick über die Jumeirah-Palmeninsel und Dubai Marina.

🔴**83** [fm] **Ting Irie** €€, Burj Khalifa, Mohammed bin Rashid Boulevard, Makani 26493 87207, https://tingirie.com, Tel. 5575601, 13–2 Uhr. Jamaikanisches Restaurant mit karibischer Kost und Lounge zu Reggae, Hip-Hop und Dancehall.

› **Wavehouse** €€ 🧍, Nakhlat Jumeirah, im Atlantis, The Palm Hotel (s. S. 124), 12–23.30 Uhr. Familienfreundliche Erlebnisgastronomie mit Restaurant, Bar, riesiger Außenterrasse, Bühne für Abendunterhaltung oder Konzerte, Wellenreit-Surf-Pool, interaktiver Spielearkade, Kleinkinder-Spielezone und Bowlingbahnen – hier haben sowohl Erwachsene als auch Kinder und Jugendliche Spaß.

## Cafés

Alle Einkaufszentren haben Cafés – je größer der Shoppingtempel, desto höher die Anzahl. Auch in den meisten Hotels gibt es Cafés oder Coffeeshops. Zu kühleren Tageszeiten draußen sitzen kann man im Souq Madinat Jumeirah ⓬ und im Souq Al

## Dubai für Genießer

Bahar ⓱ sowie an den Kanalpromenaden in Marsa Dubai ⓮. Für Kaffeeliebhaber lohnt ein Besuch des Cafés im Coffee Museum (s. S. 48).

- 84 [el] **Common Grounds – Kite Beach**, Jumeirah 3, Kite Beach, Makani 20451 85573, Tel. 050 1967165, https://eatx.com, 6–22 Uhr. Preisgünstiges Outdoor-Strandpavillon-Café. Weitere Filialen am Strand von Marsa Dubai JBR Beach sowie in der Mall of the Emirates und der Nakheel Mall.
- 85 [fl] **Forever Rose**, Al Wasl, Box Park, Al Wasl Rd, Makani 23665 88355, www.facebook.com/foreverrosecafe, Tel. 5484210, 9–24 Uhr. Café im Stil einer 2D-Schwarzweiß-Märchenbuch-Szene.
- 86 [dl] **Hoya**, Al Manara, Al Wasl Rd, Villa 1901a, Makani 19396 82160, Tel. 3468986, www.facebook.com/hoya uae, 10–22 Uhr. Charmantes, mehrgeschossiges Speisecafé voller Überraschungen – z. B. Bücherregal-Tür zum versteckten idyllischen Innenhof.
- › **L'ETO**, Al Wasl, City Walk (s. S. 67), Tel. 3452209, https://letocaffe.ae, 9–24 Uhr. Kreative Kuchen, außergewöhnliche Torten und Törtchen, fantasievolle Getränke, allerbestes Frühstück, mit Außenterrasse. Weitere Filialen: Mall of the Emirates, Dubai Mall, Nakheel Mall, Bluewaters The Wharf, Marina Mall, Midrif City Centre, Festival City Mall.
- 87 [gl] **Lime Tree Café** ⚥, Jumeirah 1, 10b St., nahe der Jumeirah-Moschee, Makani 25178 91766, Tel. 3256325, www.thelimetreecafe.com, 7.30–18 Uhr. Kinderfreundliches Café mit frischer, gesunder Kost in einer Villa mit Innenhof- und Dachterrasse; auch in den Einkaufszentren Nakheel Mall und Town Square.
- › **Mazmi Coffee and More**, Bur Dubai Souq, im Mazmi Casa (s. S. 121), Tel. 2827252, http://mazmi.me, 8–20 Uhr. Mitten im Souq gelegenes, kleines Speisecafé mit Ganztagsfrühstück, Kaffeespezialitäten und simpler, aber schöner Terrasse direkt am Creek.
- › **Tiffany & Co. Blue Box Café**, Dubai Mall ⓰, Burj Khalifa, Tel. 2504935, https://blueboxcafedubai.com, 10–24 Uhr. Dieses türkis-funkelnd-schicke Café bietet Frühstück bei Tiffany's und französisch inspirierte Gerichte.
- 88 [em] **Tom & Serg.**, Al Quoz Industrial Area 1, 15a St., neben ACE Hardware, Makani 20853 82285, Tel. 056 4746812, www.tomandserg.com, 8–16 Uhr. Modernes, geräumiges Speisecafé mit origineller Kost (auch vegan) in altem Lagerhaus.
- › **XVA Café**, Al Fahidi, im XVA Art Hotel (s. S. 121), Tel. 3535383. www.xvaho tel.com, 7–22 Uhr. Gemütliches Innenhof- und Kunstcafé des XVA Art Hotels im Kulturviertel Al Fahidi, das vegetarische Kost in einem historischem Windturmhaus mit toller Innenhof-Terrasse bietet.

*Kostprobe im Coffee Museum (s. S. 48)*

## Dubai am Abend

*Dubais Straßen sind bis 22/23 Uhr belebt, denn bis zu dieser Zeit haben die meisten Geschäfte, Souqs, Einkaufszentren und Parks geöffnet und kaum ein Restaurant oder Imbiss schließt vor Mitternacht. Der größte Betrieb herrscht in den frühen Abendstunden, wenn die Hitze nachlässt.*

*Nachtschwärmer können sich in den zahlreichen Bars oder Pubs treffen oder in einem der vielen Clubs „austoben". Auch Alkohol gehört dazu (s. S. 53).*

### Szene-Eigenheiten

In Dubai hat sich eine stetig wachsende und schnell wechselnde Clubszene ausgebildet.

**Schicke Designerbars und Clubs** wachen streng darüber, wen sie einlassen und wen nicht. Offiziell gilt ein **Mindestalter** von 21 Jahren. Besucher aus westlichen Ländern haben meist gute Einlasschancen. Ein leeres Haus (früher Abend), adrette Kleidung (keine Sandalen, keine Shorts, keine Strandshirts), charmante Damenbegleitung, Reservierungen und/oder die Zusage, zu dinieren, können diese Chance erhöhen. **Frauen** kommen zumeist überall hinein – und dies mitunter ohne Eintrittsgeld und bei freien Getränken.

Vielerorts gibt es zur **Happy Hour** verbilligte alkoholische Getränke (in der Regel zwischen 18 und 21 Uhr) und viele Etablissements bieten dem weiblichen Publikum an speziellen Abenden (oftmals dienstags) **Ladies' Nights** mit Freigetränken.

Ausgiebig feiern kann man auch in vielen **Strandclubs** (s. S. 76), tagsüber geht es meist chillig zu, abends sind Partys oder Events angesagt, insbesondere am Wochenende.

### Bars, Lounges, Kneipen und Clubs

› **Bahri Bar,** Al Sufouh 1, Mina A'Salam Hotel, Madinat Jumeirah (s. S. 123), Tel. 800 323232, www.jumeirah.com, 17–2 Uhr. Klassische, elegante Bar mit einmaliger Aussicht von der Terrasse, raffinierten Cocktails, arabischen Vorspeisen und Wasserpfeifen.

❶89 [bl] **Barasti Beach Bar,** Marsa Dubai, King Salman bin Abdulaziz al Saud St., Le Meridien Mina Siyahi Beach Resort and Marina, Makani 13162 76394, Tel. 5117373, www.destinationminaseyahi.

com, 9–3 Uhr. Langjährig bestehende, legendäre Strandbar mit freiem Eintritt, auch Restaurant, Sportübertragungen, Shishas, Billard, Pool, abends DJ- oder Livemusik bzw. Party.

❼90 [bl] **Beach Deck by FIVE Palm Jumeirah,** Nakhlat Jumeirah, Palm West Beach, im FIVE Palm Jumeirah Hotel, Makani 13328 77793, Tel. 455 9989, https://palmjumeirah.fivehotelsandresorts.com, 9–2 Uhr. Tagsüber luxuriöser Strandclub (Tagespass für Nicht-Hotelgäste 100–300 Dh, voll anrechenbar auf Speisen und Getränke) und abends ultimativer Party-Hotspot.

› **Brass Monkey,** Al Wasl, im lizenzierten C2-Bereich der Einkaufsmeile City Walk (s. S. 67), Tel. 5822244, https://brassmonkeysocial.com, 16–2 Uhr. In dieser neonbunten Kneipe kann man feiern, speisen oder spielen (Retro-Videospiele, Bowling, Billard und Darts). Weitere Filiale auf Bluewaters.

❼91 [bl] **Caña by Tamoka,** Marsa Dubai, JBR im The Ritz-Carlton Dubai, Makani 12182 75388, Tel. 3186099, www.tamokadubai.com, 12–22 Uhr. Ruhige, lässige Cocktail-Strandbar, gehört zum karibisch-lateinamerikanischen Strandrestaurant Takoma.

❼92 [gl] **Electric Pawn Shop,** Trade Centre 1, Sheikh Zayed Road, The H Hotel, Makani 27466 91529, Tel. 050 5865510, www.electricpawnshop.com, 18–2 Uhr. Hippe asiatisch-exotische Underground-Speisebar im Neon-Retro-Stil, häufig Livemusik oder DJ-Sets.

› **Hard Rock Café,** Dubai Festival City Mall (s. S. 67), Tel. 2328900, https://cafe.hardrock.com, 12–1 Uhr. Weltweit beliebt: Rockmusik, stimmungsvolle Live-Bands, Musikvideos, Burger und Co., wertvolle „Reliquien" berühmter Stars und Rock Shop.

❼93 [gl] **Icy,** im Fairmont Dubai Hotel, Shaikh Zayed Rd, Makani 27195 91105, Tel. 056 4093333, www.fairmont.com, Do.–Sa. 10–4 Uhr. Technisch ausgeklügelter, wie eine Eisgrotte eingerichteter, schick-luxuriöser Nachtclub.

› **Monkey Bar,** im 25hours Hotel Dubai One Central (s. S. 120), Tel. 2102566, www.monkeybardubai.com, 17–2 Uhr. Coole Club-Bar mit Dschungel-Deko und tropisch-coolen Cocktails, Außenterrasse und toller Aussicht auf das Museum of the Future vor der Skyline Shaikh Zayed Rd, auch Livemusik.

❼94 [fm] **Papa Dubai,** Business Bay, V Hotel, Al Habtoor City, Makani 24184 86513, https://papadubai.com, Tel. 052 2033434, Di.–Fr. 19–1, Sa. 16–3 Uhr. Neun Bars unter einem Dach (z. B. Rum Station, Whiskey Square, Wine Court, Gin Point) bieten neben coolem Interieur jeweils eigene Mix-Stile, aber auch Klassiker sowie Bar-Speisen – plus DJ-Sound.

❼95 [fn] **Soho Garden,** Nadd al Shiba 1, am The Meydan Hotel gegenüber der Tribüne der Pferderennbahn, Makani 28795 83468, Tel. 052 3888849, So.–Fr. 20–2, Sa. 15–2 Uhr, www.sohogar

> **Aktuelle Infos zu Essen, Trinken & Abendgestaltung**
> › Pflichtlektüre bzw. unverzichtbare Apps für Nachtschwärmer sind die Magazine „What's on" und „Time-Out" mit vielen Gastronomietipps und aktuellen Veranstaltungshinweisen: www.whatson.ae/dubai bzw. www.timeoutdubai.com.
> › **FooDiva** ist eine unabhängige Website für Restaurantbewertungen und -Tipps: www.foodiva.net.
> › Speziell der Musik- und Clubszene gewidmet ist die Website **www.dubainight.com.**

◁ „Prosit" im Ernst, Biergarten und Wirtshaus *(s. S. 58)*

dendxb.com. Großer, vielfältiger, schicker Party- und Veranstaltungs-Komplex: mehrere Clubs mit verschiedenen Bars, Biergarten mit über 60 Biersorten, Konzertbühne, Pool-Lounge, Restaurants, große Außenbereiche, zahlreiche Events und Superstar-Acts.

› **Soho Garden Palm Jumeirah** befindet sich auf den Dachterrassen (Rooftop West) der The Nakheel Mall (s. S. 68) und bietet zwei Bars und eine Bühne für Livemusik, www.sohogardenpalm.com, Tel. 054 2335555, Fr./Sa. 19–3 Uhr.

96 [gl] **The Cigar Bar,** Shaikh Zayed Rd, Fairmont Dubai Hotel, Makani 27195 91105, Tel. 3115316, www.fairmont.com/dubai, 19–3 Uhr. Gediegene, mahagoni-dunkle Zigarrenbar mit begehbarem Humidor und erlesenem Alkoholsortiment.

97 [im] **The Irish Village,** Al Garhoud, 31a St., Makani 33141 92922, www.theirishvillage.com, Tel. 2824752, 11–1 Uhr. Bei Familien beliebte irische Speisekneipe, die wie ein irisches Dorf gestaltet wurde, mit großer Gartenterrasse und häufigen Folk-Konzerten; auch im Studio One Hotel.

› **The Jetty Lounge,** Marsa Dubai, im One & Only Royal Mirage (s. S. 123), www.oneandonlyresorts.com, Tel. 3999999, Do.–Sa. 17–1 Uhr. Elegante, ruhige Lounge direkt am Sandstrand mit Chill-out-Klängen.

› **The Lounge,** Burj Khalifa (s. S. 41). Welthöchste Lounge samt Aussichtsterrasse mit Blick aus 575 m Höhe.

## Theater und Konzerte

Öffentliche Aufführungen von **traditionell emiratischer Dichtung, Musik und emiratischen Tänzen** kann man vornehmlich an religiösen und nationalen Feiertagen (s. S. 81) sowie während des Dubai Shopping Festivals (s. S. 80) sehen.

Zu unregelmäßigen Terminen finden Festivals und Konzerte – **von Pop bis Klassik** – statt. In der Kneipe The Irish Village (s. S. 64) kann man oft **Folkkonzerte** besuchen. Kleinere Konzerte werden in Clubs und Kneipen verlegt.

› **Coca-Cola Arena,** Al Wasl, auf dem Areal der Einkaufsmeile City Walk (s. S. 67), www.coca-cola-arena.com, Tel. 800 223388. Sport-, Veranstaltungs- und Konzerthalle für 17.000 Personen.

› **Courtyard Playhouse.** Schauspielhaus im Kunstgalerienkomplex Courtyard (s. S. 50) mit kreativem Programm, Tel. 050 9861760, https://courtyardplayhouse.com.

98 [fm] **Dubai Opera,** Burj Khalifa, Shaikh Mohammed bin Rashid Boulevard, Makani 25831 87743, Tel. 4408888, www.dubaiopera.com. Opernhaus in Form eines riesigen, gläsernen Schiffes. Hier finden Opern- und Theateraufführungen, Konzerte, Comedy, Ballett, Kunstausstellungen und Filmvorführungen für bis zu 2000 Zuschauer statt.

› **Fontänenshows:** Zu Füßen des Burj Khalifa und auf dem Creek an der Fes-

# Dubai zum Stöbern und Shoppen

*Dubai ist bekannt dafür, ein Einkaufsparadies zu sein und schließlich klingt bereits der Name wie die englische Aufforderung „Do buy!". Das Warenangebot ist groß und die Einkaufsmöglichkeiten sind vielfältig. Ob in elegant gestylten Boutiquen, in ultramodernen Einkaufszentren und Malls oder in den orientalischen Läden der traditionellen Souqs – nahezu alle Wünsche können erfüllt werden. Auch wenn Dubai nicht wirklich billig ist, so finden sich Schnäppchen.*

tival City Mall begeistern allabendliche Wasser-, Musik- und Lichtshows – umsonst und draußen (Dubai Fountain s. S. 39, Imagine Show der Dubai Festival City Mall s. S. 67).

○99 [fm] **La Perle by Dragone,** Business Bay, Al Habtoor City, Shaikh Zayed Rd am Dubai Water Canal, Makani 24065 86375, Tel. 4370001, www.laperle.com, Show 18.30 und 21 Uhr, Dauer 90 Min, Tickets ab 219 Dh. Theater im Las-Vegas-Stil mit permanenter, spektakulärer und technisch perfekter Wassertheater-, Tanz- und Akrobatik-Show.

› **Madinat Jumeirah Theatre,** Al Sufouh 1, im Souq Madinat Jumeirah ⓬, www.jumeirah.com, Tel. 3668888. Das riesige Hotelresort bietet auch ein Amphitheater mit angeschlossenem Veranstaltungszentrum für Konzerte, Comedy, Ballett, Ausstellungen, Partys, Sportevents etc.

○100 [bl] **Media City Amhpitheatre,** Al Sufouh 2, Dubai Media City, Makani 14419 76726, www.dmc.ae, Tel. 3571162. Zwei Amphitheater bieten Platz für 15.000 Zuschauer und sind Schauplatz von vielerlei Veranstaltungen.

› **New Covent Garden** ⚹: In der Mall of the Emirates (s. S. 68) eröffnet Anfang 2025 ein Theater für erstklassige Musicals aus dem West End, arabische Theaterstücke, Ballett, Comedy, Opern, Familienshows und Konzerte.

○101 [em] **The Fridge,** Al Quoz, Industrial Area 1, Alserkal Avenue, Tel. 3477793, https://thefridge.me. Kleinere Konzerte – z. B. Jazz, Flamenco, Folk, auch lokale Newcomer – finden in einer alten Lagerhalle statt.

› **UAE National Symphony Orchestra.** Klassische Konzerte auf wechselnden Bühnen (z. B. Dubai Opera), www.nsouae.org.

## Einkaufszentren

Die zahlreichen Einkaufszentren und Malls westlichen Stils repräsentieren viele Aspekte, auf die Dubai stolz ist: internationale Warenvielfalt und Kaufkraft, gepflegte, elegante Atmosphäre und großzügige, moderne Architektur sowie Sauberkeit und Sicherheit.

Diese wohltemperierten Wunderwelten sind wichtige Begegnungsstätten und viele verfügen über diverse **Freizeiteinrichtungen** ⚹ wie Kinos, Theater, Eislaufbahnen – oder sogar eine Skihalle (s. S. 43), ein Giga-Aquarium (Dubail Mall ⓰) oder eine Innen-Achterbahn (Dubai Hills Mall, s. S. 67). Auch kunterbunte Kinderspielhallen oder Familien-Unterhaltungszentren (s. S. 109) finden sich in den allermeisten Malls. Die Nutzung solcher oder ähnlicher Freizeitstätten kostet stets etwas.

In allen großen Einkaufszentren erlauben Cafés, Spezialitätenrestaurants und Schnellimbisse Verschnaufpausen. Wer kulinarische Auswahl liebt, der wird von **Food**

◁ *Abendstimmung im Restaurant Eauzone (s. S. 58)*

Courts – mitunter auch als Premium-Version in Form von Food Halls (s. S. 56) – begeistert sein.

Alle großen Einkaufszentren bieten **WLAN**, meist gratis. **Serviceeinrichtungen** wie Apotheken, Geldwechselbüros und Bankautomaten sind auch vorhanden. **Supermärkte** – oder noch größere Hypermärkte – sind ebenfalls stets vertreten.

Die Geschäfte in den größten und beliebten Malls in Dubai sind sieben Tage die Woche durchgehend **geöffnet** (meist 10–22, am Wochenende oft bis 23 Uhr). In diesen klimatisierten Einkaufstempeln kann man gut der Mittagshitze entfliehen. In kleineren Einkaufszentren schließen die Geschäfte mittags zwischen ca. 13 und 16 Uhr, freitags sind manche erst ab nachmittags geöffnet, zur Zeit des wichtigen Freitagmittaggebets schließen viele.

*Der Souq Al Bahar* ⓱ *ist ein schickes, neo-arabisches Einkaufszentrum*

Im Bau befinden sich weitere große Malls, so z. B. die **Deira Mall** mit mehr als 1000 Einkaufs-, Speise- und Freizeitstätten auf den Dubai Islands, die **Meydan One Mall** mit über 550 Geschäften, 190 Gastronomiebetrieben, Skihalle und vielem mehr im Neubaugebiet District One der Mohammed bin Rashid City oder die **Dubai Square Mall** in Dubai Creek Harbour, die als moderne Entertainment-Mall punkten möchte.

**102** [H7] **Al Ghurair Centre**, Al Muraqqabat, Al Rigga Rd, Makani 30541 95575, Tel. 800 24227, www.alghuraircentre.com. Nahe der Union Metrostation bietet dieses alteingesessene, verschachtelt gebaute Einkaufszentrum mit rund 350 Geschäften und Gastronomiebetrieben Vielfalt auf meist mittlerem Preisniveau.

**103** [B6] **BurJuman Centre**, Mankhool, Shaikh Khalifa bin Zayed Rd, Makani 29126 94141, www.burjuman.com, Tel. 3520222. Im BurJuman buhlen über 200 Shops mit einer Vielzahl von Designer- und Modemarken um die Gunst der Kunden. Für Hungrige anziehend: 50 Spei-

## Dubai zum Stöbern und Shoppen

> **Shoppingareale**
> Die wichtigsten Shoppingbereiche der Stadt sind im Kartenmaterial mit einer rötlichen Fläche markiert.

sestätten aller Preisklassen. Für Kinder interessant: das Familienunterhaltungszentrum Magic Planet.

🔒**104** [im] **City Centre Deira** 🚻, Port Saeed, Baniyas Rd, Makani 32048 93785, Tel. 800 226255, www.citycentredeira.com. Dank ihrer zentralen Lage und den 370 Geschäften – viele davon Modeboutiquen – ist diese Mall eine der meistfrequentierten der Stadt. Über das ganze City Centre verteilt laden 60 Restaurants sowie ein Food Court zum Essen ein. Als kulinarisches Erlebnisziel bietet Food Central vielfältige Speisen und originelle Einrichtung, z. B. mit begehbaren Hängenetzen oder Sitzsack-Landschaften. Magic Planet bietet eine große Auswahl an Spielen, Fahrgeschäften und anderen Aktivitäten.

🔒**105** [io] **City Centre Midrif** 🚻, Midrif, Shaikh Mohammed bin Zayed Rd E311, Makani 39751 89845, Tel. 800 226255, www.citycentremirdif.com. 430 Geschäfte, 80 Gastronomiebetriebe und vielfältige Freizeitmöglichkeiten (s. S. 110) finden sich in dieser familienorientierten Mall.

🔒**106** [dp] **Cityland Mall**, Wadi al Safa 4, Shaikh Mohammed bin Zayed Rd E311 neben dem Global Village, Makani 28662 73232, Tel. 3418583, www.citylandmall.com. Große Mall mit 350 Geschäften und 75 Gastronomiebetrieben. Im Inneren des annähernd runden Mall-Gebäudes befindet sich ein riesiger Open-Air-Gartenbereich (Park Avenue) mit Blumenarrangements, Pavillons, Wasserläufen und Kinder-Wasserspielplatz 🚻. Zahlreiche Restaurants und Cafés laden hier auf (Dach)Terrassen zum Einkehren ein.

🔒**107** [gl] **City Walk,** Al Wasl, Al Safa St., Makani 24562 89428, Tel. 5905090, www.citywalk.ae. In dieser kreativen High-End-Lifestyle-Einkaufspassage gruppieren sich Geschäfte und Gastronomiebetriebe nicht nur drinnen, sondern auch draußen entlang palmengesäumter Fußgängerpromenaden. Viele der über 40 Restaurants und Cafés bieten innovative Kost und Außenterrassen. Im C2-District finden sich 11 Restaurants, Kneipen und Bars, die zum Alkoholausschank lizenziert sind. Die Coca-Cola Arena (s. S. 64), die Escape Rooms NoWayOut und das Regenwald-Gewächshaus **The Green Planet** (s. S. 111) gehören zudem zu City Walk.

🔒**108** [hn] **Dubai Festival City Mall** 🚻, Al Kheeran, Festival Boulevard, Makani 34141 90570, www.dubaifestivalcity.com, Tel. 800 332. Mall mit 420 Geschäften, ca. 50 Gastrobetrieben und Freizeitattraktionen in der Dubai Festival City am Creekufer. Beliebt sind die allabendliche Imagine-Wasserfontänen-Show (7–23 Uhr, gratis) sowie die zwischen Oktober und Mai stattfindenden Events wie Konzerte, Zirkus- und Feuerwerkshows im Amphitheater. The Market Island ist eine riesige Food Hall, die 53 verschiedene Gastronomiekonzepte wie Speisestationen, Imbisse oder Restaurants sowie Zonen mit Bars und Lounges und Live-Entertainment bietet. Zudem kann man auch am Creekufer speisen (Festival Bay Dining Restaurants und Hotspot Foodtrucks). Viele familienfreundliche Veranstaltungen finden abends draußen am Creekufer statt.

🔒**109** [dn] **Dubai Hills Mall** 🚻, Hadaeq Shaikh Mohammed bin Rashid im Wohnviertel Dubai Hills, Al Khail Rd E44/Kreuzung Umm Suqeim St. D63, Makani 22670 77405, Tel. 4485033, www.dubaihillsmall.ae. Diese großflächige, familienfreundliche Mall bietet Waren-

# Dubai zum Stöbern und Shoppen

vielfalt in über 600 Geschäften, Service- und Gastronomiebetrieben. Auch die weltschnellste Indoor-Achterbahn (The Storm Coaster) und Kinderspielzentren findet man hier.

🔴16 [gm] **Dubai Mall.** In der Mall der Superlative bieten sich vielfältige Shopping- und Freizeitmöglichkeiten (s. S. 40).

🔴20 [al] **Ibn Battuta Mall.** Herrlich dekorierte Mall an der Shaikh Zayed Rd (s. S. 45).

🛍110 [dm] **Mall of the Emirates** 🚶, Al Barsha 1, Shaikh Zayed Rd, Makani 18518 79408, www.malloftheemirates.com, Tel. 800 6636255. Mehr als 550 Einzelhandelsgeschäfte und über 90 Restaurants, Imbisse und Cafés bietet diese an der Shaikh Zayed Rd gelegene Mall. Kurios, aber typisch für das Emirat wirkt das angeschlossene Indoor-Skiresort Ski Dubai (s. S. 43). Am Westende der Mall kann man dem frostigen Freizeitspaß durch eine Glaswand zusehen. Zur Mall gehören auch das Dubai Community Theatre and Arts Centre und das riesige Vergnügungszentrum Magic Planet (s. S. 110).

🛍111 [bl] **Marina Mall,** Marsa Dubai, Shaikh Zayed Rd, Makani 12501 74658, www.dubaimarinamall.com, Tel. 4361020. Mall mit 140 Geschäften und 21 Gastronomiebetrieben im Hochhausstadtteil Marsa Dubai, am Kanalufer gelegen. Angegliedert ist der Restaurantturm Pier 7, der auf sieben Etagen schicke lizenzierte Restaurants und Lounges bietet.

🛍112 [gl] **Mercato Mall,** Jumeirah 1, Jumeirah Rd, Makani 23941 90093, www.mercatoshoppingmall.com, Tel. 3444161. Bonbonfarben und im mediterranen Renaissancestil präsentiert sich das Mercato-Einkaufszentrum mit 140 Geschäften, Cafés und Restaurants.

🛍113 [ck] **Nakheel Mall** 🚶, Nakhlat Jumeirah, Palm Jumeirah Rd, Makani 12387 78937, www.nakheelmall.ae, Tel. 800 6254335. Mitten auf dem Stamm der Palmeninsel Nakhlat Jumeirah bietet die Nakheel Mall über 300 Geschäfte und Restaurants sowie weitere Dienstleistungs- und Entertainment-Angebote. Besondere Aufmerksamkeit verdienen die Depachika Food Hall (https://depachika.ae), der Trampolinpark Trampo Extreme und das riesige Kinderspielzentrum Fabyland (s. S. 110). Auf den Mall-Dächern finden sich Restaurants (z. B. die sechs Feinschmeckerrestaurants des St. Regis Garden) und der Nachtclub Soho Garden Palm Jumeirah (s. S. 64), der zum Feiern oder zu einem Sundowner auf der Außenterrasse einlädt (17–3 Uhr). Die Mall bietet Zugang zu der 240 m hohen Aussichtsplattform The View at The Palm,

△ *Der Souq von Bur Dubai* 🔴5 *besticht durch sein traditionelles Flair*

## Dubai zum Stöbern und Shoppen

### Rückerstattung der V.A.E.-Mehrwertsteuer

Dubai-Besuchende können einen Großteil der emiratischen Mehrwertsteuer (*value added tax*, Steuersatz 5 %) von Waren, die sie mit in ihr Heimatland nehmen, zurückfordern. Verrechenbar sind Einkäufe bei registrierten Händlern, die mindestens 250 Dh je Quittung gekostet haben.

› Infos: www.planetpayment.ae, Tel. 5864700
› papierloser Rückforderungsprozess per **App Planet Tax Free** (kostenlos für Android und iOS)

zum darunter gelegenen Aura Skypool (s. S. 78) und zum Aussichtsrestaurant SushiSamba (s. S. 60).

▮**114** [bl] **The Beach**, Marsa Dubai, JBR Walk und JBR Beach, Makani 11605 74705, Tel. 5905090, www.thebeach.ae. Großflächige Einkaufsplaza mit 70 Geschäften und Gastronomiebetrieben, die sich am JBR-Strand entlangziehen. Shoppen und schlemmen mit Meerblick sind hier Trumpf, denn zwischen Einzelgebäuden sind außen gelegene Freizeitareale wie Freiluftkino, Cafés, Essensstände, Wasserspielplatz, Spazier- und Joggingweg, Grünflächen sowie ein hauseigener Badestrand integriert (Sea Breeze, s. S. 76). Sechs Restaurants mit Außenterrassen – manche mit Bar bzw. Alkoholausschank – vereint Pavilion at The Beach. Feierfreudigen bietet der Bla Bla Club eine Auswahl an 20 Bars und drei Restaurants plus Pool (s. S. 78).

▮**115 The Outlet Village**, Saih Shuaib 1, Saih Shuaib St., neben Dubai Parks and Resorts, Makani 99065 56749, www.theoutletvillage.ae, Tel. 800 738245. The Outlet Village bietet die Vorteile eines klimatisierten Einkaufszentrums vor der herrlichen Kulisse eines toskanischen Bergdorfs. Der Einkaufsbummel führt über gepflasterte Wege, vorbei an Brunnen, knorrigen Bäumen und kleinen Piazze – das durch die Glasdächer einfallende Sonnenlicht krönt das Italien-Flair. Eiswagen, Cafés, Restaurants und Imbisse bieten Leckeres aus aller Welt. Auch das Warenangebot reicht weit über das eines kleinen italienischen Bergdörfchens hinaus: 120 Einzelhändler mit internationalen, hochwertigen Marken – vornehmlich Mode – bietet The Outlet Village.

▮**116** [hm] **Wafi City** (mit Khan Murjan), Umm Hurair 2, Shaikh Rashid Rd, Makani 30727 91343, Tel. 3244555, www.wafi.com. Unter dem lichtdurchfluteten, in Pyramidenform gestalteten Glasdächern der Wafi City finden markenorientierte und modehungrige Shoppingfreaks über 250 Geschäfte und Boutiquen mit vorwiegend exklusivem Warenangebot. Khan Murjan ist ein Souq-Bereich innerhalb der Mall im altorientalischen Dekor des späten 14. Jh. Hier gibt es in rund 60 Shops Kunsthandwerk und Souvenirs aus allen Winkeln der arabischen und persischen Welt. Auch wer nichts einkaufen möchte, findet Gefallen an der arabischen Architektur mit dem üppigen Dekor.

In dem zum Himmel offenen Innenhof des Souqs findet sich das herrliche arabische Restaurant Khan Murjan (s. S. 55). Insgesamt gibt es 30 Restaurants und Imbisse, auch im Food Court. Aya (s. S. 109) ist ein futuristischer Hightech-Unterhaltungspark, in dem Besucher jeden Alters eintauchen können in eine bunte, multimedial-interaktive Erlebniswelt. Neben dem Hauptgebäude fällt Pyramids ins Auge, ein im Pyramidenstil errichteter Freizeitbereich samt Cleopatra's Spa (s. S. 79) und Restaurants sowie Bars und Clubs mit Alkoholausschank.

## Alt-arabische Souqs

Unbedingt sollte man durch die traditionellen Geschäftsbereiche (arab. *souq*) der zentralen Altstadtdistrikte Deira und Bur Dubai schlendern. Der Creek ❶, Dubais markante Inlandlagune, trennt diese Areale und bietet einen fotogenen Anblick. In diesen Souqs geht es orientalisch, aber auch touristisch zu.

❺ [C3] **Bur Dubai Souq.** Im Südwesten des Creek buhlen die Händler des Bur Dubai Souq mit allerlei Souvenirs, Elektronik, Stoffen, Kleidung und Alltagswaren um die Gunst der Kunden. Touristen bummeln gerne durch die gedeckten Gassen (s. S. 24).

❷ [E2] **Deira Souq.** Der Souq von Deira liegt auf der nordöstlichen Seite des Creek. Hier locken unter anderem die glitzernden Schaufenster des Gold Souq ❸ und die würzigen Auslagen des Gewürzmarktes Käufer und Neugierige an. In den Straßen drumherum reihen sich Läden mit Waren des täglichen Bedarfs, insbesondere Bekleidung, aneinander und zwischendrin gibt es immer wieder Souvenirgeschäfte (s. S. 22).

## Neo-orientalische Souqs

Typisch duales Dubai: Man kann in neu gebauten, auf Alt und Orientalisch getrimmten sogenannten „Souqs" shoppen gehen. In den Rekonstruktionen traditioneller Marktviertel ist nichts historisch gewachsen und es findet sich wenig für den alltäglichen Bedarf, dafür kann man durch klimatisierte Gebäude bummeln und aus der Vielfalt kunterbunter Souvenirs aus allen Winkeln des Orients schöpfen.

↗ Weihrauchbrenner, Räuchermischungen ...

↗ *... und Duftöle tragen eine arabische Note*

◁ *Gewürze sind typisch orientalische Souvenirs*

## Dubai zum Stöbern und Shoppen

Die Preise können – trotz Handeln – in diesen Souqs vergleichsweise hoch ausfallen.

🔴**117** [C4] **Al Fahidi Traditional Souq,** Bur Dubai Souq, 33 c St., Makani 28520 94846. Einem alten Fort nachempfundener Neubau mit rund 230 Geschäften und Hypermarket.

🔴**8 Al Seef.** Das Kulturviertel Al Seef mutet stellenweise an wie ein alter Souqbereich, ist jedoch komplett rekonstruiert und auf historisch getrimmt. Auch an Details wie Handkarren oder Petroleumlampen wurde gedacht. Man kann nicht nur shoppen, sondern auch flanieren oder mit Blick auf den Creek ❶ einkehren (s. S. 28).

🔴**118** [H4] **Al Souq al Shabi,** Naif, 29 a St., Makani 29911 96351. Auf Alt getrimmtes Marktgebäude mit ca. 100 Einzelgeschäften.

❯ **Khan Murjan** im Einkaufszentrum Wafi City (s. S. 69) ist ein souqähnlich und im altorientalischen Stil gestalteter Einkaufsbereich. Vornehmlich Souvenirs aus allen Winkeln des Orients.

⓱ [fm] **Souq Al Bahar.** Vom Burj Khalifa ⓯ in den Schatten gestellt (s. S. 42).

⓬ [dl] **Souq Madinat Jumeirah.** Zwischen Gartenwegen und Wasserkanälen gelegener moderner Souq des Hotelresorts **Madinat Jumeirah** (s. S. 123), auch für Nicht-Hotelgäste offen (s. S. 32).

## Weitere Shoppingwinkel

Jenseits der traditionellen und der neumodischen Souqs und fernab der Riesenmalls gibt es natürlich noch mehr Shoppingmöglichkeiten.

🔴**119** [hm] **Al Karama.** Im vorwiegend von Indern bewohnten Stadtteil Al Karama gibt es eine Vielzahl an preiswerten Geschäften und kleinen Einkaufszentren, so im **Al Karama Souq** an der Rückseite der Zabeel Rd (zwischen Street 16 und 20). Hier werden hauptsächlich Billig-Bekleidung, Schuhe sowie Ledertaschen und Koffer verkauft. Die zahlreichen Souvenirhändler bieten Kitsch feil. Überall gilt: Handeln ist ein Muss (s. S. 72)!

🔴**120** [bl] **Jumeirah Beach Residence Walk.** Im Stadtteil Marsa Dubai lädt der ca. 2 km lange Uferboulevard zum Shoppen ein. Unter den über 300 Geschäften finden sich viele Modeboutiquen und Sportartikelläden, aber auch über 60 Restaurants, Imbissbetriebe und Cafés. Die Einkaufsplaza The Beach (s. S. 69) vereint Einkaufs-, Gastro- und Freizeitmöglichkeiten mit Meerblick.

🔴**121** [G4] **Naif Market,** Makani 29448 96106. Arkadengesäumtes Marktgebäude im Stadtteil Naif mit rund 250 Einzelgeschäften, die vorrangig Waren des Alltagsbedarfs und Stoffe zu günstigen Preisen verkaufen. Typisch Arabisches und auch Souvenirs finden sich.

🔴**122** [il] **Waterfront Market,** Deira, Al Khaleej Rd, Makani 31218 98291, www.waterfrontmarket.ae, Tel. 800 627538, 6–24 Uhr. An Deiras Uferstraße, vis-à-vis den Dubai Islands, bietet dieses mehrgeschossige Marktgebäude Frischwaren aller Art. Neben Fisch werden Fleisch, Geflügel, Gemüse, Obst, Gewürze, Nüsse, Honig etc. verkauft. Aber auch über 50 Geschäfte, ein Hypermarket, 18 Restaurants und Cafeterias befinden sich hier.

## Souvenirs

In den **traditionellen Souqs** von Deira ❷ und Bur Dubai ❺, im Kulturviertel Al Seef ❽ sowie in Al Karama finden sich zahlreiche Souvenirläden. Zudem gibt es in allen großen Einkaufszentren und in manchen Hotels Souvenir- oder Antiquitätenläden – letztere bieten ein exklusives Warenangebot. Andenken in **neumodisch-orientalischer Marktatmosphäre** bieten der Souq Madinat Jumeirah ⓬, der Souq Al Bahar ⓱, der Khan Murjan in der Wafi City (s. S. 69).

## Handeln – orientalisch und obligatorisch

Das typisch orientalische Feilschen ist eine Sache für sich. Ein Tausch von Gut gegen Geld wäre viel zu einfach – ein guter Deal braucht seine Zeit. Freundliche Wortscharmützel um Preis und Qualität gehören oft zu einem Einkauf dazu. Handeln ist die Kunst des gezielten Umweges, eine interessante Kommunikationsform, ein Ausdruck der Lebensfreude und fast schon ein Ritual.

In den Läden der traditionellen Souqs sind die wenigsten Waren mit einem Preis ausgezeichnet – mit Ausnahme von typischen Souvenirläden. Wer sich für etwas interessiert, muss als Erstes nach dem Preis fragen. Die genannte Summe ist der Ansatzpunkt für das meist dazugehörende Verhandlungsgespräch, es ist (noch) nicht der Endpreis der Ware.

Handeln ist nichts Unseriöses oder Unsittliches – im Gegenteil! Beim Handeln geht es nicht darum, einen Preisnachlass zu erbitten oder den billigsten Kaufpreis für sich herauszuschlagen. Es geht darum, einen **Preisaufschlag möglichst niedrig zu halten** und sich auf eine gerechte Summe zu einigen. Durch faires und fantasievolles Handeln steigert der Käufer sein Ansehen ungemein.

Besonders beim Kauf von Souvenirs muss man handeln, es gehört einfach dazu. **Festpreise** gelten für Lebensmittel und in Supermärkten, ansonsten kann man die gängige Möglichkeit, einen „Discount" zu erzielen, nahezu überall nutzen – in den Läden der Souqs und selbst in Goldgeschäften oder exklusiven Boutiquen. Sogar in Souvenirläden, die ein „Fixed Prices"-Schild im Schaufenster aufgestellt haben, sollte man das Handeln nicht unversucht lassen.

Wer handeln möchte, wird selten auf Widerstand stoßen, wer aber keinen Preisnachlass anstrebt, dem wird selten einer eingeräumt. Dann freuen sich Kaufmänner über ihre hohe Gewinnspanne und denken sich ihren Teil über das Unvermögen **des Spielverderbers.**

Unhöflich wäre es, nach einem vollendeten Preiseinigungsgespräch einen **Rückzieher** zu machen und die Ware nicht zu kaufen. Bitte beim Handeln möglichst früh aussteigen und keine Verhandlung beginnen, wenn am Anfang schon klar ist, das man kein Kaufinteresse hat.

## Interessante Geschäfte

› **Al Jaber Gallery,** Burj Khalifa, Dubai Mall ⓰, https://aljabergallery.com, Tel. 055 6002033, 10–22 Uhr, auch in den Einkaufszentren Souq Madinat Jumeirah und Marina Mall. Große Auswahl an arabisch-orientalischen Handarbeiten, Antiquitäten, Souvenirs.

› **Arabian Oud,** Nakhlat Jumeirah, Nakheel Mall (s. S. 68), Tel. 3797903, https://ae.arabianoud.com, 10–22 Uhr, auch in den Einkaufszentren Mall of the Emirates, Souq Al Bahar, Dubai Hills Mall, City Centre Midrif, Outlet Mall, City Centre Deira, Festival City Mall, Al Ghurair Centre, DIFC Gate Avenue, Ibn Battuta. Orientalisches Ambiente und westliches Interieur mit riesiger Auswahl an arabischen Duftstoffen. Man kann sich seine eigene Duftölmischung kreieren und in raffinierte Flakons füllen lassen.

› **Bateel,** Mankhool, BurJuman Centre (s. S. 66), Tel. 3552853, www.bateel.com, 10–22 Uhr. Erlesene Datteln, Dat-

› *Farbenfrohe Kleidervielfalt im Bur Dubai Souq* ❺

telpralinen und weitere Dattelprodukte; weitere Filialen: Nakheel Mall, Mall of the Emirates, City Centre Midrif, Souq Al Bahar, City Centre Deira, Dubai Festival City Mall, Dubai Mall, Marina Mall, Dubai Hills Mall und am JBR Walk.
› **Camel Company,** Burj Khalifa, Souq Al Bahar ⑰, Tel. 3884559, https://camelco.ae, 10–22 Uhr. Vielfältige Andenken rund ums Kamel sowie weitere Souvenirs, auch online bestellbar. Weitere Filialen in der Dubai Mall, Dubai Outlet Mall und auf Bluewaters.
› **Damas,** Port Saeed, City Centre Deira (s. S. 67), Tel. 2953848, www.damas jewellery.com, 10–22 Uhr. Juwelier der Spitzenklasse; auch in den Einkaufszentren BurJuman Centre, Wafi City, Mall of the Emirates, Souq Madinat Jumeirah, City Centre Midrif, Al Ghurair Centre, Dubai Mall, Dubai Festival City Mall, Marina Mall, Ibn Battuta Mall, Mercato Mall und im Gold Souq in Deira.
› **I Love Dubai/Discover Dubai,** Dubai Mall ⑯, Burj Khalifa, Tel. 3627500, 10–22 Uhr, www.aljabergallery.ae. Geschenkartikel und Souvenirs in Form von Käppis, Shirts, Spielwaren, Schreibwaren, Schlüsselanhängern, Kitsch und Co. – oft mit Dubai-Aufdruck; auch in den Einkaufszentren The Beach, Souq Madinat Jumeirah, in Dubai Parks and Resorts, Al Seef, Bluewaters und am The Walk JBR.
› **Little Majlis,** Burj Khalifa, Dubai Mall ⑯ im Kinokuniya Book Shop, Virgin Megastore und Bloomingdales. Lokal gefertigte, originelle Andenken, Geschenke, Spielzeug, Schreibwaren und Accessoirs mit Bezug auf emiratische Kultur, auch online bestellbar unter https://littlema jlis.com. Weitere Einzelhandelspartner: Burj Al Arab Boutique, The Gift Shop Jumeirah Mosque, The Art Shop Jameel Art Centre, artisanal shop XVA Hotel and Gallery, Shaikh Mohammed Centre for Cultural Understanding, Dubai International Airport Duty Free Terminal 3.

△ *Unzählige schmucke Schaufenster bietet der Gold Souq* ❸

# Dubai zum Durchatmen

*Etwas Ruhe gefällig in all dem Stadttrubel – jenseits der Hotelanlage? Auch eine quirlige Stadt wie Dubai hat ruhige Seiten.*

## Parks und Strände

Parks dienen als Ruhepole im hektischen Stadtalltag. Strandbegeisterte haben ihre Freude am sonnenverwöhnten Dubai, denn im Zuge umfassender Küstenbaumaßnahmen wurden etliche Strandabschnitte angelegt. Für alle, deren Hotel keinen Privatstrand besitzt, bieten öffentliche Badestrände, Strandparks oder -clubs eine gute Alternative.

Zukünftig werden mehr und mehr öffentliche Strandgebiete ausgebaut, vor allem auf den Palmeninseln und in Jebel Ali. Ein Paradebeispiel ist das 5 km lange **Jebel Ali Beach Project**, das vielerlei Sportmöglichkeiten, Tauchreviere, Spazier- und Fahrradwege, Gastronomie, Aussichtsplattformen, Stege, Öko-Camps, Kinderspielparks u. v. m. bieten soll. Daran angrenzen soll ein 1,6 km langes Mangroven-Schutzgebiet.

**Achtung:** In der ganzen Stadt ist es verboten, nach Einbruch der Dunkelheit im Meer zu schwimmen – außer an speziellen Nachtbadestränden (s. S. 76).

●**123** [jl] **Al Mamzar Beach Park**, Al Mamzar, Al Khaleej Rd, Makani 33687 01221, https://dubaipublicparks.ae, Tel. 2215555, 8–22 Uhr, Mo. und Mi. nur für Frauen und Kinder, 5 Dh. An der Grenze zur Nachbarstadt Sharjah liegt dieser meist ruhige Strandpark im Stadtteil Al Mamzar. Mehrere schöne Sandbuchten, zwischen denen Wellenbrecher für ruhiges Wasser sorgen – also ideal für Kinder. Umkleidekabinen und Toiletten sind vorhanden. Wer möchte, kann sich Chalets zur Tagesbenutzung mieten (150–200 Dh). Außerdem gibt es: einen Pool (10 Dh), ein Kaffeehaus, Fast Food, Grillplätze, Kioske, Ballsport- und Spielplätze und eine Bimmelbahn. Hinter dem Eingangstor links erreicht man den Persisch-Arabischen Golf, nach rechts das Ufer der Al-Manzar-Lagune, die sich ins Landesinnere zieht.

●**124** [jl] **Al Mamzar Corniche Beach**, Al Mamzar, Makani 33083 00783. Mit Palmen, Spazierpromenade, Sanitäreinrichtungen, Sonnenschirm- und Liegestuhlverleih sowie Kinderspielplatz ausgestatteter Badestrand auf der Halbinsel Al Mamzar.

●**125** [jl] **Al Mamzar Lagoon Beach**, Al Mamzar, Makani 33893 99208. Um die an Sharjah grenzende Al-Mamzar-Lagune schmiegt sich ein öffentlicher Strand, er ist bei Familien mit Kindern beliebt, weil das Ufer sanft ins Wasser abfällt. Toiletten und Duschen sind vorhanden.

●**126** [hm] **Creek Park**, Umm Hurair 2, Riyadh St., Gate 1 Makani 31424 92070, 8–22 Uhr, 5 Dh, Tel. 2215555, https://dubaipublicparks.ae. Dieser Park am Creek dehnt sich auf über 2½ km Länge zwischen der Floating- und der Al-Garhoud-Brücke gegenüber der Festival City aus. Es gibt zahlreiche botanische Gartenflächen, ausgedehnte Rasenflächen, ein weitläufiges Wegenetz, Kinderspielplätze, Grillplätze, Fahrradverleih, eine Bimmelbahn, Kioske, Restaurants, Delfinarium und das Mitmachmuseum Children's City (s. S. 109).

●**127** [ik] **Dubai Islands Beach**, Nakhlat Deira. Im Norden der noch sporadisch bebauten Dubai Islands gelegener öffentlicher Badestrand mit Ufer-Spazierweg, diversen Sportmöglichkeiten, nicht-motorisiertem Wassersportangebot, Kinderspielplatz, Cafés, Sanitär-

## Dubai zum Durchatmen

einrichtungen und hundefeundlichem Bereich.

- ●128 [bl] **Jumeirah Beach Residence (JBR) Beach.** Das Hochhausviertel Marsa Dubai wird von Stränden gesäumt, die zum Teil öffentlich sind und zum Teil zu Hotels gehören.
- ●129 [el] **Jumeirah Corniche** 🚹. Die Jumeirah Corniche ist mit ihren 14 Kilometern die längste Strandpromenade des Landes. Sie erstreckt sich entlang der beiden Stadtteile Jumeirah und Umm Suqeim. Es gibt einen hölzernen Spazier-, einen gummierten Joggingweg sowie eine Rad-, Skate- und Scooterbahn. Schattige Bänke und Kioske flankieren weite Strandabschnitte. Diverse großflächige öffentliche Bereiche bieten sich zum Schwimmen und Sonnenbaden an, Umkleidemöglichkeiten, Toiletten und Duschen sind mehrfach vorhanden und Rettungsschwimmer bzw. mit Schwimmwesten bestückte Drohnen sorgen für Sicherheit. WLAN-Hotspots, Trinkwasserstationen, Kioske, Foodtrucks, Snack- und Getränkebuden, Eisdielen und Cafés finden sich an beliebten Abschnitten. Sonnenliegen und Schattenschirme, Wassersportgeräte (z. B. Surfbretter, Wakeboards, Kajaks) sowie Elektroscooter oder Fahrräder können gegen Gebühr ausgeliehen werden. Auch Sportmöglichkeiten in Form von Padeltennis-, Fußball- und Volleyballfeldern sind vorhanden. Im Norden schließt sich die Gastronomie- und Strandclub-Bucht J1 Beach (s. S. 77) an, im Südwesten begrenzen die Hotelanlagen der Jumeirah Hotelgruppe (zu erkennen am markant-segelbootförmigen Burj Al Arab ⓫) die öffentlich zugängliche Jumeirah Corniche. Einzelne Strandabschnitte haben Namen wie **Kite Beach** (www.kitebeach.ae), **Sunset Beach** oder **Umm Suqeim Beach**.
- ●130 [gl] **La Mer Beach** 🚹, Jumeirah 1, Makani 24883 91876, Tel. 800 637227, www.lamerdubai.ae. Im Norden von Jumeirah in direkter Nachbarschaft zum J1 Beach (und den dortigen schicken Strandrestaurants bzw. Strandclubs, s. S. 77) und Neubauwohnvierteln wie Sur La Mer und Port De La Mer gelegener öffentlicher Badestrand, der in naher Zukunft umgestaltet werden könnte (www.meraas.com).
- ●131 [bl] **Palm West Beach,** Nakhlet Jumeirah, Tel. 3659441, www.westbeach.ae. An der am westlichen Stamm der Jumeirah-Palmeninsel (s. S. 34) gelegenen, 1,6 km langen Strandpromenade kann man bestens unter einer schattigen Palmenallee spazieren oder joggen gehen oder ein Fahrrad ausleihen. Auch Wassersportmöglichkeiten werden offeriert. Hier finden sich hotelbetriebene und hotelunabhängige Strandclubs, deren Komfort man sich als Tagesgast gönnen kann (ab 200–250 Dh). Abends werden in den Strandclubs häufig Partys veranstaltet.

179du Abb.: kk

▷ *Smart Palms bieten WLAN an Stränden und in Parks*

Manche Restaurants haben einen eigenen Badestrand, an dem es sich zahlende Gäste (ab 100 Dh, oft anrechenbar auf Speisen und Getränke) gemütlich machen können. Einen öffentlichen Gratis-Badestrand bietet Palm West Beach nicht.

- 132 [bl] **Sea Breeze**, Marsa Dubai, JBR Beach, in der Einkaufspassage The Beach, Makani 11605 74705, Tel. 800 7699, www.thebeach.ae, 8–18 Uhr, 125 Dh inkl. Sonnenbett, Handtuch, Dusche. Auch Wassersport (Extrakosten).
- 133 [hl] **Zabeel Park**, Al Kifaf an der Shaikh Zabeel Rd E11, Gate 1 Makani 28272 92023, https://dubaipublicparks.ae, Tel. 2215555, 8–22 Uhr, 5 Dh. Dieser Park bietet vielerlei Erholungs- und Unterhaltungsmöglichkeiten für alle Altersklassen. Eine Bimmelbahn fährt durch das große Areal, das von Schnellstraßen durchschnitten ist. Im südlichen Teil des Parks begeistern die LED-Lichtinstallationen von Garden Glow (17–23 Uhr, Gate 6, 7,70 Dh, www.dubaigardenglow.com). Am Rand des Parks, beim Gate 4, steht der begehbare Bilderrahmen Dubai Frame ⑲.

*Die Jumeirah Corniche (s. S. 75) lädt zum Schwimmen, Sonnen und Flanieren ein*

## Night Swimming

An diesen drei jeweils ca. 800 m langen Strandabschnitten darf man rund um die Uhr auch nachts baden (an allen anderen Stränden nur von Sonnenaufgang bis Sonnenuntergang gestattet). Strand und Meer sind von solarbetriebenen Flutlichtern erleuchtet und von Rettungsschwimmern überwacht. Alle Strände darf man gratis nutzen. Ein weiterer Nachtbadestrand wird in Deira entstehen.

- 134 [fl] **Night Swimming Beach Jumeirah 2**
- 135 [el] **Night Swimming Beach Jumeirah 3**
- 136 [el] **Night Swimming Beach Umm Suqeim 1**

## Strandclubs

Beachclubs mit Pool, Fitnessräumen und Wassersportmöglichkeiten bieten die Hotelresorts. Diese kann man auch als Nicht-Hotelgast nach Zahlung einer Tagespauschale nutzen – in Luxushotels wochentags ab 150 Dh.

Beliebt sind **Party-Clubs** – wochentags geht es meist entspannt zu, doch abends und insbesondere am Wochenende finden Partys mit wech-

selnden Themen statt. **Eintrittsgelder** beinhalten meist Sonnenliege bzw. Sonnenbett, Sonnenschirm und Handtuch. Die Preise variieren je nach Wochentag/Event/Geschlecht, mitunter sind sie ganz oder anteilig auf Speisen und Getränke anrechenbar (engl. *redeemable*). Frauen können sich an Ladies Days über vergünstigten Eintritt und/oder Freigetränke freuen. Selbstverständlich schenken Strandclubs – sowohl hoteleigene wie auch hotelunabhängige – **alkoholische Getränke** aus.

Während der heißen Sommermonate sind viele Clubs geschlossen. „Keine Kinder bitte" heißt es in manchen Party-Strandclubs.

› Die zum Strandhotel Le Meridien Mina Siyahi Beach Resort and Marina gehörende **Barasti Beach Bar** (s. S. 62) bietet neben Speis und Trank, DJ-Sound, Partys und Livemusik auch Strand, Pool, Wassersport und Sportübertragungen – und dies bei freiem Eintritt vor der aufragenden Kulisse von Marsa Dubai.

› Diverse Standclubs und Strandrestaurants vereint **Palm West Beach** (s. S. 75) auf dem westlichen Palmenstamm von Nakhlat Jumeirah (s. S. 33). Beach by FIVE Palm Jumeirah ist ein angesagter Strandclub des Hotels FIVE Palm Jumeirah (Tagespässe ab 100 Dh), abends ist das dortige Beach Deck der ultimative Party-Hotspot (s. S. 63). The Club (siehe rechts) umspannt mehrere stilvoll-komfortable Strandclubs. Am Palm West Beach bieten zudem Restaurants eigene Strandbereiche, die von Gästen genutzt werden können.

› Auch auf dem **östlichen Palmenstamm** kann man die im Schatten der Shoreline Apartments stehenden Strandclubs besuchen, hier finden sich auch familienfreundliche Strandclubs wie z. B. Riva Beach (siehe rechts), Peaches & Cream, Byron Bathers oder Tagomago.

› Fernab der Stadt, auf den Kunstinseln The World (s. S. 36), bietet das **voco Monaco Dubai Hotel** einen Tagespass für Tagesgäste, ab 200 Dh inkl. Bootsanfahrt, Speisen und Getränke, www.thoehotels.com, Tel. 8590800.

› **Drift**, am Strand von Al Sufouh im One & Only Royal Mirage Resort (s. S. 123), ist ein schicker Strandclub mit Bilderrahmen-Infinity-Pool und südfranzösischem Restaurant, https://driftbeachdubai.com, Tel. 3152200, ab 150 Dh, Pool und Strand 10–19, Restaurant 9–19 Uhr.

●**137** [gI] **J1 Beach**, Jumeirah 1, La Mer South, Makani 24234 90930, www.j1beach.com. Am Strand im Norden von Jumeirah gibt es in der Bucht von J1 insgesamt 13 erstklassige Strandrestaurants bzw. Strandclubs. Alle bieten elegante Atmosphäre, exklusive Kost und gemütliche Außenterrassen am Meer, manche – z. B. Gigi Rigolatto (s. S. 58), Kaimana Beach, La Baia by the Beach, Sirene Beach by Gaia – bieten gegen Zahlung einer Tagesgebühr zudem Zugang zum hauseigenen Badestrand mit Sonnenliegen, Schattenschirmen und Swimmingpools.

●**138** [cl] **Riva Beach**, Nakhlat Jumeirah, Shoreline Apartments Building 8, Makani 12782 78715, Tel. 4309466, https://riva-beach.com, Strand 7–18, Restaurant und Bar bis 23 Uhr, Strandnutzung ab 100 Dh. Auf dem östlichen Palmenstamm gelegener, günstiger Familien-Strandclub mit ca. 300 m Strand, Pool und Ristorante.

●**139** [el] **Sole Mio**, Jumeirah 3, Jumeirah Corniche (s. S. 75), Kite Beach, Tel. 058 8603312, www.solemio.ae, 9–18 Uhr, Tagespass 120 Dh. Ruhiger Strandbereich am Kite Beach mit Sonnenliegen, Schattenschirmen, Umkleidekabinen und Sanitäreinrichtungen.

◐**140** [bl] **The Club**, Nakhlat Jumeirah, Palm West Beach, www.westbeach.ae. An der Strandpromenade von Palm West

Beach (s. S. 34) vereint The Club mehrere schicke Strandclubs bzw. Strandrestaurants (z. B. Sān, Playa, Eva, Loren, Maison De La Plage, Ayla und Gallery 7/40), die alle individuell komfortabel bis stilvoll mit Sonnenliegen, Sonnenschirmen, Cabanas, Pool und Terrasse ausgestattet sind. Vom gemütlichen Frühstück auf der Sonnenterrasse über entspannte Stunden am Strand bis zum Sundowner und der Party bis nach Mitternacht wird hier immer etwas geboten.

› **White Beach,** Nakhlat Jumeirah im Atlantis, The Palm Hotel (s. S. 124), Tel. 4262000, www.atlantis.com, 10–20 Uhr, ab 200 Dh. Auf der Terrasse schickes Restaurant (12–20 Uhr), am Strand angesagter Strandclub mit tollem Infinity-Pool in blütenweißem Ambiente, abends DJ- oder Livemusik, zu wechselnden Terminen Strandpartys und Konzerte.

●**141** [bl] **Zero Gravity,** Marsa Dubai JBR Beach, neben dem Fallschirmlandeplatz, Makani 12235 76335, Tel. 3990009, www.0-gravity.ae, Do.–Di. 10–21 Uhr, Mi. geschlossen, ab 150 Dh, Frauen haben Gratis-Eintritt u. a. an Ladies Days. In-Strandclub mit Pool, Strand, Restaurant, Bar und Lounge, häufig Partys und Konzerte.

## Pools

Am Pool ausspannen kann man in zahllosen Hotels – auch als Nicht-Übernachtungsgast gegen Zahlung einer Tagesgebühr. Luxushotels bieten einen Pool-Pass wochentags ab 100 Dh, oftmals komplett oder anteilig anrechenbar auf Speisen und Getränke an der Pool-Bar oder im hauseigenen Restaurant. Interessant und sehr fototauglich sind gut ausgestattete oder von Gärten umgebene Pool-Anlagen von Hotelresorts oder Dachterrassen-Pools mit beeindruckender Aussicht. Hier Highlights:

●**142** [ck] **Aura Skypool,** Nakhlat Jumeirah, St. Regis Hotel The Palm Tower, Makani 12474 78863, Tel. 5662121, https://auraskypool.com, ab 250 Dh, Mo./Mi./Sa. 10–19, Do./So. 6–19, Di./Fr. 10–23 Uhr. In 200 m Höhe ist dies der welthöchste 360°-Infinity-Pool mit atemberaubender Aussicht über die Palmeninsel, die Jumeirah-Küste und den Marsa-Dubai-Hochhausdistrikt. Man kann rundum durch den Pool schwimmen oder es sich in der Innenlounge bei Speis und Trank gut gehen lassen.

◐**143** [bl] **Bla Bla,** The Beach, Marsa Dubai, Jumeirah Beach Recidencies, Makani 11453 74508, www.blabladubai.ae, Tel. 5844111, ab 200 Dh, Pool Mo.–Do. 11–18, Fr.–So. 13–22 Uhr, Bars und Restaurant verschiedene Öffnungszeiten zwischen 8 und 3 Uhr. Dieser Party-Pool-Club liegt am JBR Strand, hat zwar keinen eigenen Badebereich, aber einen komfortablen Poolbereich mit Sonnenliegen und Cabanas. Ibiza-Vibes, Partys, Konzerte und weitere Events vermitteln Strandclub-Feeling. In 21 Bars und drei Gourmetrestaurants werden eine riesige Getränkeauswahl und vielerlei Speisen serviert.

●**144** [hm] **Twiggy/Twiggy Family,** Port Saeed, Park Hyatt Hotel, Makani 32144 92755, Tel. 6021234, www.hyatt.com, Strand 9–18, Restaurant Twiggy 12–1, Restaurant Twiggy Family 12–18 Uhr, ab 200 Dh. Direkt am Creek gelegen bietet das Park Hyatt Hotel mit seiner 100 m langen, türkisblauen Infinitypool-Sandstrand-Lagune regelrechtes Riviera-Feeling und zwei Pool-Bereiche: den Erwachsenen-Club Twiggy mit mediterranem Restaurant und Partys, nebenan Twiggy Family ⚥ mit Kinderpool, Spielplatz, italienischem Restaurant und Eisdiele.

▷ *Zu kulturellen Veranstaltungen und an Festtagen werden oft traditionelle Beduinentänze aufgeführt*

## Wellness

- **Cleopatra's,** Umm Hurair 2, Wafi City (s. S. 69), www.wafi.com, Tel. 324700, 9–21 Uhr. Spa und Wellness in altägyptischem Dekor im Pharao's Club.
- •145 [e1] **Luban Spa,** Umm Suqeim 1, Umm al Sheif Rd, Makani 21285 84947, Tel. 3460000, https://luban spa.com, 11–22 Uhr. Die traditionellen Heil- und Schönheitseigenschaften von Weihrauchharz und seinen Essenzen stehen im Mittelpunkt dieses Frauen-Spa.
- **Salt Cave Spa,** Umm Hurair, Wafi City (s. S. 69), www.saltcavespame.com, Tel. 3708877, 10–22 Uhr. Spa in Form einer nachgebauten Salzhöhle zur natürlichen Salztherapie.
- •146 [g1] **The Hundred Wellness Centre,** Jumeirah 1, 53 B Street, Makani 24656 90532, Tel. 3447333, www.thehundred. ae, Sa.–Do. 7–20 Uhr. Ganzheitliches, naturheilkundliches Wellnesszentrum mit breitem Spektrum an Behandlungen und Therapien zur Heilung von Körper und Geist. Mit hauseigenem Café.

# Zur richtigen Zeit am richtigen Ort

*Nirgendwo am Golf finden so viele Feste und Veranstaltungen sportlicher und kultureller Art statt wie in Dubai.*

## Veranstaltungen im Jahresverlauf

### Januar bis März

- **Dubai 24 Hours** (Publikumsmagnet, 24-Stunden-Autorennen in der 5390-Kilometer-Bahn des Dubai Autodrome, Januar, www.24hseries.com)
- **Dubai Desert Classic** (mit Millionen von Dollar dotiertes Golfturnier und „Kronjuwel" der PGA-Tour mit zahlreichen internationalen Golfstars, Januar/Februar, https://dubaidesertclassic.com)
- **Quoz Arts Fest** (zweitägiges Kunst- und Kulturfest, bietet Ausstellungen, Aufführungen, Workshops, Vorträge für Kreative, Januar/Februar, https://alserkal. online)
- **Taste of Dubai** (drei Tage dauerndes Food-Festival, Februar, https://tasteof dubaifestival.com)
- **Virgin Radio RedFestDXB** (zweitägiges Musikfestival, Februar, www.virginradio dubai.com)
- **Emirates Airline Dubai Jazz Festival** (internationales Jazzfestival mit Konzerten von Topmusikern, Februar, www. dubaijazzfest.com)
- **Untold** (viertägiges, riesiges Musikfestival in der Expo City Dubai, Februar, www. untold.ae)
- **Dubai Duty Free Tennis Championships** (ATP World Tour, jeweils eine Woche Tennisturniere für Profi-Damen und -Herren, Februar/März, www.dubaidutyfree tennischampionships.com)

# Zur richtigen Zeit am richtigen Ort

- **Sikka Art & Design Festival** (knapp zweiwöchiges Kunst- und Designfestival in Al Shindagha, Febr./März, https://dubaiculture.gov.ae)
- **Dubai International Horse Fair** (größte Pferdemesse der Region, Schwerpunkt Araber, Februar/März, www.dihf.ae)
- **Dubai Fashion Week** (Modewoche im Dubai Design District rund um internationale und lokale Designer, März, https://dubaifashionweek.org)
- **Middle East Film & Comic Con** (dreitägige Film-, Comic-, Popkultur- und E-Sport-Convention, März/April, www.mefcc.com)
- **Art Dubai** (bedeutsamste Plattform für zeitgenössische Kunst der Region, März/April, www.artdubai.ae)
- **Dubai World Cup** (Pferderennen mit dem weltweit höchsten Preisgeld und High-Society-Treff, Meydan-Rennkomplex, März, https://dubairacingclub.com)

### MEIN TIPP
**Dubai Shopping Festival** – mehr als ein Einkaufsfest!
Während diesen alljährlich **im Januar** abgehaltenen **Megafestwochen** kann man weitaus mehr tun, als nur günstig einzukaufen. Die ganze Stadt steckt voller Attraktionen: **Kulturveranstaltungen, Straßenfeste, Konzerte, Verlosungen und Sportevents** ziehen vier Wochen lang Millionen von Besuchern an. Zahlreiche Darbietungen geben Gelegenheit, **emiratische Kultur und Tradition** kennenzulernen (z. B. in den Kulturvierteln Al Seef ❽ und in Al Shindagha ❹). Familien finden ein breites Angebot an Veranstaltungen vor, die auch Kindern gefallen. Und schließlich ist das Klima zu dieser Zeit ideal.
- **Infos:** www.visitdubai.com

▷ *Stammesparade am Nationalfeiertag unter dem Abbild des Staatsgründers Shaikh Zayed*

## April bis September

Wegen der Sommerhitze finden außer **wenigen Hallen- oder Wassersportereignissen** kaum Veranstaltungen statt.

- **Dubai Summer Surprises** (vielerlei Sommeraktivitäten, Einkaufsrabatte, Familienveranstaltungen, Juli bis September, www.visitdubai.com)
- **Al Marmoom Camel Race & Heritage Festival** (mehrtägiges, großes und hochdotiertes Kamelrennen zum Abschluss der Rennsaison mit Kulturerbefest, Musik- und Tanzaufführungen, Handwerkermarkt und Souq, April, www.almarmoomfestivals.ae)
- **InClassica** (Vier Wochen lang spielen Weltklasse-Musiker und junge Talente klassische wie auch zeitgenössische Musik, Mai/Juni, www.inclassica.com)
- **Dubai Sports World** (bei diesem Indoor-Sportevent können verschiedene Sportarten wie Fußball, Tischtennis, Basketball, Tennis, Volleyball, Skateboarden oder Rugby betrieben werden, Mai bis September, www.dubaisportsworld.ae)

## Oktober bis Dezember

- **DP World Tour Championship** (PGA-Golfturnier, Saisonfinale des „Race to Dubai", Jumeirah Golf Estates, November/Dezember, www.europeantour.com)
- **#NOFILTERDXB** (alle 2 Jahre stattfindende Motormesse, Shows und Wettbewerbe über fünf Tage für Autofans, November, www.nofilterdxb.com)
- **Dubai Design Week** (einwöchiges Kreativfestival mit Ausstellungen, Installationen, Workshops, Gesprächsrunden etc. internationaler Design-Talente, November, www.dubaidesignweek.ae)
- **Dubai Ride** (Einen Tag lang wird die sonst so verkehrsreiche Shaikh Zayed Road auf 12 km Länge zum Fahrradfahren freigegeben, für Familien geeignet sind 4 km des Mohammed bin Rashid Boulevard, November, www.dubairide.com)

# Zur richtigen Zeit am richtigen Ort

> **Termine**
> Aktuelle Infos zu Veranstaltungen:
> - www.timeoutdubai.com
> - www.whatson.ae
> - www.visitdubai.com
> - www.dubaiculture.gov.ae

- **Emirates Airline Dubai Rugby Sevens** (dreitägiges Rugbyturnier mit Entertainmentprogramm als Publikumsmagnet, November/Dezember, www.dubairugby7s.com)
- **Break the Block** (zweitägige Street-Food-Party mit Konzerten und Kunstevents, November, www.breaktheblock.me)
- **National Day Festival** (kulturelle Veranstaltungen, traditionelle Tänze und Paraden zum Nationalfeiertag, 2. Dezember, https://uaenationalday.net)
- **Sole DXB** (dreitägiges Musik-, Kunst-, Design-, Mode- und Straßenkultur-Festival im Dubai Design District, Dezember, www.soledxb.com)
- **New Year's Eve** (Riesenfeuerwerk am Silvesterabend – besonders imposant um die Atlantis Dubai Hotels (s. S. 124), Burj Khalifa ⑮ und Burj Al Arab ⑪ als illuminierte Ikonen)

## Religiöse Feiertage

Religiöse Feiertage richten sich nach der **islamischen Zeitrechnung** und fallen deshalb nach unserem Kalender jedes Jahr auf ein anderes Datum. Termine werden nach dem aktuellen örtlichen Stand des Mondes ermittelt. Die **voraussichtlichen Daten** der wichtigsten muslimischen Festtage sind:

- **Al Hijri** (Islamisches Neujahr, arbeitsfrei): 27.06.2025, 16.06.2026, 06.06.2027
- **Maulid al Nabi** (Geburtstag des Propheten Mohammed, arbeitsfrei): 04.09.2025, 25.08.2026, 14.08.2027
- **Lailat al Miraj** (Himmelfahrt des Propheten): 16.01.2026, 05.01.2027, 25.12.2027
- **Ramadan** (heiliger Fastenmonat der Muslime): ab 01.03.2025, 18.02.2026, 08.02.2027
- **Eid al Fitr** (Fest zum Fastenbrechen nach Ramadan, arbeitsfrei): zwei bis drei Tage ab 31.03.2025, 20.03.2026, 09.03.2027
- **Yaum Arafat** (Tag der Bittgebete und Reue) und **Eid al Adha** (Großes Opferfest zur Pilgerfahrt nach Mekka, arbeitsfrei): drei bis vier Tage ab 05.06.2025, 26.05.2026, 15.05.2027

## Staatliche Feiertage

Staatliche Feiertage finden alljährlich zu den **feststehenden Zeiten** auf Grundlage des gregorianischen Kalenders statt und sind arbeitsfreie Tage:

- **1. Januar:** Neujahrstag
- **30. November (Commemoration Day):** Feiertag zu Ehren der V.A.E.-Soldaten, die bei militärischen oder humanitären Einsätzen ums Leben kamen
- **2. Dezember (National Day):** Nationalfeiertag zur Staatsgründung der V.A.E. im Jahr 1971

135du Abb.: kk

## Was passiert im Fastenmonat Ramadan?

Der **Koran** verbietet allen erwachsenen und gesunden Muslimen, im Ramadan tagsüber zu essen, zu trinken oder zu rauchen. Zugleich führen Muslime in diesem Monat, in dem Muhammad seine erste Offenbarung von Gott erfuhr, ein besonders religiöses und diszipliniertes Leben. **Auch für Touristen** bzw. Nichtmuslime, die in dieser Zeit in Dubai sind (Kinder ausgenommen), ist es **verboten**, tagsüber **in der Öffentlichkeit** zu essen, trinken oder rauchen. Was hinter den Türen des Hotelzimmers vorgeht, interessiert allerdings nicht. Auch tagsüber einzukaufen ist völlig in Ordnung, Lebensmittelläden, Obst- und Gemüsemärkte sind wie gewohnt geöffnet.

Viele **Restaurants** haben geänderte Öffnungszeiten, manche öffnen erst ab Sonnenuntergang, viele Fast-Food-Filialen und Hotelrestaurants haben jedoch auch tagsüber auf. Hier kann man wie gewohnt alles bekommen, was man begehrt, Alkohol allerdings (offiziell) erst abends.

**Nachtclubs** sind während des Ramadan zum Teil geschlossen, die meisten Bars sind allerdings abends geöffnet und servieren auch Alkoholika, manche sperren ihre Tanzfläche ab oder verzichten auf Livemusik. Bauchtanzshows fallen aus. Die genaue Handhabung hängt davon ab, wie konservativ/konsequent die Regelungen umgesetzt werden.

Trotz mancherlei Entbehrungen hat der Ramadan auch **Vorteile**: Kurz vor Sonnenuntergang bieten kleine Stände Leckereien zum Fastenbrechen an und die Nacht wird quasi zum Tag. Geschäfte und Souqs haben länger geöffnet, Restaurants schließen oft erst in den frühen Morgenstunden. Zahlreiche Restaurants bieten zum Fastenbrechen **nach Sonnenuntergang** sogar üppige „All you can eat"-Büfetts an (arab. „iftar", ab 40 Dh in Straßenrestaurants, ab 120 Dh in Luxushotels). In vielen großen Hotels und in manchen Malls sind extra **Ramadan-Zelte** aufgebaut und mit Teppichen, Kissen und bunten Stoffen gemütlich dekoriert. In ihnen werden abends Getränke, Datteln und Süßigkeiten serviert, Musik und Tanz sorgen für ausgelassene Stimmung. In der Expo City Dubai (s. S. 94) bietet Hai Ramadan von Sonnenuntergang bis Mitternacht Speisen, Kultur- und Familienveranstaltungen. Eine Kanone verkündet weithin hörbar den Zeitpunkt des Fastenbrechens.

Das Schönste am Fasten ist das **Fastenbrechen am Ende des Ramadan**, das „Eid al Fitr". Das viertägige Fest gibt Anlass zu ausgiebigem Schlemmen und Feiern.

### Gedenktage

Die folgenden Gedenktage werden gefeiert, sind aber nicht arbeitsfrei:
> **18. Juli (Union Pledge Day):** Gedenktag zur Erinnerung an die Unterzeichnung der Unionsgründung und Verfassungsbildung 1971
> **6. August (Accession Day):** Tag des Amtsantritts von Shaikh Zayed, dem späteren Staatsgründer der V.A.E., zum Herrscher von Abu Dhabi im Jahr 1966
> **3. November (National Flag Day):** Tag der Nationalflagge, die für Einheit, Gerechtigkeit, Toleranz und Sicherheit steht und vielerorts gehisst wird

# DUBAI VERSTEHEN

# Dubai – ein Porträt

*Dubai steckt voller Energie und Dynamik, voller Superlative und Kontraste. Seit der Gründung der V.A.E. vollzog sich Dubais Entwicklung im Zeitraffer – genauer gesagt, wurde Dubai als hypermoderne Stadt neu erfunden und erschaffen.*

## Stadtentwicklung

Seit den ersten Ölfunden 1966 und dem Zusammenschluss sieben seither selbstständiger Shaikhtümer zum Staatenbund der V.A.E. im Jahr 1971 durchlebt Dubai im **Schnelldurchlauf** eine Entwicklung, für die andere Städte 100 Jahre und länger gebraucht haben. Dichte Flechtwerke aus Ölleitungen schlingen sich über den Meeresgrund, auf dem wenige Jahrzehnte zuvor noch Perlentaucher ihr Glück suchten. Uralte Karawanenpfade wandelten sich zu mehrspurigen Highways, Straßenmärkte sind klimatisierten Shoppingzentren gewichen. In den klaren Wüstenhimmel wurden Wolkenkratzergebirge hochgezogen und im Meer künstliche Inselwelten aufgeschüttet.

◁ *Vorseite: Jagdfalke mit Gesichtsmaske*

▽ *Dubais Neustadt wächst in die Höhe*

# Dubai – ein Porträt

In den ersten Jahren nach der Staatsgründung (1971) erlebte Dubai einen Petrodollar-Segen, dann folgte eine **kluge Handelspolitik** gepaart mit Mut zur Umsetzung von kühnen **Zukunftsvisionen**. Seit Auftakt des neuen Jahrtausends werden etliche wagemutige Ideen in Windeseile realisiert, ein neues Wahrzeichen der Superlative jagt das nächste. Dubai plant im XXL-Format und vollzieht seine Entwicklung auf der Überholspur.

### Das Emirat Dubai in Zahlen
› **Gegründet:** 1833 n. Chr.
› **Einwohner:** 3.748.000
› **Fläche:** 4114 km²
› **Höhe ü. M.:** 1–828 m
› **Arbeitslosenquote:** 0,5 %

## Stadtstruktur

Dubai hat **viele Gesichter** und alle wandeln sich schnell. In den ersten Jahren dieses Jahrtausends wurde ein Wahrzeichen nach dem anderen errichtet, mit allen wollte Dubai sein Aufwärtsstreben und seine Einmaligkeit beweisen. Das Augenfälligste am Stadtbild ist der **Creek** ❶, ein natürlicher Meeresarm, der sich weit in die ehemalige Wüste windet und das dicht bebaute Areal teilt. Im Norden der Inlandlagune dehnt sich Deira aus – im Süden schließt sich Bur Dubai an. In diesen **alten Stadtvierteln** zeigt die Stadt Spuren ihrer Geschichte – so waren Teile von **Deira und Bur Dubai** im 19. Jh. von einer Stadtmauer umgeben, Forts und Wehrtürme boten Schutz. Stellenweise sind historische Strukturen sichtbar, wurden renoviert oder rekonstruiert, doch das feucht-schwüle Klima trägt dazu bei, dass vieles schnell verfällt. In den alten Arealen wird emsig abgerissen, ausgebessert und erweitert. Baulücken werden mit Hochhäusern ausgefüllt, Straßen von Hochstraßen überbrückt oder mit Metrolinien untergraben.

Um die Altstadtdistrikte Deira und Bur Dubai herum liegen Stadtteile **aus dem 20. Jh.** Hier hat Dubai das hypermoderne Gesicht einer **tollkühn kalkulierten Architekturikone**. Zu Beginn dieses Jahrtausends gab man sich bereitwillig Stadtplanern, Hochhauserbauern, Inselerrichtern und Immobilienspekulanten hin. Sowohl auf Wüstenland als auch im Meereswasser wurde **das Dubai des 21. Jh.** erbaut: entweder als „Stadt in der Stadt" konzipiert (so wie Burj Khalifa oder Marsa Dubai) oder als Kunstinsel aufgeschüttet (so wie die beiden Palmeninselprojekte oder The World) und mit hochpreisig konzipiertem Wohneigentum bestückt. Hier zeigt sich die Stadt als Konglomerat von Visionen, Superlativen und Wahrzeichen.

▷ *Eine Inlandslagune, der Creek, teilt die Altstadt*

# Von den Anfängen bis zur Gegenwart

*Die Geschichte der V.A.E. und Dubais beschränkt sich nicht auf das heutige Staatsgebiet und insbesondere die wechselvolle Historie des Oman prägte die Region. In der ersten Hälfte des 19. Jahrhunderts dehnte sich das zum Seehandelsimperium aufgestiegene Sultanat über das gesamte Ost- und Südarabische Gebiet am Rand des Indischen Ozeans sowie die südliche und nördliche Golfregion bis zum Roten Meer und zur ostafrikanischen Küste aus. Auch wenn das heutige Gebiet der V.A.E. bis in die 1950er-Jahre zum omanischen Territorium zählte, so herrschten die hiesigen Shaikhs meist unabhängig.*

**7. Jh.:** Einwanderungswellen südarabischer Stämme an den unter persischem Einfluss stehenden südlichen Golf. In den Emiraten gibt es lediglich am Fuße der Hajar-Berge und an der Küste kleine Siedlungen, daher kaum Einflussnahme.

**570–632:** Lebenszeit des Propheten Mohammad

**630:** Ausbreitung des Islam in der Region und Vertreibung der Perser

**7.–16. Jh.:** Relative Selbstständigkeit der südlichen Golfregion gegenüber dem islamischen Kalifat und den islamischen Dynastien

**Ende 15. Jh.:** Blütezeit des Königreichs von Hormuz, zu dem neben der Golfinsel Hormuz auch Teile des Oman und Julfars, einer bedeutenden Hafenstadt nahe Ras al Khaimah, gehört.

**Ab Beginn des 16. Jh.:** Herrschaft der Portugiesen am Golf. Sie unterhalten Stützpunkte in einzelnen Küstensiedlungen, um ihre Seehandelswege zu sichern.

**Ab Beginn des 17. Jh.:** 1622 Verdrängung der Portugiesen aus Hormuz durch die von Persern unterstützten Briten und 1650 aus Muscat durch den omanischen Imam. Ausdehnung britischer, niederländischer, französischer Handelsniederlassungen an der Golfküste.

**17. und 18. Jh.:** Piratentum beeinträchtigt die Schifffahrt und die Handelsaktivitäten, der Stamm der Al Qawasim von Ras al Khaimah kontrolliert ab 1763 die obere und untere Golfküste.

**Ab 1787:** Saudische Wahabiten (reformistische Bewegung aus Zentralarabien) unterwerfen die Al Qawasim und versuchen, die schiitische Bevölkerung zum Wahabismus zu bekehren, mehrfach Kämpfe um die Buraimi-Oasen.

◁ *Ab dem 7. Jahrhundert breitete sich der Islam in der Region aus*

**Ab 1793:** Dauerhafte Besiedlung der Insel Abu Dhabi
**1812:** Oman und Persien verbünden sich und besiegen die Wahabiten.
**Beginn des 19. Jh.:** Großbritannien verbündet sich mit dem Oman und startet Strafexpeditionen gegen Piratenstützpunkte an der südlichen Golfküste, Friedensvertrag zwischen Großbritannien und den Scheichs der sogenannten „Piratenküste". Beginn der britischen Golfpolitik.
**1833:** Das bislang zu Abu Dhabi gehörende Dubai wird von Shaikh Mohammed bin Butti zum eigenständigen Shaikhtum erklärt. Beginn der Regentschaft der Al Maktoum in und über Dubai.
**Ab 1859:** Die Gewährung von Steuerfreiheit für ausländische Händler in Dubai führt zu einem Handelsaufschwung und zur Ansiedlung zahlreicher indischer und persischer Kaufleute.
**Ab 1903:** Gründung britischer Handelsniederlassungen in Dubai, Ernennung von Dubai zum Freihafen, Boom des Perlen- und Goldhandels
**Ab 1930:** Niedergang der Perlenfischerei in der Golfregion, teilweise wirtschaftliche Not und Abwanderung der Bewohner
**1966:** Erste Ölfunde in Dubai.
**1971:** Staatsgründung der V.A.E. unter Shaikh Zayed bin Sultan al Nahyan. Verträge mit Großbritannien verlieren ihre Gültigkeiten.
**2004:** Tod von Shaikh Zayed bin Sultan Al Nahyan, dem Gründungsvater der V.A.E. Sein Sohn Khalifa tritt die Amtsnachfolge an.
**1990–2006:** Regentschaft von Shaikh Maktoum bin Rashid Al Maktoum über Dubai, großräumiger Ausbau der Stadt.
**2006:** Shaikh Mohammed bin Rashid Al Maktoum wird Herrscher von Dubai, Weiterführung des Ausbaus zur Stadt der Superlative, wirtschaftliche Vielfalt soll Unabhängigkeit vom Ölsektor fundieren.

**2008:** Eröffnung der ersten künstlichen Mega-Insel, der Palmeninsel Nakhlat Jumeirah (s. S. 33).
**2010:** Vollendung des welthöchsten Wolkenkratzers, des Burj Khalifa ⑮
**2020:** Die V.A.E. und Israel unterzeichnen das Abraham-Abkommen, in dem die Aufnahme diplomatischer und friedlicher Beziehungen vereinbart wird.
**2020:** Auch in den V.A.E. breitet sich – wie weltweit – die Covid-19-Pandemie aus, Wirtschaftseinbrüche betreffen knapp 3 Jahre lang vor allem Handel, Luftfahrt und Tourismus.
**2022:** Nach dem Tod von Staatspräsident Shaikh Khalifa wird sein Halbbruder Shaikh Mohamed bin Zayed Al Nahyan zum Amtsnachfolger gewählt, er ist der dritte Präsident seit Staatsgründung.
**2023:** Fertigstellung des landesweiten Etihad-Rail-Fracht-Eisenbahnschienennetzes, zukünftig wird die Personenbeförderung ausgebaut (www.etihadrail.ae).
**2025:** Dubai plant, die Rekordzahl von 23 Mio. Besuchern zu erreichen – damit könnte es die Top-Städtereiseziele London und Paris übertrumpfen.
**2026:** Dubais Einwohnerzahl könnte die 4-Mio.-Marke übersteigen.

△ *Der Koran gilt Muslimen als heiliges Buch*

# Leben in der Stadt

*Stammes- und religionsabhängige Gesellschaftsnormen sind in Dubai von großer Bedeutung und ihre Einhaltung wird – neben der Loyalität zum Staat und dem alle Einheimischen verbindenden Nationalbewusstsein – als „oberste Bürgerpflicht" angesehen. Auf diesem Fundament entwickelte sich ein moderner Lebensstil, der jedoch diversen Dynamiken und Fremdeinflüssen unterliegt.*

## Tradition plus Moderne

Durch Dubais rasante Entwicklung bilden dieselben Menschen, die als junge Erwachsene noch allein von Dattelanbau, Viehzucht, Perlenhandel, Piraterie, Goldschmuggel oder Fischerei lebten, heute die ältere Generation eines begüterten Volkes. Aus Lehm- oder Palmwedelhütten zogen die Bewohner in Luxusapartments, Villen und Prachtpaläste. In kaum einem anderen Winkel der Welt **wandelte sich das Leben** binnen nur einer Generation derart tiefgreifend.

Lange Jahre verlief das Leben für die meisten Einheimischen nach dem Motto: **Einmaligkeit** ist die Regel, Bescheidenheit ein Fremdwort, nichts ist unmöglich. Reichtum wurde und wird völlig selbstverständlich zur Schau gestellt.

Auch typisch Dubai: Die vielen Annehmlichkeiten einer Hightech-Luxusgesellschaft sind ebenso Bestandteil des **Lebensalltags** wie das bewusste Aufrechterhalten **alter Wertvorstellungen** und **Stammestraditionen**. In Dubai trifft **beduinisches Selbstbewusstsein auf globales Sendungsbewusstsein**. Das Wertschätzen von alten Bräuchen und Tugenden steht im starken Kontrast zu einer besonderen **Dynamik**, die sich im modernen Lebensstil, der vielgestaltigen Stadtplanung sowie der breit gefächerten Wirtschaftsorientierung manifestiert.

In Dubai sieht man sich nicht nur als das Zentrum eines modernen, globalisierten und wandlungsfähigen, sondern auch eines **kosmopolitischen Arabien**, in dem sich Orient, Asien und westliche Welt nicht nur geografisch, sondern auch gesellschaftlich begegnen. Über sechzig Nationalitäten leben und arbeiten zusammen.

Gelassenheit und Toleranz der Einheimischen gegenüber anderen Kulturen und Lebensweisen sind groß, jedoch nicht unendlich. So gilt beispielsweise ein **Kritikverbot** gegenüber der einheimischen Lebensart, der Herrscherfamilie sowie allzu brisanten weltpolitischen Geschehnissen.

## Gesellschaft und Religion

**Stammesverbundenheit** spielt eine wichtige Rolle in der Gesellschaft Dubais, Traditionen und Gesetze einer Beduinengemeinschaft existieren weiterhin und machen einen Teil des gesellschaftlichen und politischen Systems aus.

---

**KURZ & KNAPP**

### Shaikh

Shaikh (arabisch für „Ältester", „verehrungswürdig") ist der **Titel für Stammesälteste und Stammesoberhäupter,** Vorstände von Familienverbänden, Adelige und deren Söhne sowie ehrwürdige Religionsgelehrte. Shaikha bezeichnete ursprünglich die Tochter eines Shaikhs, heute ist es auch der Titel seiner Frau.

# Herrschende Häupter

Die Vereinigten Arabischen Emirate setzen sich zusammen aus den **sieben Einzelemiraten** Abu Dhabi, Dubai, Sharjah, Ajman, Umm al Quwain, Ras al Khaimah und Fujairah. Sie bilden eine **föderale, konstituionelle Monarchie**. Kennzeichnend für das politische System ist die **Verknüpfung von staatlichen und Stammesstrukturen**.

Die Herrscher der Einzelemirate – derzeit sowie in Vergangenheit allesamt Männer – sind Oberhäupter ihrer weitgehend autonomen Teilstaaten. Zugleich sind sie Stammesführer, deren Machtanspruch sich auf dem hierarchischen Aufbau der Stämme und der Loyalität ihrer Mitglieder gründet. **Präsident der V.A.E.** ist Shaikh Mohamed bin Zayed Al Nahyan, dessen Amtszeit 2022 durch die Wahl der Herrscher aller Emirate begann. Als dritter Staatspräsident setzt er den Kurs seines 2004 verstorbenen Vaters Shaikh Zayed bin Sultan Al Nahyan fort. Shaikh Zayed war – sowohl lokal wie auch international – als Mentor und erster Präsident des 1971 gegründeten Föderationsstaates der Vereinigten Arabischen Emirate hochangesehen.

**Vizepräsident** der V.A.E. ist Shaikh Mansour bin Zayed al Nahyan, ein Sohn des Gründervaters. Dieses Amt hat er gemeinsam mit seinem Schwiegervater Shaikh Mohammed Bin Rashid al Maktoum inne, der zudem **Premierminister** der V.A.E. und **Herrscher von Dubai** ist. Shaikh Mohammed wurde am 15. Juli 1949 geboren, seit 2006 ist er der oberste Regent in Dubai. **Kronprinz** Dubais ist sein Sohn Shaikh Hamdan bin Mohammed, der zudem **Verteidigungsminister** und einer von fünf Vize-Premierministern ist.

Der Stamm ist die älteste **gesellschaftliche Organisationsform** der Arabischen Halbinsel und bestand schon in vorislamischer Zeit. Mitglieder eines Stammes teilen das Verständnis von einer gemeinsamen Abstammung und von gegenseitigen Verwandtschaftsbeziehungen. Das Einhalten der ungeschriebenen stammeseigenen Regeln und Gebräuche dominiert noch heute das Leben der Emiratis.

Machtvolle und einflussreiche Stellungen, beispielsweise in der Regierung, Verwaltung, Armee, Polizei sowie in der Privatwirtschaft, haben Angehörige der Herrscherfamilie inne.

An der Gesellschaftsspitze stehen die Shaikhs und Angehörigen der **Herrscherfamilie Al Maktoum**, die allesamt beduinischen Ursprungs sind. Den Shaikhs folgen die „normalen" **Staatsbürger**, die sich aus hier geborenen Beduinen-Arabern – welche die einfache Stammesbevölkerung bilden – und langjährig ansässigen Zuwanderern – zumeist iranischen und indischen Ursprungs – zusammensetzen. Unter Letzteren gibt es große Händlerfamilien, die über viel Macht und Einfluss verfügen.

### KURZ & KNAPP

### Islam

Das arabische Wort für „Islam" kann als **„Ergebung und Hingabe in den Willen Gottes"** übersetzt werden. Der Islam ist eine streng **monotheistische Religion**. Es gibt nur einen Gott, der im arabischen Allah genannt wird, aber derselbe Gott ist, an den auch Christen und Juden glauben.

# Land ohne Limit – Ziele zum 100-Jährigen

Neben diesen Einheimischen zählen zahlreiche **Fremdarbeiter** zu den Einwohnern Dubais. Mit Beginn der Erdölförderung setzte ein gewaltiger vom Staat geförderter Zustrom ausländischer Arbeitskräfte ein. Die rund 3,7 Mio. Bewohner Dubais teilen sich in knapp 10 % Emirater und rund 90 % aus fremden Ländern auf. Doch die Stadt ist kein Schmelztiegel der Kulturen. Im Gesellschafts- und Wirtschaftsleben nehmen Einheimische die Führungspositionen ein. Fremdarbeiter leben in einer regelrechten Parallelgesellschaft, sie unterhalten kaum Kontakte zur einheimischen Bevölkerung (bzw. diese nicht zu ihnen) und sie haben ihre eigenen Wohnviertel sowie eigene Orte der Begegnung und Freizeitgestaltung.

Als wichtiges Bindeglied zwischen den Gruppen fungiert der **Islam**, dem die große Mehrheit der Emirater angehört. Auch viele ausländische Gastarbeiter, beispielsweise aus Pakistan, Nordafrika oder dem Nahen Osten, sind Muslime. Für alle ist der muslimische Glaube **Mittelpunkt des Lebens**. Dubais Herrscher achten sehr genau darauf, dass das islamische Fundament keine Risse bekommt und dass sich keine fundamentalistischen Tendenzen festsetzen.

Langfristig wird verstärkt auf die **Anstellung von höherqualifizierten Arbeitnehmern** im Rahmen einer immer stärker „wissensbasierten" Wirtschaftsausrichtung gesetzt. Die Regierung versucht zudem, mit verschiedenen Reformen und Initiativen die Arbeitsbedingungen von Arbeitsplätzen im nichtöffentlichen Sektor zu steigern, sodass v. a. Emiratis daran Interesse gewinnen. Visareformen sollen Top-Talente aus der ganzen Welt anziehen, die als Motor für die weitere Entwicklung angesehen werden.

# Land ohne Limit – Ziele zum 100-Jährigen

Im November 2021 feierten die V.A.E. ihr goldenes, 50. Staatsjubiläum – und die Pläne für die nächsten 50 Jahre stecken genauso voller kühner **Ideen und Visionen** wie die vergangenen. Landesweit werden „Projects of the 50" konzipiert, Wirtschaftsprojekte, die darauf abzielen, die Entwicklung der V.A.E. zu beschleunigen. Dubais Herrscher, Shaikh Mohammed (s. S. 89), hat mit der Initiative „Designing the next 50" Bürger dazu aufgerufen, sich an der Zukunftsgestaltung zu beteiligen. Unter dem Vorsitz des Kronprinzen Shaikh Hamdan (s. S. 89) wurde der „Dubai Strategic Plan 2030" ausgearbeitet, der einen Rahmen für die nachhaltige Entwicklung des Emirats auf Grundlage von innovationsgetriebenem Wachstum im laufenden Jahrzehnt schafft.

Dubai hat sich mit vielen Vorhaben selbst haushoch in den Himmel gehoben, doch der Stadt wird auch viel angedichtet. Dubais Lifestyle- und Investmentprojekte werden meist von einer groß angelegten **Selbstvermarktung** begleitet und treffen oft auf mediale Begeisterung, vor allem in den sozialen Netzwerken. Dabei werden nicht nur Luxushotels sieben Sterne verliehen, sondern der Dubaier Wirtschaft unermesslicher Reichtum zugeschrieben. Fakt ist, dass Dubai zwar Öl besitzt, aber bei Weitem nicht so viel wie Abu Dhabi. Lediglich knapp 5 % des emiratseigenen Bruttoinlandsprodukts stammen aus dem Ölsektor.

In puncto **Energiewende** hat Dubai ambitionierte Pläne. Im Laufe der Jahre hat die Stadt beispielhafte Projekte wie den weltweit größten Solarkraftwerkpark, das erste Wasserkraftwerk der Region, eine grüne Wasserstoffanlage, eine Abfall-zu-Energie-Anlage und die Produktion von grünem Aluminium realisiert. Zukünftig steht der massive Ausbau erneuerbarer Energien bevor. Die „Dubai Clean Energy Strategy 2050" und die „Dubai Net Zero Carbon Emissions Strategy" zielen darauf ab, bis 2050 100 % der Stromkapazität aus erneuerbaren Energiequellen zu gewinnen. Solarstrom wird den Großteil der Energieträger ausmachen, aber auch die Nutzung von Atomstrom wird forciert (das Barakah Kernkraftwerk deckt 25 % des Strombedarfs der V.A.E.). Ebenfalls bis 2050 soll der gesamte öffentliche Personennahverkehr in Dubai emissionsfrei sein.

Landesweit hat man sich mit der „Net Zero by 2050"-Initiative dem Erreichen der Netto-Null-Kohlenstoffemissionen bis 2050 verschrieben. Neben der verstärkten Nutzung erneuerbarer Energien bzw. alternativer Kraftstoffe und der Reduzierung von Emissionen sind Steigerungen der Energie- und Produktionseffizienz sowie Optimierungen in puncto Recyclingkreisläufe und Energieversorgung von großer Bedeutung. Um die Dekarbonisierung voranzutreiben, soll massiv **in Technik investiert werden,** u. a. in CCS und CCUS. Erstgenanntes („Carbon Capture and Storage") bezeichnet das technische Ausfiltern, mineralische Binden und unterirdische Einlagern von Kohlenstoffausstößen fossiler Brennstoffe. CCUS („Carbon Capture Utilization and Storage") erweitert diese Technologie, indem das aufgefangene und aufbereitete $CO_2$ nutzbar gemacht wird, z. B. in der Landwirtschaft oder in der Zementproduktion. Kritiker sehen CCS und CCUS als uneffizient und unrentabel an, die unterirdische $CO_2$-Einlagerung zudem als unzuverlässig und unsicher.

Es sind nicht nur ökologische Gründe, die ein Umdenken zur Nutzung erneuerbarer Energien erfordern, sondern vor allem wirtschaftliche: Je mehr ölbasierte Energie im eigenen Land verbraucht wird, desto weniger kann exportiert und verdient werden. Daher liegt der derzeitige Fokus nicht auf dem Ausstieg aus der Erdöl- und Erdgasindustrie oder deren Verkleinerung, sondern auf Emissionsreduzierung und grüner Transformation. Eine kurz- oder mittelfristige Erhöhung der Fördermengen bedeutet höhere Einnahmen, die man zur Finanzierung der eigenen Energiewende nutzen kann, um in späterer Zukunft weniger abhängig vom eigenen Öl zu sein.

Dubai setzt auf breit gestreute wirtschaftliche Einnahmequellen und fördert gezielt den **Ausbau ölunabhängiger Wirtschaftsbereiche** wie Finanzen, Dienstleistungen, Tourismus, Handel, Transport, Logistik, Industrie und Immobilien.

Insbesondere die **Baubranche** und der vom Freihandel beflügelte **Immobilieninvestmentsektor** bescheren Dubai enorme Wachstumsraten. Globale Faktoren wie die Finanzkrise ab 2009 oder die Coronapandemie ab 2020 im Zusammenspiel mit Gegebenheiten vor Ort wie Überkapazitäten, fallenden Mieten und sinkender Nachfrage schmälerten die Profite dieser Branche nur phasenweise. Stets hat Dubai an der Vision einer Metropole aus Glas und Glamour festgehalten. Mit der russischen Invasion in der Ukraine 2022 und den Kriegsausbrüchen 2023 in Nahost erlebte der **Immobilienboom** neue Höhenflüge, denn Dubai gilt bei Sachanlegern und Wirtschaftstreibenden verschiedenster Heimatländer als geopolitisch stabiler, krisensicherer sowie relativ inflationsgeschützter Hafen, der vielfältige Geschäftschancen bietet. Und auch als Zufluchtsort wird Dubai gerne gewählt. Liberalisierungen von Visa- und Unternehmensregulierungen für Ausländer sowie fortschreitende Infrastrukturentwicklungen befeuern diesen Trend. Auch Superreiche strömen in Scharen nach Dubai, sie schätzen den liberalen Lifestyle und die stetig wachsende Auswahl an Luxusimmobilien – sei es als Erst- oder Zweitwohnsitz oder als Investmentmöglichkeit.

Lebensqualität verspricht Dubais **Stadtentwicklungs-Masterplan 2040** („Dubai 2040 Urban Master Plan"). Bis dahin soll die Einwohnerzahl auf knapp sechs Millionen ansteigen, daher sind ambitionierte Stadtgestaltungsmaßnahmen geplant. Der Leitfaden zielt darauf ab, Dubai zu einer nachhaltigeren, lebenswerteren und wirtschaftlich dynamischeren Stadt zu machen. So soll 60 % der Stadtfläche zu Naturräumen und Naturschutzgebieten werden. Öffentliche Strandareale sollen um 400 % auf 105 km Länge erweitert werden. Mehr als die Hälfte der Bewohner soll in einem Umkreis von 800 m um eine Hauptstation des öffentlichen Nahverkehrs wohnen. Fahrradwege und grüne Korridore werden Wohngebiete miteinander verbinden. Großgeschrieben wird die Entwicklung lebendiger und integrativer Gemeinden.

Diesem Masterplan zufolge sollen **fünf städtische Hauptzonen** entwickelt werden, die jeweils einen eigenen Schwerpunkt haben. Auf diese Weise sollen das Wirtschaftswachstum unterstützt, Arbeitsplätze geschaffen und Lifestyle-Projekte realisiert werden, um den Bedürfnissen aller Bevölkerungsgruppen gerecht zu werden. Zu den bestehenden Zonen gehören **Deira und Bur Dubai** – historische Gebiete, in denen die Tradition und das Erbe des Emirats im Fokus steht. Als Geschäfts- und Finanzzentrum sollen **Downtown Dubai und Business Bay** fungieren, zum Tourismus- und Freizeitzentrum werden **Dubai Marina und JBR** erkoren. Zu den neuen Zentren gehört auch **Expo City Dubai** (s. S. 94) als moderner Hotspot für Ausstellungen, Messen und Logistik. **Dubai Silicon**

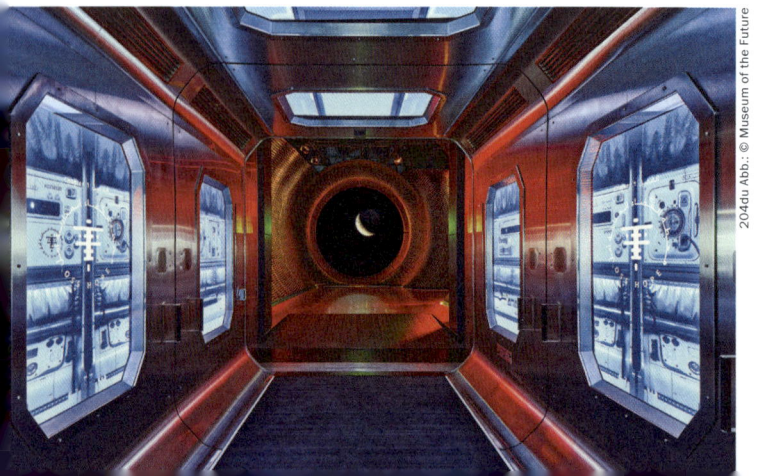

*Im Museum of the Future* ⑱ *kann man sich der Zukunft und fernen Planeten annähern*

## Land ohne Limit – Ziele zum 100-Jährigen

**Oasis** soll die erste Umsetzung einer kleinformatigen „Smart City" sein und zum Zentrum für IT-Technologie und Wissen avancieren, das Innovationen und die Entwicklung der digitalen Wirtschaft vorantreiben wird.

Unter dem Management von Shaikh Hamdan bin Mohammed zielt die **„Quality of Life Strategy 2033"** darauf ab, Dubai als lebenswerte, fußgänger- und familienfreundliche Stadt auszubauen, u. a. mit mehr Radwegen, Parks, Stränden, Sport- und Freizeitstätten sowie Unterhaltungsangeboten.

Doch Dubai hat nicht nur ehrgeizige wirtschaftliche und stadtplanerische, sondern auch **digital-virtuelle Zukunftspläne.** Dubai stärkt seine Position als technologieaffine Stadt, um sich Zukunftsvorteile zu schaffen. Insgesamt soll die Digitalwirtschaft in den kommenden Jahren einen Beitrag von 20 % zum Bruttoinlandsprodukt außerhalb des Ölsektors beitragen. Dubai arbeitet daran, **„The World's Smartest City"** zu werden. Technologische Innovation und Vernetzung spielen eine Schlüsselrolle. Internet- und Digitaltechnik sollen das urbane Leben angenehmer, effizienter und nachhaltiger machen. Bis Ende 2025 soll das ganze Land zu 100 % mit einem 5G-Mobilfunknetz abgedeckt sein.

Des Weiteren zielt Dubai darauf ab, in den nächsten Jahren ein bedeutsamer **Metaversum-Mittelpunkt** zu werden und zu einem Vorreiter bei der Einführung neuer digitaler Techniken zu avancieren. Die damit verbundenen Technologien wie Blockchain, Kryptowährungen und weitere Web3-Innovationen sollen in Dubais Wirtschaft, Regierung, Verwaltung und Gesellschaft integriert werden. Auch Robotik und künstliche Intelligenz sowie virtuelle bzw. erweiterte Realitäten spielen eine immer wichtigere Rolle. KI- und Robotersysteme sollen zunehmend autonom agieren und in verstärktem Maße digitale Dienstleistungen anbieten, z. B. bei industriellen Fertigungsprozessen, im Gesundheitswesen oder im Dienstleistungssektor. Dieser Schritt soll über eine smarte Stadt hinaus zu einer „conscious city" führen, einer **Zukunftsstadt,** die dank KI und deren vielfältigen Vernetzungen zunehmend selbstlernend denkt und sich selbstständig verwaltet.

Der Übergang zu einer **wissensbasierten Wirtschaft** und die wissenschaftliche Erforschung von praktischen Lösungen für die größten Herausforderungen unserer Zeit soll beschleunigt werden. Unter anderem soll der **Raumfahrtsektor** innerhalb kürzester Zeit international konkurrenzfähiges Niveau erreichen: Als Auftakt hatten die V.A.E. 2019 als erste arabische Nation einen Astronauten auf die International Space Station ISS entsandt – 2023 noch einmal. Mit dem Eintritt der Raumsonde „Hope" in die Marsumlaufbahn feierten die V.A.E. 2021 ihr 50-jähriges Staatsbestehen. Noch in diesem Jahrzehnt könnte das Raumschiff MBR Explorer zu einer siebenjährigen Reise zur Erforschung des Asteroidengürtels zwischen Jupiter und Mars starten. Zudem ist die Teilnahme der V.A.E. an der Lunar Gateway Station der NASA, der ersten Raumstation auf dem Mond, geplant. Die Emirate hoffen, dass dies den Weg für einen landeseigenen Mondastronauten bis 2030 ebnen wird. Das ehrgeizigste Fernziel ist die Errichtung der ersten bewohnbaren Siedlung auf dem Mars bis zum Jahr 2117. Federführend für das nationale Raumfahrtprogramm ist das Mohammed Bin Rashid Space Centre (www.mbrsc.ae).

## Zukunftseinblicke in der Expo City Dubai

Das Gelände der 2021/2022 zelebrierten **Weltausstellung Expo 2020 Dubai** wurde – und wird – zu einem multifunktionalen, innovativen und nachhaltigen Arbeits-, Wohn-, Messe- und Eventstadtteil umgestaltet – 35.000 Bewohner sollen hier leben und nochmal so viele hier arbeiten.

Die Expo City Dubai kann besichtigt werden. Unter anderem stehen einstige Attraktionen wie die zentrale Riesenkuppel **Al Wasl Plaza** (mit allabendlicher beeindruckender 360-Grad-Projektions-Lightshow), der rotierende Aussichtsturm Garden in the Sky und das Surreal-Wasserspiel Besuchern offen. Auch die architektonisch auffälligen Themenpavillons Alif (Mobilität) und Terra (Nachhaltigkeit) sowie die Pavillons der Visionen, der Nationen und der Frauen sind für Interessierte geöffnet. Das Expo 2020 Dubai Museum (s. S. 49) widmet sich speziell der Weltausstellung. Auch der Pavillon der Vereinigten Arabischen Emirate – sowie weitere Länderpavillons – können besucht werden. Allen Ausstellungen gemeinsam ist die interaktive und technisch ausgeklügelte Ausgestaltung, bei der sowohl Kinder wie auch Erwachsene viel entdecken können. Auch Spielplätze, Restaurants, Imbisswagen und Grünflächen sind Teil der Expo City Dubai. Zahlreiche Events werden veranstaltet.

Der Eintritt zur Expo City Dubai ist frei (10–18 Uhr), aber für den Besuch einzelner Attraktionen wird eine Gebühr erhoben (z. B. Garden in the Sky 30 Dh, Terra, Alif, die Pavillons der Visionen und der Frauen sowie als Kombi-Besuch Stories of the Nations und Expo 2020 Dubai Museum je 50 Dh).

Die Expo City Dubai ist mit der Metro über die Expo-2020-Station zu erreichen. Buggys, E-Roller, Fahrräder und die Explorer-Bimmelbahn stehen zur Verfügung – zum Teil gratis.

Zum Shoppen kann man der Expo City Mall 190 einen Besuch abstatten. Unterkunft bietet das direkt neben Al Wasl gelegene Hotel Rove Expo 2020.

Zukünftig soll die Expo City noch erweitert werden.

★**147 Expo City Dubai**, Madinat al Mataar, Boulevard 2020, www.expocitydubai.com, Tel. 5552030

---

Das **Museum of the Future** ⑱ ist ein Wahrzeichen dieses Strebens und dient als Plattform, um Zukunft zu planen und Talente aus den Bereichen Wissenschaft, Technologie, Forschung und Innovation zusammenzubringen. Es fungiert als Forum und Forschungslabor für Wissenschaftler, Freidenker und Investoren aus der ganzen Welt. Um Dialoge über künftige Trends in Wirtschaft, Wissenschaft, Nachhaltigkeit und Technologie zu führen und zu fördern, wird ein internationales Netzwerk von Partnerschaften mit Wissenschafts- und Forschungseinrichtungen und -zentren aufgebaut. Das Museum zeigt imaginäre Impressionen der Zukunft Dubais während einer Zeitreise in das Jahr 2071 – das Jahr, in dem die Staatsgründung der V.A.E. zum hundertsten Mal gefeiert werden wird.

Weitere Informationen:
› https://wetheuae.ae
› www.uaeyearof.ae
› https://u.ae
› www.nationbrand.ae
› www.investindubai.gov.ae
› http://dubai2040.ae

# PRAKTISCHE REISETIPPS

# An- und Rückreise

## Flüge nach Dubai

Es gibt über 100 **Fluggesellschaften**, die nach Dubai fliegen, sodass man aus einem breiten Angebot an Terminen, Preisen, Serviceleistungen, Anschlussflügen oder Zwischenstopps wählen kann. Die reine **Flugzeit** ab Frankfurt beträgt knapp sieben Stunden. **Nonstop-Verbindungen** bieten die folgenden Fluggesellschaften:

› **Emirates**, www.emirates.com, nonstop von Düsseldorf, Frankfurt, München, Hamburg, Zürich, Genf, Wien
› **Lufthansa**, www.lufthansa.com, nonstop von Frankfurt, München
› **Condor**, www.condor.com, nonstop von Berlin
› **Eurowings**, www.eurowings.com, nonstop von Berlin
› **Swiss International Air Lines**, www.swiss.com, nonstop von Zürich
› **flydubai**, www.flydubai.com, nonstop von Salzburg, Basel
› **Wizz Air**, www.wizzair.com, nonstop ab Wien
› **beOnd**, https://flybeond.com, Premium-Direktflüge ab Zürich

Durch Partnerschaftsabkommen arbeiten manche Airlines wie Emirates, Condor, Lufthansa, Swiss International Air Lines, Condor, Austrian (ab Wien, www.austrian.com) und airBaltic (www.airbaltic.com) zusammen, sodass man ab Deutschland/Österreich/Schweiz eine Vielzahl von Abflughäfen wählen kann und nach einem **Zwischenstopp** weiter nach Dubai gebracht wird. Zudem kann man ab Frankfurt oder München Flüge mit Gulf Air (www.gulfair.com) mit einem Stopp in Bahrain buchen bzw. ab Frankfurt, Berlin, Hamburg, Wien, Genf und Zürich mit Qatar Airways via Doha (www.qatarairways.com). Die emiratische Etihad Airways (www.etihadairways.com) fliegt ab Frankfurt, München, Wien, Zürich und Genf direkt nach Abu Dhabi und bietet von dort kostenlose Zubringer per Luxusbus nach Dubai (und zurück).

### Dubais Billigfluglinie

Wer sich in Dubai ein Flugticket kaufen möchte, findet günstige Verbindungen bei Dubais Low-Cost Carrier flydubai (www.flydubai.com, Tel. 600 544445).

### Dubais Flughäfen

Dubai hat zwei internationale Flughäfen. Beim Check-in sollten Passagiere die geltenden **Gepäckregeln** beachten, z. B. werden keine runden Gepäckstücke oder Taschen mit lose hängenden Tragegurten angenommen und alle Gepäckstücke müssen mindestens eine ebene Oberfläche haben. Manche Fluglinien (z. B. Emirates, Air Arabia) bieten City-Check-in-Möglichkeiten.

Wer vor dem Rückflug die **Rückerstattung der emiratischen Mehrwertsteuer** (Ware muss beim Einkauf als zollfrei gekennzeichnet worden sein) vornehmen will, kann vor der Gepäckaufgabe den Rückerstattungsprozess validieren und verbuchen lassen (s. S. 69).

Wer ab einem der beiden Airports mit Metro oder Bus fahren möchte, muss dafür vorab am Automaten ein Ticket oder eine NOL-Karte (s. S. 128) kaufen.
› www.dubaiairports.ae, Tel. 2245555

◁ *Vorseite: Die emiratischen Nationalfarben zieren diese Jacht*

## Dubai International Airport (DXB)

Der internationale Flughafen liegt auf der östlichen Seite des Creek, keine 5 km vom alten Stadtzentrum (Deira und Bur Dubai) entfernt im Stadtteil Al Garhoud. Er hat drei Terminals, die durch Shuttlebusse verbunden sind. Der rund um die Uhr geöffnete **Duty-Free-Einkaufsbereich** zählt zu den größten der Welt (Tel. 800 4443, www.dubaidutyfree.com).

Die **Metro** Red Line verbindet die Terminals 1 und 3 miteinander und sie ist die schnellste Verbindung in die Stadt. Nachts verkehrt die Metro nicht, aber Bus C01 fährt von/zum Terminal 1 und 3 über die Haltestelle Union Square und die Metrostation Sharaf DG zur Haltestelle Al Satwa.

●148 [im] **Dubai International Airport**,
Al Garhoud, Airport Rd,
Terminal 1 Makani 34196 93449,
Terminal 2 Makani 34707 95372,
Terminal 3 Makani 34806 93136

## Al Maktoum International Airport (DWC)

Al Maktoum International liegt im Süden Dubais, nahe an Jebel Ali. Noch im Ausbau befindlich, wurde der Passagierverkehr 2013 aufgenommen. Nach der Fertigstellung – die auf 2050 datiert ist – soll dieser auch **Dubai World Central** genannte Flughafen jährlich 260 Millionen Passagiere an 400 Flugsteigen empfangen. Damit wäre er der größte Flughafen der Welt. Er soll den Betrieb vom Dubai International Airport (s.o.) vollständig übernehmen.

Um den Flughafen herum entsteht das 145 km² große **Gewerbe- und Wohngebiet Dubai South** (www.dubaisouth.ae), in dem künftig 1 Millionen Menschen leben sollen – samt Distrikten für Logistik, Luftfahrt, Messen und Kultur sowie Wohnstadt und Golfplatz.

Per Bus F55 bzw. N55 bestehen rund um die Uhr für 5 Dh Verbindungen von/zur **Ibn Battuta Busstation** (30–43 Min. Fahrzeit), wo man Metroanschluss hat. Da nach Mitternacht keine Metros fahren, kann man mit dem Nachtbus N55 z.B. nach Umm Suqeim, Jumeirah, Satwa und bis zur Al Ghubaiba Main Busstation (s. S. 130, 2 Std. Fahrzeit, 7,50 Dh) fahren, wo es ab 4 Uhr morgens zahlreiche Bus-Anschlussmöglichkeiten und ab 5 Uhr Metrobetrieb gibt.

●149 **Al Maktoum International Airport**,
Madinat al Mataar, zwischen Shaikh Mohammed bin Zayed Rd E311 und Emirates Rd E611, Makani 14011 53572

# Ausrüstung und Kleidung

Wie überall auf der Welt gilt: „**Kleider machen Leute**". Man kann gern legere Reisekleidung tragen, aber man sollte nicht im Strandoutfit zum Stadtbummel starten. Allzu freizügige Kleidung bleibt am besten zu Hause – oder sollte nur beim Bar- oder Strandclub-Besuch angezogen werden. **Shorts bei Männern** – oberhalb der Knie endend – wirken in den Augen vieler Araber lächerlich, da sie hier höchstens als Unterhose getragen werden. **Frauen** sollten **blickdicht, bauchnabelbedeckt und nicht zu tief dekolletiert** durch die Stadt zu spazieren. Damit zeigt frau Anstand und erntet Respekt.

Für das Dubaier Klima empfehlen sich **leichte Naturfasern** wie Baumwolle, Leinen, Hanf oder Seide bzw. **Viskose** oder **Mikrofasern**. Da viele Räume **klimatisiert** sind und es im Winter abends kühler werden kann, sollte man an eine **leichte Jacke**, einen Pullover oder ein Umhängetuch denken.

# Autofahren

## Verkehrssituation

Dubai ist bestens auf Autoverkehr eingestellt. Breite Straßen, begrünte Stadtautobahnen, moderne Brücken und Unterführungen prägen das Bild. Das Verkehrsaufkommen ist hoch, **Staus** sind der Alltag, in manchen Stadtteilen ist die Parkplatzsuche eine *mission impossible* und entsprechend entnervt und gereizt sind viele Fahrer.

In allen Emiraten gilt **Rechtsverkehr**, es besteht **Anschnallpflicht**, Kinder im Alter von vier Jahren oder jünger müssen in Kindersitzen sitzen. Man sollte sich genauestens an **Geschwindigkeitsbegrenzungen** halten, denn Radarkontrollen sind häufig und die Bußgelder für zu schnelles Fahren betragen 400–1000 Dh.

Autofahren in Dubai erscheint Neulingen meist **chaotisch**. Zum einen wegen der nicht ausbleibenden Orientierungsschwierigkeiten, zum anderen wegen der brisanten Kombination zwischen teilweise waghalsig-offensiver und andererseits verschlafen-schicksalsergebener Fahrweise der einen umgebenden Verkehrsteilnehmer. Die V.A.E. sind weltweit eines der Länder mit der **höchsten Todesrate bei Verkehrsunfällen**.

In puncto **Alkohol am Steuer** gilt eine Null-Toleranz-Politik! Wer getrunken hat, sollte sich auf keinen Fall ans Steuer setzen, denn wer auch nur eine Spur von Alkohol im Blut hat (Vorsicht bei Restalkohol vom Tag zuvor!) und in einen Unfall verwickelt wird – und sei es nur ein harmloser Blechschaden, egal ob Verursacher oder nicht – für den kann es schlecht aussehen.

**Bei einem Unfall** ist auf jeden Fall die **Polizei** zu holen (s. S. 111), denn ohne ein von ihr erstelltes Protokoll (engl. *accident report*) darf keine Werkstatt ein Unfallauto reparieren und auch die Versicherungen zahlen nichts. Auch wer seinem Mietwagen nur geringfügigen Blechschaden zufügt, ohne dass ein anderes Fahrzeug verwickelt ist, muss diesen Weg gehen.

Kommt es zu einer Gerichtsverhandlung, so kann es sein, dass man – je nach Schwere des Unfalls – bis Verhandlungsende im Land bleiben muss, schlimmstenfalls in Untersuchungshaft.

Selbstfahrer können zum Navigieren die **App RTA Smart Drive** nutzen – auch offline. Die **RTA Dubai App** bietet Autofahrern Parkplatzinformationen und kann zum Zahlen der Parkgebühren genutzt werden (zudem Infos zum öffentlichen Personennahverkehr). Beide sind gratis.

› **Preise** rund ums Autofahren: Ein Liter Diesel kostet 2,67 Dh, ein Liter Super 2,74 Dh, Parkgebühr 1 Stunde 2–10 Dh, sonntags und feiertags sind öffentliche Parkplätze gratis

› **Infos:** www.rta.ae, Tel. 800 9090

## Mietwagen

Zahlreiche bekannte internationale **Verleihfirmen** sind in Dubai vertreten und haben einen Serviceschalter am Dubai International Airport (weniger am Al Maktoum International Airport). Um in Dubai ein Leihauto fahren zu dürfen, benötigt man einen **internationalen Führerschein** (auch wenn nicht alle Verleiher ihn sehen wollen). Je nach Wagenklasse muss man mindestens 17 Jahre alt sein und wer einen Allradwagen steuern möchte, muss mindestens 25 Jahre alt sein. Die meisten Verleihfirmen verlangen bei Anmietung eine **Sicherheitskaution**, die üblicherweise per **Kreditkarte** abgebucht und bei schadensfreier Wagenrückgabe (oder danach) rückerstattet wird. Immer – auch bei vorheriger (Online-)Reservierung – ist es wichtig zu prüfen, welche Kreditkarten vom Vermieter akzeptiert werden, um bei der Wagenabholung vor Ort nicht leer auszugehen. Zur Hinterlegung der Kaution werden Debitkarten meist nicht akzeptiert (obwohl dies technisch möglich ist).

Man sollte auch daran denken, dass in Dubai für die Nutzung etlicher Straßenstücke die Zahlung einer **Maut** fällig wird, und klären, ob diese zusätzlich zum Mietpreis zu entrichten ist (bei den meisten Firmen) oder inklusive ist. Salik heißt das elektronische System, das bei jeder Durchfahrt eines Mauttores (engl. *toll gate*) je nach Tageszeit 4 bis 6 Dh vom vorbezahlten Guthaben abbucht. Die Mautplakette sollte in der Windschutzscheibe aufgeklebt sein (Salik, Tel. 800 72545, www.salik.ae).

◩ *Alle Straßenschilder sind arabisch und englisch beschriftet*

# Barrierefreies Reisen

**Technische Einrichtungen** erleichtern Menschen mit eingeschränkter Mobilität den Reisealltag, immer mehr Hotels und öffentliche Gebäude werden baulich **barrierefrei** ausgestattet. Dubais Flughäfen sind darauf eingestellt, Gleiches gilt für große Museen, Einkaufszentren, Parks und Kinos. Auch **persönliche Betreuung** wird offeriert, so an Flughäfen, in Hotels, Einkaufszentren und Krankenhäusern. Dubais **Metro** ist rundum behindertengerecht, die Dubai Roads and Transport Authority (s. S. 127) bietet spezielle Metro- und Taxiserviceleistungen.

Um Schwierigkeiten zu minimieren, sollte der Fluggesellschaft und dem Hotel vor Reiseantritt Art und Schwere der Körperbehinderung mitgeteilt werden. Wer die Dienste eines lokalen Tourveranstalters, z. B. für Ausflüge, in Anspruch nehmen möchte, sollte diesen bereits vor Anreise kontaktieren und sein Anliegen erläutern.

# Diplomatische Vertretungen

### Konsulate in Dubai

- **150** [gl] **Consulate General of the Federal Republic of Germany,** Jumeirah 1, 14a St., Makani 24431 90712, Tel. 3024333, https://uae.diplo.de

### Botschaften in Abu Dhabi

› **Embassy of the Federal Republic of Germany,** Abu Dhabi Mall Towers, Tel. 02 5967700, www.uae.diplo.de
› **Embassy of the Republic of Austria,** Reem Island Sky Tower, Tel. 02 6944999, www.bmeia.gv.at

> Embassy of Switzerland, Al Safarat, Al Khaleej al Arabi St., im Bürotrakt des Centro Capital Centre Hotels, Tel. 02 6274636, www.eda.admin.ch

# Ein- und Ausreisebestimmungen

Die Grenzbehörden der V.A.E. lassen eine Einreise ohne ausreichend lange gültigen Reisepass oder Kinderreisepass nicht zu! Voraussetzung ist der Besitz eines regulären, **biometrischen Reisepasses** (nicht etwa eines vorläufigen), der zum Einreisezeitpunkt noch mind. sechs Monate lang gültig ist. Die Einreise wird nur Personen gestattet, deren Geschlecht im Pass mit „M" (männlich) oder „F" (weiblich) eingetragen ist. Auch kann die Einreise von Personen verweigert werden, deren Geburtsdatum im Pass beispielsweise mit „XX.XX." statt Ziffern für Tag und Monat ausgefüllt ist.

Reisen **Kinder** allein oder nur mit einem Elternteil/Sorgeberechtigten ins Ausland, ist es empfehlenswert, für Grenzkontrollen eine formlose Einverständniserklärung der Sorgeberechtigten vorliegen zu haben. Aus der Erklärung sollte hervorgehen, dass die Sorgeberechtigte/n, die die Reise nicht begleiten, mit der Auslandsreise einverstanden sind.

Laut Vorschrift müssen Besucher Zahlungsmittel von umgerechnet mind. 3000 Dh, Rückflugticket und Unterkunftsnachweis vorweisen können, was bei Urlaubsreisen meist nicht kontrolliert wird, sondern eher, falls der Verdacht besteht, dass der Reisende einen Job suchen könnte (was mit einem Einreisevisum nicht erlaubt ist).

Jeder sollte sich vor seiner Reise nach den aktuellen Regelungen und Reisehinweisen erkundigen, denn Einreisebestimmungen können sich ändern.

Bei der Ein- (und Ausreise) in Dubai erfolgt die Passkontrolle teilweise komplett vollautomatisch an **Smart Gates** mithilfe eines biometrischen Augen- und Gesichtsscans. Wer einen schnellen Einreiseprozess ohne Warteschlangen über diese Smart Gates wünscht, kann sich seit 2025 vor Reiseantritt über die App UAE Pass Track dafür registrieren.

> Aktuelle Einreise- und Visa-Informationen bieten Federal Authority of Identity and Citizenship Customs and Port Security (https://icp.gov.ae), UAE Ministry of Foreign Affairs (www.mofaic.gov.ae).

> Auch das deutsche Auswärtige Amt (www.auswaertiges-amt.de) bzw. das österreichische Bundesministerium für europäische und internationale Angelegenheiten (www.bmeia.gv.at) und das Eidgenössisches Departement für auswärtige Angelegenheiten (www.eda.admin.ch) bieten Reise- bzw. Länder- und Einreiseinformationen.

## Visum

Touristen aus Deutschland, Österreich und der Schweiz erhalten bei der Einreise (Flughäfen, Seehafen, Grenzübergang an Land) direkt und umsonst ein **Einreisevisum** (engl. *visa on arrival*) in den Reisepass gestempelt, das sechs Monate lang gültig ist und die einfache oder mehrfache Einreise mit einem Aufenthalt von insgesamt maximal 90 Tagen gestattet.

## Zoll

Reisenden, die das 18. Lebensjahr vollendet haben, ist die zollfreie Einfuhr von 200 Zigaretten oder 50 Zigarren oder 500 Gramm Zigarettentabak und einer angemessenen Menge Parfüm erlaubt. Nichtmuslimische Erwachsene dürfen zudem vier Liter alkoholische Getränke oder 48 Dosen Bier (je maximal 355 ml) einführen. Die Einfuhr von religiösem Propagandamaterial, von pornografischen Artikeln (wozu auch Sex-Spielzeug oder Zeitschriften mit allzu freizügigen Titelseiten gehören könnten), von Falschgeld, Narkotika, Drogen, Waffen sowie von jeglicher Art von Darstellung, welche gegen die islamische Religion oder die öffentliche Moral verstoßen, ist **untersagt**. Raubkopien und Markenfälschungen jeglicher Art werden konfisziert.

Reisende müssen – sowohl bei der Ein- wie auch bei der Ausreise – **Bargeld**, Edelmetalle, Edelsteine oder marktfähige Finanzmittel offenlegen, wenn deren Wert 60.000 Dh (bzw. deren Gegenwert in anderen Währungen) übersteigt.

**E-Zigaretten** und **Vaporizer** für den Eigenbedarf dürfen mitgenommen werden. Das aus der Hanfpflanze gewonnene **CBD-ÖL** (Cannabidiol-Öl) darf nicht in die V.A.E. eingeführt werden – Vorsicht, es kann auch in Lebensmitteln, Hautpflegeprodukten oder E-Zigaretten-Liquid enthalten sein.

Vorsicht ist auch bei der **Mitnahme von Medikamenten** für den persönlichen Gebrauch geboten, da die Einfuhr von einigen Präparaten bzw. deren Inhaltsstoffen an Genehmigungen gebunden oder verboten sein kann. Strenge Regeln gelten für Narkotika, Neuroleptika, Antidepressiva und Psychopharmaka. Genehmigungen *(issue of permit to import medicines for personal use)* per Online- oder App-Beantragung, Medizinlisten *(controlled and semi-controlled medicine's list)* und Infos bietet das UAE Ministry of Health & Prevention (Tel. 800 11111, https://mohap.gov.ae). Verbotene bzw. genehmigungspflichtige Medikamente ohne Genehmigung werden bei der Einreise konfisziert.

Bei der Einreise könnten Reisende (auch Transitreisende) evtl. auf **Drogen** kontrolliert werden. Auf den Besitz auch nur geringster Mengen (weniger als 0,1 g) stehen mehrjährige Haftstrafen! Selbst der einige Tage zurückliegende Konsum weicher Drogen kann festgestellt und bestraft werden.

› **Dubai Customs,** www.dubaicustoms.gov.ae, Tel. 800 80080
› **Federal Authority for Identity, Citizenship, Customs & Port Security,** https://uaecustoms.ae, Tel. 02 6979700

# Elektrizität

Die Stromspannung in Dubai beträgt **220 bis 250 Volt** bei 50 Hertz. Üblicherweise treten keine Probleme beim Betrieb von europäischen und japanischen Elektrogeräten auf. Für den Anschluss benötigt man **englische, dreipolige Stecker**.

Für **Schukostecker** braucht man einen **Adapter**. In den Hotels ist meist eine Steckdose damit ausgestattet, weitere Adapter kann man auf Anfrage erhalten. Zudem sind sie für wenige Dirham in Dubaier Supermärkten erhältlich.

# Geldfragen

## Währung und Wechselkurs

Die Landeswährung der Vereinigten Arabischen Emirate ist einheitlich und nennt sich **Dirham** (**Dh,** im Englischen gebräuchliche Abkürzung. **AED** = Arab Emirates Dirham). Ein Dirham entspricht 100 Fils. Der Dirham ist frei konvertierbar, sein Wechselkurs ist an den amerikanischen Dollar gekoppelt.

Der **Wechsel von Devisen** ist in den zahlreich vorhandenen Banken oder Wechselstuben sehr einfach. **Vor der Abreise** können Dirham in Dubai unter Inkaufnahme der üblichen Kursabweichungen in Devisen **zurückgetauscht** werden. Wechselstuben bieten faire Kurse, schnelle Bearbeitung und lange Öffnungszeiten (meist tägl. von 8/9 bis 22/23 Uhr). Viele finden sich in den **Souqs der Altstädte von Deira ❷ und Bur Dubai ❺**. Die großen **Einkaufszentren** und Hypermärkte verfügen zumindest über ein Exchange-Büro.

Das **Netz der Geldautomaten** (engl. ATM) ist dicht. In jedem Fall findet sich an jeder Bank, in jedem größeren Einkaufszentrum, an Busbahnhöfen und an großen Tankstellen (mindestens) ein Geldautomat.

Beim **Abheben von Bargeld in Landeswährung** wird manchmal angeboten, dass die Abrechnung mit dem eigenen Konto in Euro erfolgen kann. Das Verfahren ist als **Dynamic Currency Conversion (DCC)** bekannt. Doch diese anscheinend kundenfreundliche und praktische Währungs-Umrechnungsmethode kann bis zu 10 % Kursverlust bedeuten. Daher ist es ratsam, Abhebungen immer in Dirham vom eigenen Konto abbuchen zu lassen. Mitunter bieten auch Banken, Hotels, Geschäfte, Tankstellen etc. DCC an, jedoch ist diese Option auch hier um ein vielfaches teurer (für die zahlende Person).

### Wechselkurse

› 1 Euro = 3,99 Dirham (Dh)
› 1 Dh = 0,25 Euro
› 1 SFr = 4,13 Dh
› 1 Dh = 0,24 SFr
(Stand: Januar 2025)

## Reisekasse

Was mitnehmen: Plastikkarte oder Bargeld? Zum Bezahlen größerer Beträge (bei Hotels und Mietwagenfirmen, in Boutiquen und Goldläden), zum Shoppen in Einkaufszentren sowie zum Abheben von Dirham an den unzähligen Geldautomaten eignen sich **Kreditkarten**. Die Akzeptanz von Kreditkarten ist groß.

**Debitkarten** (in Deutschland auch als **Girocard** bekannt) mit Maestro-Funktion sind noch bis zu ihrem Laufzeitende gültig, werden aber sukzessive gegen sogenannte Mastercard-Debit-Karten ausgetauscht, mit denen man ebenfalls im Ausland zahlen und Geld abheben kann. Debitkarten mit V-Pay-Symbol funktionieren außer-

◁ *Formschöner Geldautomat mit praktischer Drive-in-Funktion*

# Dubai preiswert

Selbstverständlich gratis ist der Besuch diverser **Altstadt-Souqs.** Im liebevoll gestalteten Coffee Museum (s. S. 48) kann man sich kostenlos über die Herstellung und Ursprünge des Heißgetränks informieren, im Museum of the Poet Al Oqaili (s. S. 49) bekommt man Einblicke in ein traditionelles Altstadthaus. Im **Al Shindagha Museum** (s. S. 25) kann man sich beim Spaziergang durch das Viertel für nur 50 Dh vielerlei Ausstellungen ansehen.

Auch die neo-arabischen Souqs Al Seef ❽ und Madinat Jumeirah ⓬ kann man sich ohne Eintrittsgeld ansehen, zudem ist der Schaufensterbummel in den vielen Malls und Einkaufszentren selbstverständlich gratis.

Einen Teil des Dubai Aquariums in der Dubai Mall ⓰ kann man sich umsonst ansehen. Kostenlos sind ferner die allabendlichen Wasser-, Licht- und Klangshows von **Dubai Fountain** (s. S. 39) sowie die **Imagine-Shows** der Dubai Festival City Mall (s. S. 67). Auch den bunt beleuchteten Wasserfall des Dubai Water Canal (an der Kreuzung mit der Shaikh Zayed Rd) kann man gratis bestaunen. Bunt beleuchtet wird auch jeden Abend der Burj Khalifa ⓯ – von außen ansehen kostet nichts. Auch Besuche von Kunstgalerien (s. S. 49) und Kamelrennen (s. S. 113) sind gratis. Wer Pferderennen mag, kann diesen ohne Eintrittsgelder beiwohnen – außer dem Dubai World Cup, der Eintritt erhebt. Gratis kann man viele kleine **Parks** besuchen, größere verlangen ein geringes Eintrittsgeld von nur 5 Dh.

Gratis-Unterhaltungsangebote und Kulturveranstaltungen bietet zudem das **Dubai Shopping Festival** (s. S. 80).

Ebenfalls gratis kann man vielerlei Attraktionen und Events in der **Expo City Dubai** (s. S. 94) besuchen.

Auch ein **Strandbesuch** kann gratis sein, z. B. an den öffentlichen Stränden JBR Beach, Jumeirah Corniche oder Umm Suqeim Beach (s. S. 75). Ohne Eintritt kann man in der Barasti Beach Bar (s. S. 62) entspannen – die Liegen sind jedoch häufig vergriffen.

**Bus und Metro** kosten auf der kürzesten Strecke 4 Dh, Kinder unter 5 Jahren fahren gratis. Einmal über den Creek fahren kostet mit dem **Abra-Boot** (s. S. 20) 1 Dh.

Ein abends vielerorts angebotener, mit 12–25 Dh preiswerter Snack ist ein **Sandwich mit „shawarma"**, auf dem Drehspieß gegrilltes Lamm- oder Hühnchenfleisch. In indischen oder pakistanischen **Lokalen** kann man für unter 20 Dh delikat und reichhaltig essen. Ladies/Gents Nights oder Happy Hours verwöhnen Gäste zu bestimmten Zeiten mit Gratis-Drinks oder Preisnachlässen.

Gratis- bzw. kostengünstiges **WLAN** bietet UAE WiFi (s. S. 118).

Rabatte oder Sonderkonditionen versprechen verschiedene **Touristenstadtkarten bzw. -stadttickets.** Manche bieten All-inclusive-Zugang zu Sehenswürdigkeiten, Ausflügen und Freizeitstätten, andere gestatten es, nach eigenen Vorlieben auszusuchen. Empfehlenswert ist der in vier Varianten angebotene **Dubai Pass** von Dubai Tourism (Preise und Infos: www.visitdubai.com). Weitere Rabattpässe (z. T. online und als App):

› **GO Dubai,** https://gocity.com
› **Dubai City Pass,** www.turbopass.com
› **My Pass UAE,** www.mypassuae.com
› **Groupon,** www.groupon.ae
› **Cobone,** www.cobone.com

Wer mindestens zu zweit unterwegs ist, kann mit den digitalen **Gutschein-Apps** von The Entertainer (www.theentertainerme.com) nach dem „2-für-1-Prinzip" sparen, z. B. ist in vielen Restaurants ein zweites Hauptgericht vergünstigt oder gratis. Auch Eintritt zu Sehenswürdigkeiten oder Freizeitstätten, Hotelübernachtungen oder Ausflüge sind rabattiert.

halb der EU generell nicht, die neuen Visa-Debitkarten hingegen in der Regel schon. Viele Banken sperren Debitkarten allerdings aus Sicherheitsgründen für den Einsatz im außereuropäischen Ausland oder beschränken den Verfügungsrahmen. Man sollte sich im Vorfeld erkundigen und die Karte ggf. freischalten lassen. Für viele dürfte die universelle Einsetzbarkeit einer Debitkarte für das Bezahlen per **Apple oder Google Pay** ausschlaggebend sein.

Die Auslandsgebühren beim Bezahlen in Geschäften oder Hotels bzw. beim Abheben von Bargeld am Automaten sind unterschiedlich, daher sollte sich jeder vor Reiseantritt nach der günstigsten Möglichkeit erkundigen.

Viele Mietwagenagenturen akzeptieren nur „echte" Kreditkarten (keine Debitkarten).

Einen Teil der Reisekasse kann man als **Bargeld** mitführen. Der Wechsel in emiratische Dirham erfolgt in Banken und Wechselstuben sowie an Dubais Flughäfen.

# Gesundheitsvorsorge

Wer als gesunder Mensch nach Dubai reist, braucht **keine übermäßige Vorsorge** zu treffen. Das Risiko, an verunreinigten **Nahrungsmitteln** zu erkranken, ist genauso niedrig wie auch zu Hause.

In Dubais **feucht-heißem Klima** wird man besonders zu Beginn viel schwitzen. Wichtig ist es, **viel zu trinken**, mindestens **zwei bis zweieinhalb Liter täglich** (Mineralwasser, Säfte oder Tee).

Die mit Abstand häufigste Erkrankung ist eine **Erkältung**. Da nahezu alle Gebäude mit einer **Klimaanlage** ausgestattet sind, sollte man sich bei einem längeren Innenaufenthalt mit einem Pullover oder einer leichten Jacke vor Unterkühlung schützen. Das Erkältungsrisiko wird dadurch erhöht, dass **Temperaturunterschiede** zwischen draußen und drinnen bis zu 20 °C betragen können und man verschwitzt die kühlen Innenräume betritt. Am besten nicht unter den direkten Luftstrom einer Klimaanlage setzen oder darunter schlafen.

Einen **Sonnenbrand** sollte man nicht nur vermeiden, weil er schmerzt. Viel folgenreicher sind mögliche Spätschäden wie vorzeitige Hautalterung oder gar Hautkrebs. Daher möglichst oft im Schatten aufhalten, Sonnencreme mit hohem Lichtschutzfaktor mehrmals täglich auftragen und möglichst viel Haut bedecken.

Keinesfalls sollte man sich in der Mittagszeit zu lange der Sonne aussetzen, denn bei zusätzlicher körperlicher Anstrengung und beengender Kleidung kann es zum **Hitzekollaps** kommen. Wenn der unbedeckte Kopf zu viel Sonne abbekommt, kann ein **Sonnenstich** die Folge sein – also Hut, Käppi oder Tuch aufsetzen.

# Hygiene

Die hygienischen Zustände in Dubai sind ähnlich wie bei uns. Restaurants müssen sich an **Hygieneregeln** halten und tun dies meist auch tadellos. In einfachen Lokalen oder kleinen Straßenimbissen muss man manchmal Abstriche in Kauf nehmen, obwohl es auch dort relativ sauber ist.

Um die **Sauberkeit der Straßen und öffentlichen Toiletten** ist es in der Regel bestens bestellt. Wer Müll achtlos auf die Straße und nicht in die vorgesehenen Abfallbehälter wirft, muss mit hohen Bußgeldern (500 Dh) rechnen.

# Informationsquellen

## Touristeninformation

Das **Dubai Department of Economy and Tourism** (**DET**) arbeitet als Regierungsstelle daran, Dubai als weltweit wichtigstes Handels- und Investitionszentrum sowie als führende Tourismusdestination zu positionieren. Dem DET obliegt Planung, Supervision, Entwicklung und Vermarktung des Tourismussektors, inklusive Lizenzierung und Klassifizierung aller touristischen Unternehmen wie Hotels, Reiseveranstalter und Reisebüros.
› www.visitdubai.com bietet umfangreiche Reiseinformationen sowie App-Downloads (Tel. 069 7100020).

### MEIN TIPP
**Hoheitliche Websites**
› https://sheikhmohammed.ae/en-us, Website von Shaikh Mohammed, dem Herrscher Dubais, der auch in sozialen Netzwerken präsent ist.
› https://hamdan.ae, Webpräsenz von Dubais Kronprinz
› www.zayedtheinspirer.ae, Infos über den verstorbenen Staatsgründer Shaikh Zayed

## Kulturarbeit und Völkerverständigung

●**151** [D4] **Shaikh Mohammed Centre for Cultural Understanding,** Al Fahidi, House 26 und 29 am Diwan R/A, Makani 28890 95275 (auch im House 47), Tel.

## Meine Literaturtipps

› Mohammed bin Rashid Al Maktoum: **Meine Geschichte.** Explorer Group, 2019. Sammlung von persönlichen und politischen Erinnerungen und Geschichten des Herrschers von Dubai über seinen 50 Jahre währenden Staatsdienst.

› Wilfred Thesiger: **Die Brunnen der Wüste: Mit den Beduinen durch das unbekannte Arabien.** Piper ebooks, 2016. 1959 verfasste Erzählung des britischen Forschungsreisenden über seine Reisen durch die Emirate und den Oman – ein „Muss" für alle Wüstenfreunde!

› Verena Falkner: **Highheels auf Goldenem Sand. Die rasante Entwicklung der Frauen in den Vereinigten Arabischen Emiraten.** Verlagshaus Schlosser 2021. Ausführliche und vielschichtige Abhandlung zu traditionellen Rollenbildern, zum gesellschaftlichen Wandel und zur heutigen Situation emiratischer Frauen.

› Mohammad Saeed Al Shehhi: **Dubai Shaping the Future.** Rizzoli Verlag, 2024. Umfassender Band zu Dubais Stadtentwicklung und visionärer Zukunftsgestaltung.

› Hend Al Qassemi: **The Black Book of Arabia.** Bloomsbury Qatar Foundation, 2015. Sheikha Hend, eine in den V.A.E. prominente Angehörige der Herrscherfamilie von Sharjah, hat Kurzgeschichten von Frauen, die in der arabischen Golfregion leben und lieben, aufgeschrieben. Facettenreich, schockierend, lustig, ehrlich, überraschend, inspirierend und vor allen Dingen frei von Klischees oder Sensationslust.

› Dana Alblooshi: **13 Amazing Women of Arabia.** Motivate Media Group, 2018. Die Autorin, die das Buch im Alter von 13 Jahren verfasst hat, stellt außergewöhnliche Frauen der Region vor – von Astronautin bis Wissenschaftlerin. Kunstvolle Illustrationen bereichern diese Porträts.

3536666, www.cultures.ae. Von Shaikh Mohammed aufgebautes Zentrum, das Barrieren zwischen Kulturen, Konfessionen und Nationalitäten überbrücken und gegenseitige Akzeptanz fördern möchte. Organisiert u. a. Führungen in der Jumeirah-Moschee ❾, Diskussionsforen, Al Fahidi Stadtteilspaziergänge (s. S. 28), Stadtrundfahrten mit traditionellen Mahlzeiten (in Zusammenarbeit mit Heritage Express, s. u.), Kochkurse und Kalligraphie-Workshops.

› Empfehlenswert sind die Stadtrundfahrten von **Heritage Express** („Emirati Hospitality Experience") im knallroten, gemütlichen Trolleybus. Kultur, Geschichte und Geschichten werden authentisch von Einheimischen erzählt, anschließend gibt es eine gemeinsame traditionelle Mahlzeit (3 Stunden, 250 Dh, Mo.–Fr. Frühstück, Mittag- oder Abendessen, Sa./So. Brunch), https://heritageexpress.com, Tel. 800 97777). Heritage Express arbeitet eng mit dem Shaikh Mohammed Centre for Cultural Understanding (s. S. 105) zusammen.

## Dubai im Internet

› **www.dm.gov.ae**, Dubai Municipality, Stadtverwaltung, auf Englisch
› **www.wam.ae**, Emirates News Agency, auf Englisch und Deutsch
› **https://lovin.co/dubai, https://secretdubai.co, https://yourdubaiguide.com, www.connector.ae** und **https://wow-emirates.com**, Onlineplattformen mit News, Lifestyle, Shopping, Wellness, Restaurants und Events, auf Englisch
› **www.dubaiforums.com**, Diskussionsforen der englischsprachigen Residenten, auf Englisch
› **www.makani.ae**, interaktiver Stadtplan, Routenplaner, Adress- und Gebäudesuche, auf Englisch
› **www.askexplorer.com**, Verlag Explorer Publishing, mit vielen Tipps zum Leben, Arbeiten, Entdecken sowie Veranstaltungshinweisen, auf Englisch
› **https://dubaiculture.gov.ae**, umfassende Infos zu kulturellen Sehenswürdigkeiten und Events, auf Englisch

## Apps

› **S'hail:** Infos und Serviceleistungen zum öffentlichen Nahverkehr der Dubai Road and Transport Authority (kostenlos für Android und iOS)
› **RTA Smart Drive:** Navigation und Routenplanung, auch offline (für Android und iOS)
› **TimeOut Dubai:** Stadtguide mit Veranstaltungs-, Gastronomie- und Einkaufstipps (kostenlos für Android und iOS)
› **Places:** KI-basierte Restaurant-/Gastronomie-App (kostenlos für Android und iOS)
› **Dubai Calendar:** Veranstaltungskalender rund um Festivals, Kultur, Kunst, Musik, Mode und Sport (kostenlos für Android und iOS)
› **Guide in City:** 25 Kategorien umfassende Reise-App (kostenlos für Android und iOS)
› **Gulf News:** Nachrichten über die V.A.E., die Golfregion und die Welt (kostenlos für Android und iOS)

## Publikationen und Medien

Die bekanntesten **Tageszeitungen** sind Gulf News (www.gulfnews.com), The Gulf Today (www.gulftoday.ae), The National (www.thenationalnews.com) und Khaleej Times (www.khaleejtimes.com). Alle sind auch als App erhältlich.

Sehr empfehlenswert sind die englischsprachigen Publikationen von **Explorer Publishing** (https://shop.askexplorer.com), die nicht nur in den Emiraten, sondern auch in Deutschland online bestellbar sind, z. B. über Amazon.

Das wöchentlich erscheinende Veranstaltungsmagazin **TimeOut Dubai** (www.timeoutdubai.com) bietet eine Fülle von Tipps und Adressen zu Freizeit- und Sportmöglichkeiten sowie Termine von Sport- und Kulturevents, Ausstellungen und Messen.

Ähnliches findet man im Veranstaltungsmagazin **What's on**, das monatlich erscheint (www.whatson.ae).

Zeitschriften verschiedener Herausgeber kann man gratis online lesen unter www.issuu.com.

# LGBT+

Dubai ist kein Reiseziel für diejenigen, die ihre Homosexualität nicht verstecken möchten. Auch wenn Araber sich mitunter – wohlgemerkt nur Herren bzw. nur Damen untereinander – wangenküssend begrüßen, so hat nichts davon homosexuelle Züge, sondern bekundet lediglich Freundschaften. Alles, was darüber hinaus geht, wird **nicht toleriert, ist verboten** und kann im **Gefängnis** enden. Durchgegriffen wird in Fällen von öffentlichem Cross-Dressing und Transvestismus. Auch das Zeigen von Symbolen wie den Regenbogenfarben kann geahndet werden.

# Medizinische Versorgung

## Krankenhäuser und Kliniken

Dubai verfügt über ein gut organisiertes Gesundheitssystem.

**Staatliche Krankenhäuser** sind für Notfälle ausgestattet, Touristen müssen für eine (Notfall-)Behandlung zahlen, ebenso in Privatkliniken.

Sehr empfehlenswert ist es, vor Reiseantritt eine **Auslandskrankenversicherung** abzuschließen, denn dann bekommt man die Behandlungskosten erstattet – schlimmstenfalls werden auch die Kosten eines Krankenrücktransports ins Heimatland übernommen.

› **Notfallambulanz:** Tel. 998
› **Ärztesuche und Infos zu staatlichen Krankenhäusern:** Dubai Health, Tel. 800 60, https://dubaihealth.ae

### Staatliche Krankenhäuser mit 24-Stunden-Notfallservice

✚**152** [il] **Dubai Hospital,** Al Baraha, Al Khaleej Rd/Abu Bakr al Siddique Rd, Makani 31008 97595, Tel. 800 60

✚**153** [hm] **Rashid Hospital,** Umm Hurair 2, Al Etihad Rd Ecke Qud Metha Rd, Makani 30628 93091, Tel. 800 60

### Privatkrankenhäuser und -kliniken

✚**154** [fl] **Emirates Hospital,** Jumeirah 2, Jumeirah Rd, Makani 22375 87915, 24-Stunden-Notaufnahme, Dentalklinik, Tel. 800 444444, www.emirateshospital.ae; weitere Kliniken in Marsa Dubai, Nakhlat Jumeirah, Business Bay

✚**155** [hm] **German Medical Centre,** Umm Hurair 2, Healthcare City Block B, Makani 31442 91649, Tel. 2480574, www.gmcdhcc.com

✚**156** [D7] **Medeor 24x7 Hospital,** Umm Hurair 1, Shaikh Khalifa bin Zayed Rd, Makani 29457 94526, Tel. 800 55, https://medeor.ae. Sieben Tage die Woche rund um die Uhr geöffnetes Privatkrankenhaus mit Apotheke, Notfallambulanz, Dentalabteilung und zahlreichen weiteren Fachrichtungen.

› **VIP Doctor,** Privatservice, rund um die Uhr medizinische Dienstleistungen und Behandlungen zu Hause/im Hotel, Tel. 800 847362867, Tel. 2912222, https://vipdoctor247.com

### Zahnkliniken

⊕**157** [hm] **German Dental Oasis,** Umm Hurair 2, Healthcare City Al Razi Medical Complex Building 64, Makani 30610 91902, Tel. 4238093, www.germandentaloasis.ae

⊕**158** [fm] **Trio Dental Centre,** Business Bay, Marasi Drive, Blue Bay Tower, Makani 25752 86855, Tel. 4383000, https://triodentalcenter.com

### Apotheken

Apotheken (engl. *pharmacy*) finden sich viele in Dubai, meist entlang **wichtiger Geschäftsstraßen** und in nahezu jedem **Einkaufszentrum**. Das Apothekenpersonal spricht sehr gut englisch.

Meist haben die Apotheken von frühmorgens bis abends geöffnet. In großen Supermärkten finden sich verschreibungsfreie Medikamente und Erste-Hilfe-Utensilien.

In der ganzen Stadt gibt es zahlreiche Apotheken, die rund um die Uhr geöffnet haben.

› Rund-um-die-Uhr-Apotheken bieten z. B. Emirates Hospital und Dubai Hospital (s. S. 107).
› Apotheken mit verschiedenen Filialen (auch 24 Std. geöffnet):
› **Life Pharmacy,** www.lifepharmacy.com, Tel. 3441122
› **Aster Pharmacy,** www.asterpharmacy.ae, Tel. 800 700600

# Mit Kindern unterwegs

**Dubai eignet sich fabelhaft für einen Familienurlaub,** denn die Menschen sind hier ausgesprochen kinderfreundlich. Alles, was man braucht, wenn man mit Kindern verreist, kann man in Dubai bekommen, sodass nichts vorratsweise mitgebracht werden muss. Vor allem bei Kindern ist selbstverständlich genau auf **Gesundheit** und **Sonnenschutz** zu achten.

Die meisten **Hotelresorts** bieten Familienzimmer oder Zimmer mit Verbindungstür ebenso wie spezielle Kinderpools und ein vielseitiges Angebot an Kids-Club-Aktivitäten. In anderen Hotels kann man sich ein Zusatzbett aufstellen lassen und zahlt lediglich einen Aufschlag auf den Doppelzimmerpreis, je nach Hotel und Alter des Kindes kann dies auch gratis sein. In vielen **Restaurants** können Kleinkinder verbilligt essen, bekommen Geschenke oder ihre Getränke kostenlos aufgefüllt. Meist gibt es Hochstühle. Die weitverbreiteten Fast-Food-Restaurants und Food Courts der Einkaufszentren sind oft mit einem Spielbereich ausgestattet.

Die Strände fallen meist flach ins Wasser ab – ideal für (Klein-)Kinder. Am JBR Strand bieten sich verschiedene Spielgelegenheiten und Kinderspielplätze – beliebt bei jüngeren Kindern ist der **Wasserspielplatz Splash Pad**. Ältere toben sich gerne im **Aqua Fun** aus, einem im Meer gelegenen Wasserspielplatz mit aufblasbaren Geräten (www.aquafun.ae).

Nassen Spaß für Kinder jeden Alters bieten zudem die **Wasserparks Aquaventure World** ⑬ und **Wild Wadi** ⑩. Der **Legoland Water Park** (Dubai Parks and Resorts, s. S. 45) ist der einzige der Region, der speziell für Kinder von 2 bis 12 Jahren konzipiert ist. Er ist Teil des Legoland-Vergnügungsparks, dessen kunterbuntes Legoland-Hotel familienfreundliche Übernachtungen anbietet.

In den **öffentlichen Parks** gibt es Spielgeräte und für Frauen und Kinder reservierte Tage. Zudem bieten Vergnügungszentren und Wasserparks spezielle Kinderangebote. Ein Highlight führt raus aus der Stadt zu einer erlebnisreichen Wüstentour (s. S. 46). Unvergessliche **Tierbegegnungen** können Kinder in Dolphin Bay und Sea Lion Point in der Aquaventure World ⓭, im Dubai Crocodile Park (s. S. 45) sowie im Dubai Safari Park (s. S. 45) erleben.

Wenn es draußen zu heiß sein sollte, kann man **klimagekühlte Indoor-Freizeitangebote** nutzen, z. B. die Skihalle Ski Dubai (s. S. 43), die Aquarienwelt Lost Chambers in der Aquaventure World oder IMG Worlds of Adventure (s. S. 46). Auch Dubai Parks and Resorts (s. S. 45) verfügt über große Innenbereiche. Klimagekühlte Spielbereiche finden sich in allen Einkaufszentren (s. S. 65).

Große **Festivals** wie das Dubai Shopping Festival (s. S. 80) bieten spezielle Veranstaltungen an.

## Museen für Kinder

🗺 **159** [hm] **Children's City,** Umm Hurair 2, Creek Park Gate 1, Makani 31424 92070, https://dubaipublicparks.ae, Tel. 2215555, Mo.–Fr. 9–20, Sa./So. 14–20 Uhr, Kinder 10 Dh, Erwachsene 15 Dh. Multimediales und interaktives Museum für Kinder, Schulgruppen und Familien. Auf drei kunterbunten Etagen können Kinder zwischen 2 und 15 Jahren die Welt spielerisch entdecken: Aktiv können verschiedene naturwissenschaftliche Phänomene ergründet werden, doch auch die emiratische und andere Kulturen.

› Das **Museum of the Future** ⓲ bietet einen ausgeklügelten Kinderbereich mit vielen Mitmach-Stationen, wo sich Kinder als Zukunftshelden kennenlernen können.
› Im **Museum of Illusions** und in **illusion City** (beide s. S. 49) finden Kinder Gefallen an den optischen Täuschungen.
› Im **Al Shindagha Museum** (s. S. 25) gibt es für Kinder vielerlei Mitmach-Möglichkeiten und einen Kinderpavillon.

## Vergnügungszentren

In Dubai vergnügen sich Kinder gerne in **den grellbunten Plastikwelten** von klimatisierten Unterhaltungszentren, die in den Einkaufszentren zu finden sind. Manche Spielzonen bieten Kinderbetreuung an, während die Eltern shoppen gehen. Die Öffnungszeiten entsprechen denen der Einkaufszentren, meist 10 bis 22 oder 23 Uhr. Die Nutzung kostet natürlich, meist kann man zwischen Tagespässen oder Stundenpreisen wählen.

Eines der größten „Edutainment Center" der Golfregion, die Kinderstadt **KidZania** (https://uae.kidzania.com), findet sich in der Dubai Mall ⓰. Dort bietet auch **Boo Boo Laand** (https://booboolaand.com) über 30 Attraktionen, darunter Schneepark, Riesenrutsche, Trampolin, Fußballplatz sowie interaktive Showaufführungen für Kleinkinder, Kinder und Teenager. Auf der malleigenen Eislaufbahn **Dubai Ice Rink** (www.dubaiicerink.com) kann man der Außenhitze ein Schnippchen schlagen. Trampolin springen extrem kann man in **Trampolinpark Trampo Extreme** – Kinder erkunden gerne ein verschachteltes Innen-Höhlensystem (www.trampo-uae.com, auch in der Nakheel Mall). Jugend-

---

*MEIN TIPP*

**Immersive Erlebniswelten für Klein und Groß** 🧍

Eine außergewöhnliche, außerirdisch anmutende Traumwelt bietet **Aya** (www.aya-universe.com) in der Wafi City (s. S. 69). Magisch, modern, multimedial, interaktiv und immersiv kann man in 12 Fantasiewelten eintauchen.

In der Dubai Mall ⓰ befindet sich mit **Hyperspace** (https://hyper-space.com) eine spektakuläre Entertainmentwelt mit Spielen, Mode, Musik u. v. m.

liche geben gerne Gas mit den Elektro-Go-Karts von **Ekart Zabeel** (www.ekartzabeel.ae) oder gruseln sich im **Alptraum-Horror-Geisterschloss Hysteria** (http://hysteria.ae). Gamer finden Gefallen an den virtuellen bzw. erweitert-realen Welten im **Play DXB**, auch jüngere Kinder können in Fantasiewelten eintauchen (https://entertainment.emaar.com). Im ebenfalls in der Dubai Mall untergebrachten **Dubai Aquarium** kann man Haien, Rochen und sonstigen bunten Fischen zusehen, wie sie ihre Runden drehen, der Blick von außen ist gratis. Durch dieses Riesenaquarium führt ein 51 m langer Unterwassertunnel. Im angeschlossenen Unterwasserzoo tummeln sich allerlei Wasserbewohner und weitere Tiere (Eintritt inkl. Aquariumtunnel ab 100 Dh, www.thedubaiaquarium.com).

Ebenfalls riesig ist **Magic Planet** (www.magicplanetmena.com) in der Mall of the Emirates (s. S. 68), Wafi City (s. S. 69), im City Centre Deira, BurJuman Centre und City Centre Midrif (s. S. 67). Letzteres bietet vielfältige weitere Freizeitmöglichkeiten wie die Kinderspielezentren **Little Explorers** und **SuperPark,** den Kletterparcours **Sky Trail** und den Fallschirm-Windkanal **IFly Dubai,** in dem alle Altersklassen Spaß am Abheben haben.

In der Nakheel Mall (s. S. 68) auf der Palmeninsel Nakhlat Jumeirah bietet **Fabyland** (www.fabyland.ae) eine riesige, kunterbunte Kinderweltwelt, Trampo Extreme offeriert weitere Spielgelegenheiten auf vielerlei Trampolins sowie in einer Spielhöhle (auch in der Dubai Mall ⑯). Fabyland findet sich auch in der Dubai Festival City Mall (s. S. 67).

Zur Festival City Mall gehören zudem der Kinderspielpark **Leo & Loona** (https://leoloona.ae) und der Trampolin- und Freestyle-Terrain-Park **Bounce X** (https://bounce.ae).

Kinder bis 12 Jahren kommen in den Edutainmentzentren **Fun City** (https://funcityarabia.com) auf ihre Kosten, z. B. in den Einkaufszentren Ibn Battuta Mall ⑳ und Mercato Mall (s. S. 68).

*Faszinierende Unterwasserwelten in den Aquarien von The Lost Chambers (s. S. 35)*

Im **The Green Planet** (www.thegreenplanetdubai.com) wurde rund um einen riesigen, wurzelumschlungenen Kapokbaum ein vertikaler Indoor-Regenwald geschaffen, der als Familienausflugsziel zur Erkundung einlädt. The Green Planet ist der Einkaufsplaza City Walk (s. S. 67) angegliedert – zudem bietet City Walk jüngeren Kindern die kunterbunte Spielewelt La La Land.

Entertainment pur erlebt man zudem in großen **Freizeitparks** – lohnenswert für einen Halbtages- oder Tagesausflug sind z. B. IMG Worlds of Adventure, Dubai Parks and Resorts, Global Village (s. S. 46).

# Notfälle

In Not geratene Reisende wenden sich z. B. bei Verlust von Reisedokumenten oder juristischen Problemen am besten an die **Auslandsvertretung** (s. S. 99) ihres Heimatlandes.

## Polizei

- **160** [im] **Dubai Police**, Polizeihauptquartier (engl. *police headquarters*), Al Twar 1, Al Ittihad Rd/Ecke Al Nahda Rd, Makani 33939 96236, Tel. 901, www.dubaipolice.gov.ae. Speziell für Touristen gibt es das Tourist Police Department als Ansprechpartner (Tel. 50453 8107).
- Polizeistationen finden sich in diversen Stadtteilen; zusätzlich gibt es rund um die Uhr geöffnete **Smart Police Stations (SPS)**, interaktive Polizeistationen, z. B. in Al Seef, City Walk, Palm Jumeirah.

## Kartensperrung

Bei **Verlust der Debit-/Giro-, Kredit-** oder **SIM-Karte** gibt es für Kartensperrungen eine **deutsche Zentralnummer**

**Notrufnummern**
- Küstenwache: Tel. 996
- Feuerwehr: Tel. 997
- Ambulanz: Tel. 998
- Polizei, Verkehrsunfall: Tel. 999

(unbedingt vor der Reise klären, ob die eigene Bank bzw. der jeweilige Mobilfunkanbieter diesem Notrufsystem angeschlossen ist). **Aber Achtung:** Mit der telefonischen Sperrung sind die Bezahlkarten zwar für die Bezahlung/Geldabhebung mit der PIN gesperrt, nicht jedoch für das **Lastschriftverfahren mit Unterschrift.** Man sollte daher auf jeden Fall den Verlust zusätzlich **bei der Polizei zur Anzeige bringen**, um gegebenenfalls auftretende Ansprüche zurückweisen zu können.

In **Österreich** und der **Schweiz** gibt es keine zentrale Sperrnummer, daher sollten sich Besitzer von in diesen Ländern ausgestellten Debit- oder Kreditkarten vor der Abreise bei ihrem Kreditinstitut über den zuständigen Sperrnotruf informieren.

Generell sollte man sich immer die **wichtigsten Daten** wie Kartennummer und Ausstellungsdatum **separat notieren**, da diese unter Umständen abgefragt werden.
- **Deutscher Sperrnotruf:** Tel. +49 116116 oder Tel. +49 3040504050
- **Weitere Infos:** www.kartensicherheit.de, www.sperr-notruf.de

Sollte die Reisekasse, die niemals nur aus **Bargeld** bestehen sollte, verloren sein, kann man sich aus der Heimat über eine Transferfirma wie z. B. Western Union (www.westernunion.com) oder MoneyGram (www.moneygram.com) schnell Geld senden lassen.

Hat man den **Reisepass** verloren, muss man dies polizeilich melden und sich bei den diplomatischen Auslandsvertretungen seines Heimatlandes (s. S. 99) über Ersatzmöglichkeiten bzw. Ausreiseformalitäten erkundigen. Vorsichtshalber sollte man vor der Reise zwei **Kopien** von Reisepass, Flugticket und Reiseversicherungspolice anfertigen – eine Kopie bleibt zu Hause und die andere bewahrt man während des Urlaubs getrennt von den Originalen auf (auch Handyfotos können hilfreich sein). So ist das Beschaffen von Ersatz später einfacher. Dies gilt nicht nach dem Verlust von nicht unbedingt benötigten Dokumenten wie **Personalausweis** oder **Führerschein**, denn diese können ohnehin nur die Behörden des Heimatortes ersetzen.

# Öffnungszeiten

Die Öffnungszeiten in Dubai passen sich zum Teil an muslimische Gegebenheiten an, zum Teil an westliche oder an emiratisch-fortschrittliche. Bei den Büro- und Öffnungszeiten ist mitunter eine Zweiteilung **zwischen Privat- und Regierungssektor** zu beachten: Regierungsstellen, Staatsbetriebe, Ministerien, Verwaltungseinrichtungen, Versorgungsbetriebe und staatliche Schulen haben nach einer Viereinhalbtagewoche freitagsnachmittags, samstags und sonntags arbeitsfreies Wochenende. Privatfirmen und Privatschulen können ihre Zeiten frei gestalten, manche folgen dieser viereinhalb-Arbeitstage-Woche, manche bieten 7-Tage-Service, doch die meisten haben samstags und sonntags geschlossen.

Geschäfte und Restaurants haben meist jeden Tag geöffnet. Zur Zeit des wichtigen Gebetes am **Freitagmittag** haben viele zwischen ca. 12 und 16 Uhr geschlossen. Manche öffnen freitags erst am Nachmittag. Im muslimischen Fastenmonat **Ramadan** gelten andere Öffnungszeiten (s. S. 82).

Sofern es nicht anders angegeben ist, beziehen sich die **Öffnungszeiten im Buch** auf eine tägliche Öffnung.

## Kernzeiten

› **Geschäfte (Straße, Souq):** meist tägl. 9–21 oder 10–22 Uhr, z. T. mit Mittagspause ca. 13–16 Uhr, wenige haben freitagsvormittags oder -mittags geschlossen, nur wenige sind samstags/sonntags geschlossen
› **Geschäfte (Malls, große Einkaufszentren):** tägl. 10–22 Uhr, nur sehr wenige Läden haben freitagsmittags geschlossen oder freitags nur vormittags geöffnet, Supermärkte und Gastronomiebetriebe in Malls/Einkaufszentren bieten längere Öffnungszeiten, z. T. bis Mitternacht
› **Supermärkte:** tägl. 9–22 Uhr, zum Teil bis Mitternacht oder 24 Stunden geöffnet, kleinere schließen freitagsmittags
› **Staatliche Behörden, Firmen, Banken, Bundes- oder Stadtverwaltungen** und **Versorgungsbetriebe** (auch Konsulate): Mo.–Do. 7.30/8–15.30, Fr. 7.30/8–12 Uhr
› **Private Firmen, Banken, Büros:** unterschiedliche, firmenbestimmte Arbeitstage mit traditionell muslimisch-arbeitsfreiem Freitag oder staatlich-orientiertem Samstag und Sonntag frei; Bürozeiten 9–14 und 16–20 Uhr, manche arbeiten ohne Mittagspause

# Sicherheit

Dubai ist ein **sicheres Urlaubsland**. Die innenpolitische Lage ist stabil. Mit Demonstrationen, Streiks oder ähnlichen öffentlichen Protesten ist nicht zu rechnen. Die Akzeptanz des

Herrscherhauses ist sehr groß und ein relativ hoher sozialer Wohlstand ohne hohe Arbeitslosigkeit machen die V.A.E. zu einem der **sichersten Länder des Mittleren Ostens.**

Die **Kiminalitätsrate** im Land ist niedrig, schwere Kriminaldelikte sind selten und werden hart bestraft. Das sollte jedoch nicht zu **Sorglosigkeit** führen: Wertgegenstände immer im Auge behalten, wertvollen Schmuck nicht zu auffällig tragen, Wertsachen, Reisepapiere und Bargeld im Hoteltresor verschlossen halten bzw. draußen nur im Bauchgürtel oder in Innentaschen mitführen. Wichtig ist auch, am Pool den **Zimmerschlüssel bzw. die -karte nicht unbeaufsichtigt** zu lassen!

Ein besonderes Erlebnis ist es, eine **hochrangige Veranstaltung** wie z. B. die großen Rennen zum Abschluss einer Saison, zum Nationalfeiertag Anfang Dezember oder zum Ende des Fastenmonats Ramadan (s. S. 82) zu besuchen (Termine s. Tagespresse oder Website, s. u.). Doch auch wenn kein bedeutsames Rennen stattfindet, lohnt es sich, frühmorgens zur Rennbahn zu fahren, um bei einem **Trainingslauf** zuzusehen. Dubais Al-Marmoum-Kamelrennbahn liegt an der nach Al Ain führenden E66, Exit 37, ca. 40 km ab Autobahnanfang (Makani 46970 62508).

› Dubai Camel Racing Club, www.dubaicrc.ae, Tel. 7188888

## Sport

**Kamelrennen** sind nicht nur bei Einheimischen, sondern auch bei Touristen sehr beliebt. Sie werden nur im **Winter** abgehalten.

## Sprache

Die offizielle Landessprache ist **Arabisch. Englisch** ist gängige Geschäftssprache, die unter den Emiratern und den Gastarbeitern weitverbreitet ist. Websites, Verkehrs- oder Hinweisschilder sind meist zweisprachig.

Die meisten Bewohner Dubais beherrschen Englisch zum Alltagsge-

*Orientalisches Tohuwabohu beim Start eines Kamelrennens*

## Bohrer auf dem Buckel – Pimp the Jockey

Der **Kamelrennsport** ist ein überaus einträgliches Geschäft. Die Teilnahme an Rennen und Kamelzucht gilt als Zeichen arabischer Identität. Hauptsächlich geht es um Ruhm und Ehre, doch den Kamelbesitzern und Trainern bringt der Sport auch Reichtum und eine gesicherte Zukunft.

Seit Neuestem werden die hochgezüchteten Edelrenner nicht mehr von menschlichen Jockeys geritten, sondern von maschinellen Ersatzkollegen – in der gesamten Golfregion heißt es heute „**Hilti gegen Black & Decker**". Und das kam so: Als das Öl aus dem verdorrten Wüstenboden sprudelte, avancierte das Volksfest-Highlight Kamelrennen zu einem exorbitant teuren **Prestigesport**. In diesen Ölboomzeiten peitschten minderjährige **Kinderjockeys** die holperigen „Rennmaschinen" zum Sieg, doch hoheitliche Dekrete des zweiten Millenniums besagen, dass Kameljockeys mindestens 18 Jahre alt sein müssen. Somit war eine zündende Idee gefragt, um die leichten Kinder nicht durch schwere Jungs ersetzen zu müssen, was der Renngeschwindigkeit der Tiere nicht gut getan hätte. Und so entstand der **maschinelle Jockey**, eine Konstruktion, die sich als ferngesteuerter Akkuschrauber mit Peitsche und Stoffverhüllung beschreiben lässt. Ausgefeilte Modelle sind sogar mit einem Funkgerät bestückt, sodass der Kameleigner während des Rennens mit seinem schnellen Schätzchen „sprechen" kann. Diese „Bohrer auf dem Buckel" wiegen knapp 4 Kilo. Insbesondere für Jungkamele, die unter der Last eines erwachsenen Reiters ziemlich stöhnen würden, eignen sie sich besonders.

Technisch deutlich übertrieben, werden sie oft als „Roboter-Jockeys" bezeichnet – aber wer weiß, was die Zukunft noch bringt?

Ist das Ganze nun **Fortschritt oder Kulturbruch?** Die Reaktion der Kameleigner schwankt zwischen Begeisterung und Entsetzen. Manche loben, man müsse sich nun keine Sorgen mehr um die Kinder machen. Sie wünschen sich ausgefuchstere Peitschvarianten, lautere Hupen und immer leichtere Modelle. Ideen, die neuen Reiter via Handysignal fernzusteuern, sind bei vielen willkommen, denn dann könnte man sein Lieblingsrennkamel ja auch von der weitab liegenden Jacht aus steuern … Andere verfluchen den neumodischen Kram und sehen den Untergang des Morgenlandes. Wer weiß, vielleicht ist es nur eine Frage der Zeit, bis auch die Kamele durch Maschinen ersetzt werden …?

> **Tipp:** Das **Arabian Desert Camel Riding Centre** bietet Sonnenaufgangskamelritte, Wüstenausritte, Kamelreit-Schnupperstunden, Schwimmen mit Kamelen, Fotoshootings mit Kamelen und Kurse im Kamel-Rennreiten an – auch Frauenklassen (www.adcrc.me).

◁ *Einer der modernen „Maschinenjockeys"*

> **KURZ & KNAPP**
>
> **Insha'allah**
> „So Gott will", Redewendung in verschiedenen Bedeutungsnuancen, die allen Bemerkungen über **Ereignisse in der Zukunft** angefügt wird.
>
> **Ahlan wa sahlan**
> **Traditioneller Willkommensgruß**, heißt wörtlich „Angehörige und leicht" und meint „als Angehörige (und nicht als Fremde) seid ihr gekommen und leicht sollt ihr es haben".

brauch, wenn auch zum Teil mit einer ungewohnten Betonung und einigen fremden Vokabeln. Aber auch wer nicht perfekt ist, verfügt zumindest über einen Grundwortschatz und kann sich verständlich machen.

**Deutsch** wird manchmal an Rezeptionen großer Hotels oder von Reiseleitern gesprochen. Oft zu hören sind auch **Hindi** (Indisch), **Urdu** (Pakistanisch) und **Farsi** (Persisch).

# Stadttouren

## Hop-on-Hop-off-Bustouren

Täglich fahren **offene Doppeldeckerbusse,** die an zahlreichen Sehenswürdigkeiten halten. Jeder, der mitfahren möchte, kann an einer beliebigen Station zusteigen und ein Ticket lösen, eine Buchung im Voraus ist möglich, aber nicht nötig. Unterwegs kann man getreu dem Motto „**hop on, hop off**" nach Belieben an den vielen Stationen aus- und einsteigen. Natürlich kann man auch ohne Ausstieg die komplette Strecke mitfahren.

Alle drei folgend genannten Veranstalter starten ab Dubai Mall ⓰:

› **Big Bus Tours,** www.bigbustours.com. Onlinepreise Hop-on-Hop-off-Tagestickets ab 81,42 €, Tickets mit Wüstenausflug sowie 2- und 5-Tagestickets kosten mehr. Ticketkauf im Bus, via Internet und am Big Bus Information Kiosk (8–19 Uhr) am Haupteingang der Dubai Mall. Jeden Tag werden zwischen 9 und 17 Uhr zwei Hop-on-Hop-off-Routen im 40-Minuten-Takt bedient. Man kann auf beiden Routen fahren und nach Belieben ein- und aussteigen. Je nach Ticket sind eine Dhau-Cruise, eine Wüsten-Sonnenuntergangstour und weitere Extras inklusive. Nutzung auch per App.

› **City Sightseeing Dubai,** https://citysightseeing.com. Onlinepreise Hop-on-Hop-off-Tagesticket ab 82,67 €, Tickets mit Zusatzleistungen oder 2 bzw. 3 Tagen Gültigkeit kosten mehr, Ticketkauf im Bus und online. Jeden Tag werden zwischen 9 und 17 Uhr zwei Hop-on-Hop-off-Routen im 30-Min.-Takt bedient. Man kann auf beiden Routen fahren und nach Belieben ein- und aussteigen. Je nach Ticketart sind Eintrittskarten, Sehenswürdigkeiten oder eine Dhau-Cruise enthalten oder eine Night Tour, eine allabendliche zweistündige Stadtrundfahrt ohne Ausstieg.

› **Dubai On&Off,** www.rta.ae, Tel. 800 9090. Tagesticket 35 Dh, Ticketverkauf im Bus, 10–22 Uhr im Stundentakt. Dubais Roads and Transport Authority (RTA) bietet kostengünstige Touren mit Ein- und Ausstiegmöglichkeiten an acht Sehenswürdigkeiten sowie an der Bus-, Metro- und Marinetransportstation Al Ghubaiba.

## Stadtrundfahrten, Ausflüge

Die folgenden in Dubai ansässigen Touranstalter bieten **Stadtrundfahrten** (ca. 200–400 Dh pro Person) meist in Bussen oder Kleinbussen an und auch **Spezialprogramme** wie Einkaufs- und Kulturtouren, Hubschrauberrundflüge oder Jachttörns an. Sie organisieren ebenfalls **Dhau-Cruises**, **Wüstensafaris** und

**Ausflüge in die anderen Emirate** sowie Serviceleistungen wie Hotel- oder Mietwagenbuchung.
> **Arabian Explorers,** Tel. 2087588, www.arabian-explorers.com
> **City Tour in Dubai,** Tel. 2582827, www.citytourindubai.com
> **Desert Adventures Tourism,** www.desertadventures.com, Tel. 4504450
> **Desert Explorers,** Tel. 5871100, https://desertexplorers.ae
> **Orient Tours,** Tel. 2828238, www.orienttours.ae

Viele Touren, Ausflüge und Aktivitäten können über die folgenden Internetplattformen – bzw. über deren Apps – gebucht werden:
> **Expedia,** www.expedia.de
> **GetYourGuide,** www.getyourguide.de

Empfehlenswert sind auch die **Heritage Express Stadttouren** in rotem Trolley-Bus, bei denen der Fokus auf emiratischer Kultur liegt und auch eine gemeinsame, traditionelle Mahlzeit enthalten ist (s. S. 106).

*Stadtbesichtigung im Doppeldeckerbus: oben luftig, unten klimatisiert*

## Boots- und Schiffsrundfahrten

Es gibt verschiedene Arten von organisierten Rundfahrten durch Dubais Inlandlagune (s. S. 19), durch den Dubai Water Canal (s. S. 19) und durch den Kanal von Marsa Dubai ⓮.

Beliebt – und auf allen vorgenannten Wasserwegen möglich – sind Rundfahrten in traditionellen Holzschiffen, **Dhau** genannt (s. S. 20). Tagsüber meist als Sightseeing-Runde, abends als Dinner-Cruise oft mit Büfett. Die meisten und kostengünstigsten Anbieter tummeln sich am Creek, sie starten an den Altstadtufern von Deira oder Al Seef, manche auch ab Dubai Creek Harbour. Im Marina-Kanal werden zudem abendliche Jacht-Rundfahrten mit Dinner angeboten. Solche Touren kann man bei allen ansässigen Tourveranstaltern (s. S. 115) bzw. auf Internetplattformen buchen. Zudem bei:
> **Tour Dubai** (Bootsanlegestellen, Abfahrzeiten und Preise s. S. 20), Tel. 3368407, https://tour-dubai.com
> **Dhow Cruise Tour,** Tel. 2941006, www.dhowcruisetour.com
> **Dhow Cruise Offers Dubai,** http://dhowcruiseoffersdubai.com, Tel. 056 2770816

Kostengünstig und klimatisiert sind Fahrten mit den **Dubai-Ferry-Personenfähren**, z. B. Rundfahrten vom Marina-Kanal zur Jumeirah-Palmeninsel oder vom Creek ❶ an der Küste entlang in den Marina-Kanal bzw. retour (jeweils ab 50 Dh, s. S. 131).

Kurz und preisgünstig sind allabendliche **Abra-Boot-Rundfahrten** im Dubai Water Canal (25 Dh, 1 Std.) und im Burj Khalifa Lake (68,25 Dh, 25 Min.). Infos zu Ferry und Abra bei RTA, Tel. 800 9090, www.rta.ae.

| Vorwahlen | |
|---|---|
| **V.A.E.** | 00971 |
| Ortsvorwahl **Festnetz Abu Dhabi** | 02 |
| Ortsvorwahl **Festnetz Dubai** | 04 |
| Emiratische **Mobiltelefone** | 05X |
| Gebührenfreie Servicenummer | 800 |

# Telefonieren und Internet

Das Festnetz-, Mobilfunk- und Internetnetz der **staatlichen und marktführenden Telekommunikationsgesellschaft Etisalat** ist hervorragend ausgebaut. Etisalat ist ein Unternehmenszweig der global agierende Technologie- und Investitionsgruppe e& (https://eand.com). Es gibt zahlreiche Kundenzentren in großen Einkaufsmalls und an den Flughäfen.

> Etisalat, www.etisalat.ae

Wer ein **SIM-lock-freies bzw. ein Dual-SIM-Mobiltelefon** besitzt, kann sich in Dubai eine Prepaid-SIM-Karte kaufen, um das Netz der V.A.E. zu nutzen (auch mobile Datenpakete). Anbieter, Rahmenbedingungen und Kaufmöglichkeiten s. S. 118. Zu beachten ist, dass viele Sonder-Servicenummern mit manchen vorbezahlten SIM-Karten nicht angewählt werden können.

Viele Reisende nutzen auch im Ausland ihre **heimische SIM-Karte**. Dieses Roaming ist jedoch häufig mit hohen Kosten verbunden. Man sollte daher vor der Reise bei seinem Netzbetreiber Informationen über evtl. günstigere Auslandsdatenpakete einholen oder die Mobile-Daten-Option deaktivieren und nur kostenlose WLAN-Netze nutzen.

Dubais Verwaltungsgebäude, Museen, Parks, Strände und öffentliche Plätze sind größtenteils mit **kostenfreiem WLAN** ausgestattet; solarbetriebene WLAN-Stationen, die eine Palmenform haben, senden ca. 50 m weit und auch Stromaufladen ist möglich. Die meisten Hotels bieten ihren Gästen Gratis-WLAN an. Auch Businesszentren großer Hotels bieten Netzzugang sowie Gelegenheit zur Computernutzung, allerdings kostenpflichtig. Diese können auch von Nicht-Hotelgästen genutzt werden. Kostenloses WLAN bieten auch große **Einkaufszentren und Malls**. Auch in vielen **Museen**, **Vergnügungsparks**, in **Taxen**, in der **Metro** sowie an den **Metrostationen**, in **Bussen** und an manchen **Busstationen** sowie an **Marine-Transport-Stationen** kann man WLAN nutzen – häufig gratis. Öffentliche Hotspots können jedoch nur mit einer gültigen **V.A.E.-Mobilfunknummer** verwendet werden, die Geschwindigkeit und Nutzungsdauer ist zudem meist beschränkt.

**161** [B5] **Al Ain Computer Plaza**, Mankhool, Khalid bin al Waleed Rd/Ecke Mankhool Rd, Makani 28496 94430, Tel. 2612443, www.computerplaza-me.com. Die Plaza bietet mit einer Vielzahl an Shops eine gute Anlaufstelle für Computer-, Tablet- und Smartphonezubehör bzw. Reparatur.

# Telefonieren und Internet

- **A4 Space**, Al Quoz Industrial Area 1, dem Kunstzentrum Alserkal Avenue (s. S. 50) zugehöriger Gemeinschaftsarbeits- und Kreativarbeitsraum mit Café zum Alleinarbeiten oder Austauschen.
- **Foundry** (s. S. 50), Downtown Dubai, multifunktionaler Co-Working-Space in einem Kunst- und Kulturzentrum. Auch ein Café und ein Podcast-Raum sind vorhanden.

## Smart unterwegs

Wer mobiles Internet nutzen möchte, doch dabei hohe Datenroaminggebühren des heimischen Netzanbieters scheut, hat folgende Möglichkeiten:

- Das staatliche emiratische Telekommunikationsunternehmen **Etisalat** (s. S. 117) bietet die vertragsfreie, vorbezahlte SIM-Karte „Visitor Line" mit verschiedenen Datenvolumen, SMS-Paketen und Gesprächsminuten ab 49 Dh, ab 28 Tage Gültigkeit, vielfältige Auflademöglichkeiten. Infos zum Internetzugang, zu Gebühren und Hotspots: www.etisalat.ae.
- Auch der Telekommunikationsanbieter **du** ermöglicht vertragsfreien, vorbezahlten Internetzugang. Für Touristen konzipiert ist die SIM-Karte „Tourist Plan" mit verschiedenen Datenvolumen, SMS-Paketen und Gesprächsminuten ab 49 Dh, ab 28 Tage Gültigkeit, vielfältige Auflademöglichkeiten. Infos, Hotspots und Gebühren unter www.du.ae.
- **Zu kaufen** gibt es SIM-Karten von Etisalat und du in diversen Einkaufszentren, in großen Supermärkten, in zahlreichen Shops im Souq und an den Flughäfen sowie in Etisalat-Geschäftsstellen bzw. du-Läden. Zum Kauf benötigt man seinen Reisepass. Guthaben zum Wiederaufladen der SIM-Karten (recharge cards) verkaufen Supermärkte und Tankstellen. Auch Auflademöglichkeiten online, per SMS oder App bieten beide Anbieter.
- Rundum App-basiert, ohne Vertragsverpflichtungen, flexibel und mit großen Datenvolumen lässt sich die Tourist SIM von **Virgin Mobile** mit einer Wunsch-Telefonnummer nutzen, ab 190 Dh und ab 7 Tage Gültigkeit. Infos, App: www.virginmobile.ae. Beratung und Verkauf auch am Dubai International Airport, in zahlreichen Malls und Einkaufszentren und in den Virgin Megastores.
- Neuere Smartphone-Modelle oder Smartwaches haben keine herausnehmbare SIM-Karte mehr, sondern fest integrierte **eSIM-Karten**. Auch eine herkömmliche SIM-Karte kann man im Nachgang in eine eSIM umwandeln. Per App lassen sich einfach und erschwinglich lokale (auch regionale oder globale) eSIM-Daten-, Anruf- und Textpakete herunterladen und nutzen. Beispielsweise bietet Airalo (www.airalo.com) für iOS und Android verschiedene, vorbezahlte in den V.A.E. gültige Burj Mobile Pakete zwischen 1 GB (7 Tage Gültigkeit, 4 US$) und 20 GB (30 Tage Gültigkeit, 35 US$).
- Hinweis 1: Zur Aktivierung der genannten Prepaid-SIM-Karten ist ein **Reisepass vorzulegen.**
- Hinweis 2: Mit der SIM-Karte eines lokalem Netzanbieters sind **VoIP-Anrufe (Voice over Internet Protocol)**, also beispielsweise auch WhatsApp-Sprach- und Videoanrufe, nicht möglich (WhatsApp-Textnachrichten sind jedoch nutzbar). Wer jedoch seine heimische SIM-Karte nutzt, kann davon ausgehen, dass solche Anrufe funktionieren (jedoch nur in Länder, in denen der Dienst verfügbar ist, nicht an emiratische Nummern).

•**162** [C7] **WO-RK @ Burjuman Metro**, Bur Dubai, BurJuman Metro Station Exit 2, Makani 29250 94172, Tel. 4271200, https://theco-spaces.com. Co-Working-Space in zentraler Lage in Metrostation.

## Toiletten

Toiletten finden sich vielerorts und in puncto Sauberkeit und Ausstattung in einer großen Bandbreite. So unterscheiden sich Toiletten in einfachen pakistanischen, indischen oder arabischen Lokalen deutlich von denen in international bekannten 5-Sterne-Hotels. Handelt es sich bei erstgenannten meist um Hocktoiletten, auf denen Toilettenpapier nicht zur Standardausstattung gehört, weil man üblicherweise die Reinigung nach dem Toilettengang mit der linken Hand und Wasser bevorzugt, so weisen De-Luxe-Toiletten vielerlei Annehmlichkeiten auf.

## Trinkwasser

Stilles Mineralwasser kann man in allen kleinen und großen Lebensmittelläden in verschiedenen Flaschengrößen kaufen. Auch Sodawasser kann man erwerben. Da die Hygienevorschriften streng sind, ist das in Restaurants bereitgestellte Leitungswasser unbedenklich – doch da man wegen der Hitze mitunter viel schwitzt, ist es ratsam, Mineralwasser zu trinken.

## Uhrzeit

Dubai – wie die gesamten V.A.E. – ist **der mitteleuropäischen Zeit voraus**, und zwar während der **Winterzeit** um drei Stunden und während der **Sommerzeit** um zwei Stunden.

## Unterkunft

### Hotelpreise und Ausstattung

Insgesamt gibt es in Dubai rund 800 Hotels und Hotelapartments aller Luxus- und Preisklassen – weitere Hotels sind im Bau. Die Hotelpreise differieren zwischen **Direktbuchung** und **Buchung über Reiseveranstalter** sowie zwischen **Hauptsaison** (1. Okt.–30. Apr.) und **Nebensaison** (1. Mai–31. Sept., bis zu 40% preiswerter). Bei einer Preisanfrage sollte man sich erkundigen, ob *municipality fee, service charge* und *VAT* (Gemeindegebühr, Hotelservicepauschale und Mehrwertsteuer) schon inklusive sind, denn zusammen machen sie 22% des Preises aus.

Zudem zahlt jeder Gast beim Auschecken eine Gebühr namens „**Tourism Dirham**" (je nach Hotelklasse pro Nacht 7–20 Dh). Auch wer bei einem Reiseveranstalter gebucht hat, muss diesen Betrag zahlen, denn er ist nicht im Reisepreis einkalkuliert. Diese Gebühr wird für den Ausbau der Tourismusindustrie und das Marketing eingesetzt.

Bei der Auswahl der Unterkunft sollte man den **Standort** beachten, denn Dubai ist groß. Wer sich vornehmlich das historische Stadtzentrum, den Creek und die Souq-Gebiete ansehen möchte, sollte ein Hotel in Deira oder Bur Dubai wählen. Wer eher Interesse an Dubais modernen Stadtteilen hat, ist in Burj Khalifa oder Marsa Dubai gut aufgehoben. Wer hingegen Lust auf Strandurlaub hat, sollte die Palmeninsel Nakhlat Jumeirah oder die Küstenstadtteile Jumeirah, Umm Suqeim oder Al Sufouh bevorzugen. Shopping-Fans finden Malls mit Hotelanschluss – und wer die Wüste liebt, der kann auch dort wohnen …

# Unterkunft

Luxushotels sind in der ganzen Stadt zu finden und an Dubais Stränden als Resortanlagen und auch in Form von Wüstenresorts. Selbstverständlich bieten sie die Oberklasse an Ausstattungsmerkmalen, Serviceleistungen und Freizeitangeboten.

Auch **Mittelklasse- und Budgethotels** gibt es stadtweit – außer an den Stränden. Viele befinden sich im Zentrum, in Bur Dubai, Deira und Al Rigga oder außerhalb in Al Barsha bzw. Barsha Heights. Üblicherweise haben diese Hotels hauseigene Restaurants Bars oder Nachtclubs, zudem einen Pool (meist auf der Dachterrasse), Fitness- und Businesseinrichtungen sowie Internetzugang.

In Dubai finden sich außerdem **einfache Hotels**, bei denen es kaum Preisunterschiede zwischen Haupt- und Nebensaison gibt. Internet, Klimaanlage, eigenes Bad, Kühlschrank, Telefon und Fernseher sind Standard, einen Pool haben jedoch nur manche 2-Sterne-Häuser. Viele Billighotels existieren nur wegen ihrer **Bars und Nachtclubs** und insbesondere in kleinen Häusern dröhnen diese mitunter die ganze Nacht. Solche Hotels gibt es v. a. in den Altstadtteilen der Distrikte Deira und Bur Dubai.

## Preiskategorien

Die angegebenen Preisklassen stellen eine unverbindliche Orientierungshilfe für Direktbuchungen eines Standard-Doppelzimmers ohne Gebühren und Steuern zur Hauptsaison dar.

| | |
|---|---|
| € | 160–270 Dh (ca. 40–70 €) |
| €€ | 270–400 Dh (ca. 70–100 €) |
| €€€ | 400–550 Dh (ca. 100–140 €) |
| €€€€ | 550–750 Dh (ca. 140–190 €) |
| €€€€€ | ab 750 Dh (ab ca. 190 €) |

## Hoteltipps

**163** [gl] **25hours Hotel Dubai One Central** €€€€, Trade Centre 2, Trade Centre Rd, Makani 27190 90341, Tel. 2102525, www.25hours-hotels.com. **Wüstenzelt und Weltraumschiff:** In direkter Nachbarschaft zum Museum of the Future und den Emirates Towers überrascht dieses Hotel mit ungewöhnlich-einzigartigem Design und kreativ-verspielten Ideen. Die Themensuiten und -zimmer zeigen sich z. B. im Stil eines Beduinenlagers oder einer Wüstenfarm. Gemeinschaftlich genutzt werden können Bücher-Brunnen, Co-Working-Space, Kaffee-Bar, Podcast-Studio, Dschungel-Dachgarten oder Dachterrassen-Sauna.

**164** [gm] **Address Sky View** €€€€€, Burj Khalifa, Shaikh Mohammed bin Rashid Boulevard, Makani 25812 88407, Tel. 8738888, www.addresshotels.com. **Hochhaus-Duo gegenüber vom Burj Khalifa:** Luxuriöse Gästezimmer, Suiten und Apartment-Residenzen in architektonisch markanten Zwillingstürmen, die mit einer Himmelsbrücke verbunden sind. In 220 m Höhe bietet der Infinity-Pool eine sensationelle Aussicht, außerdem Spa, Gourmetrestaurants, Kinderclub.

**165** [C5] **Al Khoory Inn Bur Dubai** €, Al Hamriya, 17th Street, Makani 28876 94688, Tel. 3107999, www.alkhoory hotels.com. **Modern, stilvoll und funktionell:** Günstige Preise mitten im Altstadtgebiet von Bur Dubai. Al Khoory bietet zudem Hotelapartments und höherpreisige Hotels.

**166** [C4] **Arabian Courtyard** €€€, Bur Dubai Souq, Al Fahidi St., Makani 28557 95115, www.arabiancourtyard.com, Tel. 3519111. **Souq und Fort direkt daneben:** Hotel mit 173 klassisch eingerichte-

▷ *Gästezimmer im XVA Art Hotel*

**MEINE TIPPS**

### Wüstenresorts
Jenseits des Stadttrubels inmitten der Dünen liegen die folgenden Luxushotels:

**167 Al Maha, a Luxury Collection Desert Resort & Spa** €€€€€, Remah, Makani 64811 46010, Tel. 8329900, www.marriott.com. Luxus-Ökotourismus-Wüstenresort in einem Dünen-Naturreservat, 42 stilvolle Suiten im Stil von Beduinenzelten, eigener Pool, private Atmosphäre, Spa, Wüstentierbeobachtungen, Naturspaziergänge, Ausritte zu Kamel oder Pferd, Geländewagentouren, Falknerei, Dünenpicknick, Kinder unter 10 Jahren dürfen nicht nach Al Maha.

**168 Bab Al Shams** €€€€€, Mugatrah, Makani 21207 45767, Tel. 8096100, www.babalshams.com. Luxus-Wüstenresort mit Spa in traditionellem Baustil aus Naturmaterialien, umschlossen von Sanddünen. Unbedingt einen Besuch wert ist das Al-Hadheerah-Freiluft-Wüstenrestaurant (s. S. 54). Wüstenausflüge und Freizeitaktivitäten wie Kamel- und Pferdereiten, Ballonfahrten, Bogenschießen oder Falkenshows.

### Windturmhäuser
Diese Hotels sind in restaurierten oder rekonstruierten Windturmhäusern (s. S. 26) eingerichtet. Sie bieten individuell-stilvolles Dekor, hervorragenden Service und persönliche Atmosphäre.

**169** [E5] **Al Seef Heritage Hotel Dubai, Curio Collection by Hilton** €€€, Al Seef, Makani 29331 95205, Tel. 7077080, www.hilton.com. 22 verschachtelte Häuser formen dieses zwischen Creek und Souq von Al Seef gelegene Boutiquehotel.

**170** [D3] **Mazmi Casa** €€€, Bur Dubai Souq, Makani 28442 95396, Tel. 2827252, http://mazmi.me. Drei komfortable Bed-and-Breakfast-Design-Zimmer direkt am Creek im Souq, familiär geführt, mit angeschlossenem Speisecafé (s. S. 61) und Uferterrasse.

**171** [D4] **XVA Art Hotel** €€€–€€€€, Al Fahidi, Makani 28773 95278, Tel. 3535383, www.xvahotel.com. Im Al-Fahidi-Kulturviertel gelegenes Hotel mit 15 Gästezimmern um zwei Innenhöfe, mit Kunstgalerie und Café.

168du Abb.: © XVA Gallery, Art Hotel & Café

ten Gästezimmern und Suiten in zentraler Lage in Bur Dubai, mit Spa und Pool.

**11** [dl] **Burj Al Arab** €€€€€, **Jumeirah Beach Hotel** €€€€€ und **Jumeirah Marsa Al Arab** €€€€€. **Segelboot, Riesenwelle und Superjacht:** Luxushotel-Trilogie mit futuristischem Baustil.

**172** [bl] **Fairmont The Palm** €€€€, Nakhlat Jumeirah, Makani 12557 78428, Tel. 4573388, www.fairmont.com. **Familienfreundliches Resort auf Palm Jumeirah:** Strandresort mit 391 Gästezimmern und Suiten, vier Pools, Spa, Kinderclub und zehn Gastronomiebetrieben. Auf dem Stamm der Palmeninsel gelegen, mit Ausblick auf Marsa Dubai.

**173** [bl] **FIVE Palm Jumeirah** €€€€, Nakhlat Jumeirah, Palm Jumeirah Rd, Makani 13328 77793, Tel. 4559999, https://palmjumeirah.fivehotelsandresorts.com. **Party-Strandresort auf Palm Jumeirah:** 470 Zimmer und Suiten, Spa, diverse Restaurants und Clubs. Ähnliche Partyvibes bei noch mehr Luxus bietet das Strandresort FIVE Luxe JBR in Marsa Dubai.

**174** [hm] **Form Hotel** €€€, Al Jadaf, Al Khail Rd, Makani 32234 90665, Tel. 3179000, https://form-hotel.com. **Creek-Blick:** metronahes Mittelklasse-Boutiquehotel mit Dachpool, Fitnessraum und Brasserie.

**175** [hl] **Hampton & Canopy by Hilton Dubai Al Seef** €€€, Al Seef, Makani 29983 94413, Hampton Tel. 7077079, Canopy Tel. 7077077, www.hilton.com. **Angesagt und unkonventionell:** zwei benachbarte Hotels am Creek im Al-Seef-Kulturviertel, die mit origineller Einrichtung und überaus praktischem Serviceangebot (u. a. Pool) überraschen.

**176** [fl] **Holiday Inn Express Dubai Safa Park** €€, Al Wasl, 45 St., Makani 24189 86994, Tel. 5119333, www.ihg.com. **Sachlich, modern und praktisch:** Hotel nahe an der Shaikh Zayed Rd und am Dubai Water Canal. Weitere **Holiday Inn Express Hotels:** Dubai International Airport, Jumeirah, Dubai Internet City.

**177** [F1] **ibis Styles Dubai Deira** €€€, Deira, Al Khaleej Rd, Makani 28604 96376, Tel. 4929999, https://ibis.accor.com. **Design-Economy-Hotel:** Kalligraphisch-modern dekoriertes Hotel nahe am Deira-Souq und Goldsouq gelegen, bietet 143 Standardzimmer zu fairen Preisen. Weitere ibis-Hotels an verschiedenen Standorten stadtweit.

### Hotelstadt der Extraklasse

Nomen est omen! „Jumeirah-Stadt" bedeutet der Hotelname **Madinat Jumeirah**, und damit ist trefflich beschrieben, was Gäste erwartet: eine **riesige Hotelstadt**. Hotelgäste finden hier alles, was sie brauchen (und noch viel mehr) und könnten den Rest von Dubai theoretisch außen vor lassen. Nicht-Hotelgäste finden Gefallen an den zahlreichen Bewirtungsmöglichkeiten und am **Souq Madinat Jumeirah** ❿. Dieser basarähnliche Einkaufskomplex bildet das Herz der Stadt. Es gibt Einkaufsgassen mit rund 95 Geschäften – im Sommer Gold wert: die Aircondition! Zahlreiche Restaurants, Cafés und Bars sind entweder in den Gassen des Souq oder an den umliegenden Terrassen, Wasserläufen und Gärten des Resorts angesiedelt.

Die Hotelanlage ist **im arabisch-emiratischen Stil** gestaltet und besticht durch ihre unzähligen Windtürme, arabesken Silhouetten und verspielten Stukkaturen. Das Resort dehnt sich auf rund 40 ha Fläche aus und verfügt über einen **Privatstrand** von 1 km Länge. Alle Teile von Madinat Jumeirah sind über 3,7 km lange künstliche **Wasserwege** verbunden, die von traditionellen Fährbooten (arab. *abra*) befahren werden. Zu Madinat Jumeirah gehören die zwei palastähnlichen **Boutique Hotels** (Mina A'Salam und Al Qasr) sowie das **Jumeirah Al Naseem Hotel** und die in der üppigen Gartenlandschaft stehenden Sommerhäuser von **Jumeirah Dar Al Masyaf**.

**Kulinarische Vielfalt** findet sich in rund 50 Gastronomiebetrieben, vom edlen Hotelrestaurant bis zum Snack im Souq. Maßgeschneiderte Behandlungen zur Regenerierung oder Revitalisierung, zum Verschönern oder Verwöhnen bietet die **Talise Spa**. Zudem bietet Madinat Jumeirah ein **Freilicht-Amphitheater**, ein Theater, ein Auditorium, Bankettsäle und ein hochmodernes Konferenzzentrum.

🏨**182** [dl] **Madinat Jumeirah** €€€€€, Al Sufouh 1, Jumeirah Rd, Makani 17175 80934, Tel. 3668888, www.madinatjumeirah.com

---

🏨**178** [bl] **Media One** €€€, Al Sufouh 2, Al Falak St., Dubai Media City, Media 1 Tower, Makani 13669 76169, Tel. 4271000, www.mediaonehotel.com. **Hip, cool, trendy:** unkonventionelles Boutiquehotel, das Pool, Partys und Businesseinrichtungen bietet.

🏨**179** [bl] **One & Only Royal Mirage** €€€€€, Al Sufouh 2, Al Sufouh Rd, Makani 13884 77179, Tel. 3999999, www.oneandonlyresorts.com. **Orientalischer Strandpalast:** Luxuriöses Strandresort, riesiger Garten mit Palmen, Brunnen, Spazierpfaden und Pools, ausgedehnter Sandstrand, große Auswahl an Gästezimmern, Suiten und Villen sowie an Freizeit- und Wassersportmöglichkeiten, Spa- und Hammambereich, raffinierte Restaurants und Lounges. Weitere Hotels sind das Strandresort One & Only The Palm und das Stadtresort One & Only One Za'abeel.

🏨**180** [al] **Premier Inn Dubai Ibn Battuta Mall** €, Jebel Ali 1, an der Ibn Battuta Mall, Makani 10225 71389, Tel. 5219266, www.global.premierinn.com. **Shoppen und schlafen:** Günstiges, gut ausgestattetes Budgethotel mit 372 Zimmern und Dachetagenpool an der Ibn Battuta Mall und in Metronähe. Weitere Hotels stadtweit und am Dubai International Airport.

◁ *Zimmerausstattung im 25hours Hotel One Central (s. S. 120)*

🏨**181** [cl] **Rixos The Palm Hotel & Suites** €€€€ 🧍, Nakhlat Jumeirah,

(MEIN TIPP)
## Wunder trifft Wasser – Atlantis Dubai

Zwei spektakulär gestaltete Ferien- bzw. Luxusklasse-Resorts bestechen durch ihre Lage auf dem Scheitelpunkt des Wellenbrecherrings von Nakhlat Jumeirah. Wie das antike Atlantis – so es denn existierte – ragen auch diese über-morgenländischen Atlantis-Versionen aus dem Wasser empor. Beide sind zu Wahrzeichen der Stadt avanciert.

Atlantis ist nicht nur Namensgeber, sondern immer wiederkehrendes Motiv der Hotels und ihrer vielfältigen Freizeitmöglichkeiten. Mythos und Meereswelt treffen aufeinander, ausgedehnte Pool-Anlagen, fantasievolle Aquarienwelten und Nachbildungen von Ausgrabungsstätten wurden geschaffen, die größte Aquarienwelt ist die Ambassador Lagoon mit 11 Mio. Litern Wasser. Diese Wasserwelten bieten 65.000 Meerestieren einen Lebensraum, der nach neuesten zoologischen Erkenntnissen eingerichtet und gepflegt wird.

Selbstredend verfügen beide Hotels über einen Wellnessbereich plus Fitness- und Spielmöglichkeiten, Einkaufspromenade und Konferenzzentren. Eine weitere Besonderheit ist die zwei Kilometer lange Strandpromenade, die beide Resorts verbindet.

Hinzu kommt ein weiteres Highlight: der riesige Wasservergnügungspark Aquaventure World ⓭, dessen vielfältige Attraktionen insbesondere Familien lieben – und auch Nicht-Hotelgästen offen stehen.

> **Atlantis Dubai**, www.atlantis.com

**183** [bk] **Atlantis, The Palm** €€€€€, Nakhlat Jumeirah, Crescent, Makani 10133 8074, Tel. 4262000. Das korallenfarbene Gebäude ist einem verschnörkelten Wasserschloss nachempfunden, die zwei höchsten Türme, die Royal Towers, flankieren einen mächtigen Torbogen und sind mit einer Brücke verbunden. 1544 Gästezimmer und Suiten nennt das Hotel sein Eigen. In 35 Gastronomiebetrieben wird vom Fine Dining bis zum Burger viel geboten – auch zum Nachmittagstee, Familienfrühstück, Mittagsbüfett, Feierabenddrink, Wochenendbrunch oder Sonnenuntergangs-Chill-out lohnt ein Besuch. Bizarr: Im Ossiano wird Seafood vor Panoramascheiben mit Ausblick auf die Aquarienwelt der Ambassador Lagune serviert.

**184** [ck] **Atlantis The Royal** €€€€€, Nakhlat Jumeirah, Crescent, Makani 11264 81629, Tel. 4263000. Auch bei diesem majestätischen Resort fügen sich zwei Gebäudeflügel zusammen – jedoch als futuristischer Kontrast in Form von luftig angeordneten Einzelquadern. Zusätzlich zu den 795 Gästezimmern und Suiten wird Unterkunft in 237 Penthouses der Oberklasse geboten. 93 Swimmingpools bietet Atlantis The Royal, darunter 44 Suiten und Penthouses mit eigenen Infinity-Pools und dem spektakulären Skypool Cloud 22 auf der Dachetage. Zum Atlantis-Thema passend gibt es vier Aquarien und ein riesiges Quallenbecken. Einmalig im Emirat ist der Skyblaze Feuer- und Wasserspringbrunnen. Von den 17 Restaurants und Bars werden viele von internationalen Kochprofis geführt. Im Wellnessbereich kann man sich u. a. im Hammam, in einer Salzgrotte oder einer Schneesauna verwöhnen lassen.

217du Abb.: ©Atlantis The Royal

Crescent East, Makani 13893 79596, Tel. 4575555, www.rixos.com. **Ultra-All-Inclusive:** Dieses auf Palm Jumeirah gelegene Resort bietet eine Kombination aus Freizeit-, Sport-, Party- und Unterhaltungsmöglichkeiten, Familienaktivitäten und Businessausstattung, 231 Gästezimmer und Wohnsuiten, Wellness-Spa, Kinderclub, sechs Gastronomiebetriebe und einen besonderen Ausblick von der östlichen Wellenbrecherspitze.

🏠**185** [B6] **Rose Garden Hotel Apartments** €, Bur Dubai, Makani 28912 94175, Tel. 5216820, www.rosehotelsgroup.com. **Zentral gelegene Hotelapartments:** Günstige Apartments mit ein bis zwei Schlafräumen, Küche und Dachetagenpool in Bur Dubai nahe am BurJuman Einkaufszentrum und in Metronähe.

🏠**186 Rove Dubai Expo City** €€ 🍴, Madinat al Mataar, Dubai Expo City, Al Wasl Square, Tel. 0800 1834048, www.rovehotels.com. **Ziel digitaler Nomaden:** modern-funktional und cool-originell eingerichtetes, familienfreundliches Hotel mit sehr gutem Preis-Leistungs-Verhältnis, mit Dachterrassenpool und in Metronähe. Weitere Hotels stadtweit.

🏠**187** [ck] **The Retreat MGallery Palm Dubai** €€€€ 🍴, Nakhlat Jumeirah, Crescent East, Makani 12759 81639, Tel. 5247777, www.theretreatpalmdubai.com. **Ganzheitliches Wellness-Resort:** familienfreundliches Strandresort mit 255 Feng-Shui-Gästezimmern und Suiten. Viele Wellness-, Fitness-, Gesundheits- und Ernährungsangebote für Körper, Geist und Seele.

🏠**188** [bl] **W Dubai – Mina Seyahi** €€€€, Marsa Dubai, King Salman bin Abdulaziz al Saud St., Makani 13162 76394, Tel. 3509999, www.marriott.com. **Nur für Erwachsene:** Trendy Luxushotel für junge und junggebliebene Leute, mit Strand und Spa, Restaurants, Bars und Lounges – Gäste können die Einrichtungen von zwei benachbarten Marriott-Resorts nutzen.

## Hostels

Neben dem zum Internationalen Jugendherbergsverband (www.hihostels.com) gehörenden Dubai Youth Hostel gibt es weitere vornehmlich für Rucksack- und Budget-Reisende konzipierte, preisgünstige Schlafmöglichkeiten. Meist sind es keine klassischen Hostels, sondern es werden **Betten in Gemeinschaftsschlafräumen** in Mehrapartment-Wohnhäusern vermietet und Gäste können weitere Gemeinschaftsräume wie Bad, Küche und Fernsehzimmer nutzen. Solche privat gemanagten, über Airbnb oder booking.com angebotenen, gerne „Hostel" genannten Unterkünfte eröffnen immer wieder neu – und schließen oft ähnlich schnell wieder.

🏠**189** [jm] **Dubai Youth Hostel** €, Al Qusais 1, Al Nahda St., zwischen Lulu Supermarket und Rashidia-Fußballstadion, Makani 35290 96571, Büro Tel. 2988151, Rezeption Tel. 2988161, http://uaeyha.gov.ae. **Jugendherberge, auch für Nicht-Mitglieder:** Hier kann man sowohl in geschlechtergetrennten Schlafsälen als auch in Einzel-, Doppel- oder Dreibettzimmern übernachten. Als Mitglied des Internationalen Jugendherbergsverbands kommt man preiswerter unter, unten stehen Preise für Mitglieder. Die Jugendherberge besteht aus alten und neuen Gebäudetrakten. Die Zimmer im neuen Gebäude (Hostel A) haben ein eigenes Bad, TV, Kühlschrank und Telefon und kosten: EZ 120 Dh, DZ 160 Dh inkl. Frühstück. Am günstigsten sind Bed and Breakfast für 70 Dh im Mehrbettzimmer mit Gemeinschaftsbad. Es gibt ein Restaurant (kein Alkohol!), einen kleinen Garten mit Swimmingpool und Gemeinschaftsräume. Ein Supermarkt, die Busstation Stadium sowie die Metro Green Line Stationen Stadium und Al Nahda liegen in fußläufiger Entfernung.

# Verhaltenstipps

Trotz aller Modernität ist Dubai **arabisch/muslimisch geprägt**. Religion, Kultur, Gebräuche und Mentalität der Emirater (und die vieler anderer Einwohner) weichen von europäischen Maßstäben ab. Und auch wenn Toleranz großgeschrieben wird, so heißt es nicht, dass alles, was toleriert wird, auch gerne gesehen wird. Zudem gelten andere Gesetzgebungen, die auch von Reisenden zu beachten sind.

Trumpf ist eine der Landeskultur angepasste **Reisegarderobe**. Für beide Geschlechter gilt: Wer in der Öffentlichkeit dezente, schulternbedeckende, mindestens knielange, undurchsichtige, weite Kleidungsstücke trägt, ist gut beraten. Religiöse, politische, sexistische oder beleidigende Aufdrucke oder Slogans – z. B. auf T-Shirts – sollten nicht gezeigt werden. Tätowierungen mit Schimpfwörtern, Nacktbildern oder gotteslästerlichen Bildern sollten verdeckt bleiben. In Bars, Nachtclubs und Strandclubs darf etwas mehr Haut gezeigt werden. Badebekleidung ist nur an Pools und Stränden erlaubt. Total tabu sind Nacktbaden oder -sonnen und Frauen dürfen sich nicht oben ohne zeigen.

Auch der Austausch von Zärtlichkeiten in der Öffentlichkeit – dazu gehört alles, was über einen Begrüßungskuss auf die Wange hinausgeht – kann Anstoß erregen oder sogar eine Haftstrafe bzw. die Ausweisung nach sich ziehen.

Geld- oder Haftstrafen drohen bei **respektlosem Verhalten gegenüber Regierung, Herrscherfamilien, Staatssymbolen und dem Islam.** Das betrifft auch diesbezüglich negative Darstellungen in Social-Media-Posts. Bei Themen wie Politik und Religion ist Kritik fehl am Platze und Zurückhaltung geboten. In Deutschland unbedenkliche Äußerungen zu Religionsfragen könnten in den V.A.E. als Beleidigung des Islam oder des Propheten angesehen und strafrechtlich verfolgt werden.

Strafbar ist zudem der Besitz von Dokumenten, Veröffentlichungen, Aufnahmen, Filmen und Hard- oder Software mit Inhalten, die religionsbeleidigend, rassistisch oder ethnisch diskriminierend sind oder die Staatssicherheit gefährden und die dazu dienen, der Öffentlichkeit zugänglich gemacht zu werden.

Auch das **Beleidigen, Bloßstellen** oder **Verleumden** einer Person ist eine Straftat, die mit einer Geldbuße oder Haftstrafe geahndet werden kann. Dies gilt auch, wenn die Verleumdung oder Beleidigung gegenüber dem Opfer ohne die Anwesenheit eines Dritten geschieht oder wenn die Beleidigung dem Opfer per Brief oder per WhatsApp zugesandt bzw. in anderen Medien online gestellt wird.

Bestrafungen drohen auch beim öffentlichen lauten, vulgären **Fluchen** oder beim Zeigen des Mittelfingers. Insbesondere englische Schimpfwörter werden selbstverständlich verstanden. Vorsicht auch im Falle von **Beschwerden**, z. B. bezüglich Hotel-

oder Mietwagenservice – die Schwelle vom Argumentieren zum Fluchen oder gar zum Beleidigen könnte im Eifer des Gefechts schneller überschritten sein, als einem lieb ist. Schlimstenfalls steht der Vorwurf einer Diffamierung, also einer schlimmen Ehrverletzung im Raum.

Landesweit und auch für Touristen gültig ist ein strenges „Cybercrime Law", nach dem informationstechnische Veröffentlichungen, also Posts, Tweets oder Reels religiöser, politischer, pornografischer oder unmoralischer Art mit hohen Geldstrafen (bis zu 500.000 Dh) oder Haftzeiten (bis 6 Monate) geahndet werden könnten. Gleichfalls davon betroffen sind Fotos/Videos wie auch Texte mit Kritiken, Beleidigungen, Beschuldigungen, Bloßstellungen oder Unwahrheiten über andere Personen, Firmen oder Institutionen, die ohne deren Einverständnis online gestellt wurden und als Verletzung ihrer Persönlichkeitsrechte bzw. Privatsphäre verstanden werden.

Strikt vermieden werden sollte das **Fotografieren bzw. Filmen** von Herrscherpalästen, Militäranlagen, staatlichen Gebäuden, Industrieanlagen und Verkehrseinrichtungen. **Auch das Fotografieren/Filmen von Menschen ohne deren Einverständnis** sowie von Verkehrsunfällen durch Unbeteiligte ist verboten. Das betrifft natürlich insbesondere das Veröffentlichen solcher Fotos/Videos, z. B. in sozialen Medien. Selbst wenn ungefragt abgelichtete Menschen ein Teil von öffentlichen Alltags- und Straßenszenen sind, könnte dies strafbar sein – besondere Achtsamkeit gilt an Stränden!

**Alkoholgenuss** und Trunkenheit in der Öffentlichkeit stellen einen Straftatbestand dar. Alkoholika sollten nur in lizenzierten Hotels, Restaurants, Bars oder Privathäusern konsumiert werden. Beim Autofahren gilt eine strenge Null-Promille-Grenze! **Drogendelikte** – auch mit Kleinstmengen – können schwere strafrechtliche Folgen nach sich ziehen, auch die **Todesstrafe** wird verhängt!

# Verkehrsmittel

Dubais öffentlicher Personenverkehr in Form von Metro, Tram, Bussen, Wassertaxis, Dubai Ferry, Abra-Booten und Taxis wird von der Roads and Transport Authority (RTA) organisiert. Es gibt jedoch kein Verbundticket, das alle Verkehrsmittel abdeckt. Die Einschienenbahn Palm Monorail (s. S. 130) gehört nicht zu RTA, kann aber mit NOL-Karten bezahlt werden. 2050 soll der Personentransport emissionsfrei sein.

› **Informationen,** Routenpläne, Fahrpläne, Tarife, Apps unter Tel. 800 9090 (24 Std. täglich), www.rta.ae
› **Apps: S'hail** ist eine spezielle App mit interaktivem Routenplaner und vielerlei weiteren Funktionen zu allen innerstädtischen öffentlichen Verkehrsmitteln der RTA (Taxi, Metro, Tram, Abra-Boot, Wassertaxi, Wasserfähre, auch Uber und Careem). Noch umfassenderen Service bietet die **RTA Dubai App,** die auch Parkplatzinformationen für Autofahrer bietet oder zum Zahlen der Parkgebühren genutzt werden kann. Beide sind gratis.
› **Reiseplaner** online: http://wojhati.rta.ae oder mit der S'hail App

◁ *Bebilderte Bekleidungsregeln zum Besuch einer Moschee*

## Knotenpunkte (Metro-, Bus- und Wassertransport)

› **Bur Dubai, Souq:** Bur Dubai Old Souq Abra Station; Bur Dubai Abra Station; Ferry Station Al Ghubaiba, Bus Station & Metro Green Line Station Al Ghubaiba
› **Deira, Al-Ras-Halbinsel:** Gold Souq Metrostation, Gold Souq Bus Station, Deira Old Souq Abra Station.

## RTA-Tarifsystem

**Fahrten mit Stadtbussen, Metro, Palm Monorail und/oder Tram** erfordern vor Fahrtantritt den Kauf eines vorbezahlten roten NOL-Einzeltickets zum Festpreis bzw. einer vorbezahlten wiederaufladbaren NOL-Guthabenkarte. Erhältlich sind sie in RTA-Servicebüros, an Ticketschaltern, an Automaten oder bei autorisierten Verkaufsagenten.

Auch das **Smartphone** kann als NOL-Karte genutzt werden (Smart NOL).

Es ist **keine Barzahlung bei Einstieg** möglich!

› Das **NOL Red Ticket** ist ein Einzel- oder Mehrfahrtenticket für Gelegenheitsfahrten mit Preisstaffelung je nach Tarifzone (s. r.) und Fahrklasse. Zusätzlich kostet es 2 Dh Ausstellungsgebühr. Ein Einzelschein gilt nur für eine Fahrt mit Metro, Tram oder Bus. Man kann ihn für ein bis zehn Einzelfahrten kaufen, jeder Verkehrsmittelwechsel gilt als Einzelfahrt. Oder man kann ihn für 20 Dh als Tagesticket nutzen und obige Verkehrsmittel beliebig oft nutzen und wechseln.
› Im Gegensatz dazu sind mit den für Vielfahrer gedachten **NOL-Karten** (Silver, Gold) auch Kombinationen von Bus, Metro und Tram möglich. Zudem kann man damit auch Einzelfahrten mancher Wassertransportarten zahlen. Die hier aufgeführten Zeitvorgaben und Regelungen zum Übertritt von Tarifzonen sind zu beachten. Die **NOL Silver Card** entspricht der regulären Klasse, die **NOL Gold Card** der 1. Klasse; sie kostet mehr. Silber- und goldfarbene NOL-Karten kosten anfangs 25 Dh und beinhalten einen Fahrwert in Höhe von 19 Dh.
› **Wichtig:** NOL-Tickets und -Karten sind immer beim Stationswechsel bzw. beim Ein- und Ausstieg jedes einzelnen Verkehrsmittels über ein Kartenlesegerät zu ziehen. Die Abrechnung geschieht automatisch, das Restguthaben wird angezeigt. Wer das Auschecken vergisst, dem wird der Tageshöchstpreis berechnet.
› Das **minimale Guthaben** zum Nutzen einer NOL-Karte bei Fahrtantritt beträgt 15 Dh.
› Mit NOL-Karten kann man nicht nur verschiedene Verkehrsmittel zahlen, sondern auch Eintrittsgelder in manchen Museen und Stadtparks sowie Parkplatzgebühren und Einkäufe in Carrefour-Supermärkten, in zahlreichen Geschäften an Metrostationen, an Tankstellen etc.
› **NOL-Guthaben** kann man an RTA-Serviceschaltern, RTA-Ticketautomaten, auf der RTA-Website oder per App **aufladen.**

**Metro-, Tram- und Stadtbusfahrpreise** staffeln sich – zusätzlich zu den oben beschriebenen NOL-Fahrklassen – nach sieben **Tarifzonen**. Entscheidend für die Fahrpreishöhe ist nicht, welches Verkehrsmittel man nutzt, sondern wie oft man eine Tarifzone übertritt (Transfer T1 bis T3):
› **T1 Tarif:** Einfache Fahrten innerhalb einer der Tarifzonen kosten 4 Dh mit dem Red Ticket, 3 Dh mit der Silver Card bzw. 6 Dh mit der Gold Card.
› **T2 Tarif:** Fahrten von einer Zone in eine benachbarte kosten 6 Dh mit dem Red Ticket, 5 Dh mit der Silver Card bzw. 10 Dh mit der Gold Card.
› **T3 Tarif:** Fahrten über zwei Zonen hinaus kosten 8,50 Dh als Red Ticket, 7,50 Dh mit der Silver Card bzw. 15 Dh mit der Gold Card.

› **Wichtig:** Die erlaubte Gesamtfahrtdauer beträgt 180 Min. und drei Wechsel sind erlaubt. Richtungsänderungen gelten immer als neue Fahrt, nicht als Wechsel!
› **Fahrpreise von Palm Monorail, Dubai Ferry, Abras, Wasser- und Straßentaxen** sind unabhängig von diesen Tarifzonen (aber mit NOL-Karten zahlbar).
› **Kinder unter fünf Jahren** fahren in Metro, Bus und Tram gratis.

## Metro

Dubais Metro nimmt eine wichtige Rolle im öffentlichen Nahverkehr der Stadt ein. Sie fährt **größtenteils oberirdisch**, im Innenstadtbereich unterirdisch. Das Netz besteht aus **Green Line** und **Red Line,** wobei ein Teilabschnitt der Red Line die Verlängerung **Route 2020** mit einschließt. Eine neue **Blue Line** soll 2029 den Nordosten der Stadt anbinden. 2040 soll das gesamte Metronetz auf 140 Stationen anwachsen.

Es gibt Wagen der 1. (**Gold Class**) und Standardklasse (**Silver Class**) sowie **Frauenbereiche** (dabei kann frau frei entscheiden, ob sie ins Damen- oder ins Gemischt-Abteil möchte). Wichtige **Kreuzungs- und Umsteigepunkte** von Red und Green Line sind in **Deira** die Union Square Station [G7], Umar bin al Khattab Rd/Ecke Al Maktoum Rd, am Beginn der Al Rigga Rd, und in **Bur Dubai** die Station Burjuman [C7], an der Kreuzung Khalid bin al Waleed Rd und Trade Centre Rd, beim Einkaufszentrum BurJuman. Der Kreuzungspunkt von Red Line und Route 2020 ist die Station Jebel Ali. **Betriebszeiten:** Sa.–Do. 5–24, Fr. 5–1 Uhr.

In der Metro und auch an den Stationen kann man Gratis-WLAN nutzen.
› **Weitere Infos und Apps** bei RTA, Tel. 800 9090, www.rta.ae

## Weitere Schienenbahnen

Die Metro wird durch zwei weitere Schienenbahnen ergänzt: die Dubai Tram sowie die Palm Monorail. Alle drei – Palm Monorail, Tram und Metro – sind **miteinander verbunden.**

Die **RTA Dubai Tram** fährt über 11 Haltestellen durch den küstennahen Stadtteil Al Sufouh weiter ins Landesinnere zur Shaikh Zayed Rd und wieder an die Küste nach Marsa Dubai (sowie retour). An den beiden Tramstationen Jumeirah Lakes Towers und Dubai Marina besteht Zugang zur Metro Red Line (Metrostationen DMCC bzw. Sobha Realty), an der Tramhaltestelle Palm Jumeirah Anschluss an die Palm Monorail (Station Palm Gateway), und an der Tramstation Dubai Marina Mall kann man die Dubai Ferry erreichen.
› Mo.–Sa. 6–1, So. 9–1 Uhr alle 10–12 Minuten, zahlbar per NOL Red Ticket bzw. NOL-Karte (s. S. 128), Infos RTA Tel. 800 9090, www.rta.ae

*Metrofahrt entlang der Shaikh Zayed Road (s. S. 42)*

Die **Palm Monorail** fährt über die Palmeninsel Nakhlat Jumeirah von der Gateway Station am Festland-Inselaufgang über den Palmenstamm mit den Stationen Al Ittihad Park und Nakheel Mall zur Atlantis Aquaventure Station auf dem Wellenbrecherring. Sie gehört nicht zu RTA, Monorail-Tickets können aber mit NOL-Karten bezahlt werden (nicht mit dem NOL Red Ticket).
> Betriebszeiten: 9–22 Uhr, einfache Fahrt ab 10 Dh, Return-Ticket ab 15 Dh, Tagesticket 35 Dh, alle 15 Min., www.palmmonorail.com, Tel. 800 6254335

## Stadtbusse

Das **Busnetz** ist mit einer stets wachsenden Zahl an Routen gut organisiert. Die meisten **Linien** verkehren wochentags von frühmorgens (ca. 4 Uhr) bis nachts (ca. 1 Uhr). **Frauen** dürfen im vorderen Busteil unter sich sein, können sich aber auch in den hinteren Bereich setzen. An den meisten Bushaltestellen stehen **klimatisierte Wartehäuschen** mit Streckennetzplan, z. T. mit Fahrkartenautomat, Mini-Markt, Handyauflademöglichkeit, WLAN. Den Netzplan gibt es online, bzw. per RTA-App. Zentrale Haltestellen bieten auch NOL-Automaten. Busbewegungen in Echtzeit zeigen RTA-Apps und auch Google Maps an.

Die wichtigsten **Busterminals**:
- ●**190** [B2] **Al Ghubaiba Main Busstation**, im Souq von Bur Dubai ❺, südlich der Al Ghubaiba St., Makani 27683 95133
- ●**191** [G2] **Gold Souq Main Busstation**, in Deira, Al Khaleej Rd, beim Gold Souq ❸, Makani 28938 96562
> Auch an den **Metrokreuzungsstationen** Union in Deira und Burjuman in Bur Dubai fahren zahlreiche Stadtbuslinien ab.
> Zahlreiche Stadtbuslinien fahren an den **Metro-Red-Line-Stationen** Deira City Centre, Max Fashion, Mall of the Emirates und Ibn Battuta ab.

## Taxis

Taxis – in altbewährter Form – sind für Ortsfremde eine praktische und gängige Art, um voranzukommen. Dubais Taxisystem untersteht der RTA, verschiedene Taxifirmen bieten nahezu gleichen Service zum einheitlichen Fahrpreis.

Es gibt mehrere Möglichkeiten, ein Taxi zu heuern: Man kann es an der Straße **heranwinken**, per **Telefonanruf, WhatsApp-, SMS-, App- oder Onlinebuchung** zum eigenen Standort bestellen (jeder Basistarif kostet je nach Buchungsart und Tageszeit 5–12 Dh). Auch spezielle Wagen für **Rollstuhlfahrer, Limousinen** sowie Taxis, die von **Frauen** chauffiert werden und ausschließlich Frauen befördern, kann man bestellen, sie sind aber teurer als normale Taxis.

Tagsüber beträgt der **Basistarif** für ein an der Straße herangewunkenes Taxi 5 Dh, jeder **gefahrene Kilometer** kostet 2,21 Dh. Eine Taxifahrt vom Flughafen kostet 25 Dh Grundgebühr und jeder angefangene Kilometer 2,14 Dh. Alle Taxen sind mit Taxameter ausgestattet und bieten Gratis-WLAN.

**Die meisten Taxifahrer** sind Gastarbeiter, sie sprechen passabel Englisch und kennen sich zumindest einigermaßen aus. Häufig kann es hilfreich sein, einen in der Nähe des Wunschziels gelegenen **Orientierungspunkt** zu **nennen** (Stadtteil, Hotel, Brücke, Einkaufszentrum, markantes Bauwerk etc.). Besser noch, man kennt die Telefonnummer seines Ziels und kann im Falle von Unklarheiten dort anrufen und nach bekannten Orientierungspunkten fragen. Als Fahrgast muss man auf manchen Straßen **Salik-Mautgebühr** zahlen, es sei denn, man bittet den Fahrer, alternative Routen zu fahren.

Taxis können auch stunden- oder tageweise gemietet werden.
> **Taxi telefonisch bestellen:** Tel. 2080808, Tel. 800 88088
> **App-Buchungen:** DTC (Dubai Taxi Corporation)
> **Infos:** Tel. 800 9090, www.rta.ae, www.dubaitaxi.ae
> Der **Fahrpreis** kann mit Bargeld, Kreditkarte, NOL-Karte, Apple Pay oder Samsung Pay beglichen werden.
> **Hala Taxi** (www.halaride.com) ist eine RTA-Initiative zum smarten Buchen von kostengünstigen Taxis über die Careem-App und bietet Vorteile wie schnelle Buchungsbestätigung, Livetracking, Kontakt zum Fahrer, Kreditkartenzahlung, Treuepunkte. Auch per WhatsApp buchbar: Tel. 800 42528294.
> **Fahrten in fahrerlosen Elektro- oder Hybridtaxen** sollen ab 2025 auf bestimmten Strecken möglich sein, z. B. mit Txai (https://txai.taxi).
> Ab 2026 sollen **Flugtaxis** von vier Veliports (Dubai International Airport, Downtown Dubai, Palm Jumeirah, Marsa Dubai) aus Passagiere befördern.

## Weitere Fahrdienste

**Careem, Uber, Bolt** und **XXRIDE** sind z. T. international agierende Online- und App-basierte Fahrdienstvermittler bzw. Mitfahrdienste. Eine Registrierung ist erforderlich (www.careem.com, www.uber.com, www.bolt.eu, www.xxride.com). Die Grund- bzw. Fahrpreise variieren je nach Anbieter.

**Careem BIKE** ermöglicht das Ausleihen von Fahrrädern (über 200 Stationen).

## Wassertransport

Dubais **Roads and Transport Authority** (RTA) unterhält auch verschiedene Wassertransportmöglichkeiten wie Abras, Wassertaxis und die Dubai Ferry.

Auf dem Creek von Dubai verbinden hölzerne Motorboote, die sogenannten **Abras**, beide Ufer der beiden Altstadtdistrikte Deira und Bur Dubai – eine Fahrt bietet tolle Stadtansichten zu einem unschlagbar günstigen Preis – ausführliche Beschreibung s. S. 20. Zudem bietet RTA an der Dubai Fountain (s. S. 39) und im Global Village (s. S. 46) Rundfahrten mit strombetriebenen Abra-Booten an. **Tipp:** 45-minütige Abra-Rundfahrten auf dem Dubai Water Canal finden täglich 16–23 Uhr ab der Shaikh Zayed Marine Transport Station statt, wenige Gehminuten kanalauswärts der Shaikh Zayed Rd – inklusive tollem Ausblick auf den bunt-beleuchteten Wasserfall (25 Dh/Person).

Im Hochhausstadtteil Marsa Dubai ⓴ schippern klimatisierte **Wassertaxis** auf vier Routen durch den Marina-Kanal und verbinden die Uferpromenaden miteinander (BM1, je Teilstück 7 Dh). Eine weitere Route (BM3, 7 Dh) bietet ab der Dubai Marina Mall Anbindung an die Bluewaters-Halbinsel. Ein Wassertaxi-Tagespass kostet 25 Dh.

Die **Personenfähren von Dubai Ferry** verbinden die vier Küsten-Stationen Al Ghubaiba in Bur Dubai, Dubai Canal in Jumeirah, Bluewaters und Marina Mall in Marsa Dubai (FR1 und FR2, ab 50 Dh). Zudem kann man mit Dubai Ferry auch Rundfahrten ab Marina Mall Ferry Station via Bluewaters zur Jumeirah-Palmeninsel unternehmen. Diese Rundfahrt (FR4) startet täglich um 11.30 und 16.30 Uhr und kostet ab 50 Dh. Auch in Dubais Nachbarstadt Sharjah (sowie retour) kommt man mehrmals täglich mit Dubai Ferry (FR5, ab Al Ghubaiba, 7–19 Uhr, ab 15 Dh, Fahrdauer 35 Min.).

› Infos und Buchungen bei RTA, Tel. 800 9090, www.rta.ae
› Bis 2030 soll es weitere 79 Wassertransport-Stationen geben, sowohl im Creek wie auch im Dubai Water Canal und entlang der gesamten Küstenlinie zwischen Jebel Ali und Sharjah.

# Wetter und Reisezeit

**Sonnenschein** und blauen Himmel gibt es in Dubai nahezu das ganze Jahr über. Regen fällt selten, meist nur wenige Tage pro Jahr in den Wintermonaten. Die Monate von Oktober bis April werden zum **Winter** gezählt. Dann herrschen Tagesdurchschnittstemperaturen zwischen 25 und 30 °C. In Küstennähe sorgt oftmals eine frische Meeresbrise für Kühlung. Die Luftfeuchtigkeit bewegt sich zwischen 30 und 40 Prozent. Der von Mai bis September dauernde **Sommer** bietet Höchsttemperaturen von 35 bis 50 °C, zudem wirkt die hohe Luftfeuchtigkeit quälend. An der Küste kann sie Werte von **über 80 Prozent** erreichen! Dann sind lange Stadtspaziergänge, genüssliches Sonnenbaden, anstrengende Sport- oder Outdooraktivitäten sowie Wüstenausflüge kaum möglich. Nur wenige Ereignisse finden in der heißen Sommerzeit draußen statt, Strandclubs, Außenterrassen von Gastromiebetrieben, Parks, Vergnügungsparks etc. sind mitunter geschlossen. Insbesondere Familien mit jüngeren Kindern sowie ältere oder gesundheitlich eingeschränkte Urlauber sollten in den Wintermonaten verreisen.

Die **beste Reisezeit** fällt auf die Monate November bis März. Wer im Sommer nach Dubai reisen möchte, bekommt dafür als Bonbon deutlich günstigere Übernachtungspreise.

Im **wüstenhaften Landesinneren** sind die Tagestemperaturen zwar höher als an der Küste, doch die Luftfeuchtigkeit ist niedriger, weshalb dieses Klima als angenehmer empfunden wird. Auch kühlt es nachts stärker ab.

**Trostpflaster für Hitzeempfindliche:** Nahezu alle Innenräume sind klimatisiert und da Freizeitaktivitäten meist in die kühleren Abendstunden gelegt werden, gibt es lange Öffnungszeiten.

Wetterdetails, Vorhersagen: www.ncm.gov.ae, UAE National Centre of Metorology.

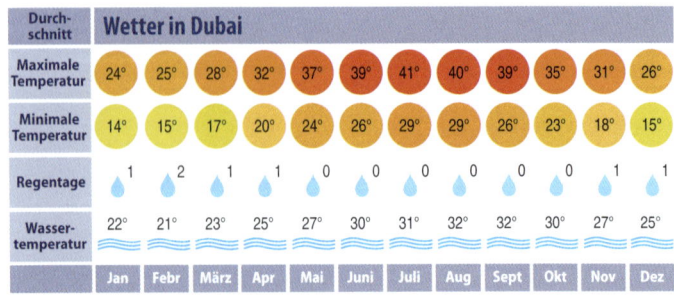

| Durchschnitt | Wetter in Dubai | | | | | | | | | | | |
|---|---|---|---|---|---|---|---|---|---|---|---|---|
| Maximale Temperatur | 24° | 25° | 28° | 32° | 37° | 39° | 41° | 40° | 39° | 35° | 31° | 26° |
| Minimale Temperatur | 14° | 15° | 17° | 20° | 24° | 26° | 29° | 29° | 26° | 23° | 18° | 15° |
| Regentage | 1 | 2 | 1 | 1 | 0 | 0 | 0 | 0 | 0 | 0 | 1 | 1 |
| Wassertemperatur | 22° | 21° | 23° | 25° | 27° | 30° | 31° | 32° | 32° | 30° | 27° | 25° |
| | Jan | Febr | März | Apr | Mai | Juni | Juli | Aug | Sept | Okt | Nov | Dez |

# ANHANG

# Höflichkeiten auf Arabisch

*Auch wenn man sich in Dubai mit beinahe jedermann auf Englisch unterhalten kann, so wird es einem doch sehr hoch angerechnet, wenn man wenigstens einige arabische Redewendungen kennt. Insbesondere bieten sich hierfür natürlich die Begrüßungsfloskeln an.*

Die hier aufgeführten „Sie"-Formen unterscheiden sich nicht von der jeweiligen „Du"-Form. Doppelt geschriebene Vokale **aa** werden betonter (länger) gesprochen, als kurze (fast schon unausgesprochene) Vokale. Stimmabsätze sind mit dem Zeichen ' dargestellt.

Die folgenden Floskeln sollte man **schnell sprechen**:

› **Friede sei mit Euch (Guten Tag):** as-salaam 'alaikum
  Antwort: Und Friede sei mit Euch: wa 'alaikum as-salaam
› **Guten Morgen:** sabaah al-khair
  Antwort: sabaah an-nuur (Einen Morgen des Lichtes)
› **Guten Abend:** msaa al-khair
  Antwort: msaa an-nûr (Einen Abend des Lichtes)
› **Hallo:** marhabaa
› **Willkommen:** 'ahlan wa sahlan
  Antwort: 'ahlan wa sahlan
› **Wie gehts?:** kayf al-haal?
  Antwort: al-hamdulillah (Gott sei's gelobt) oder kwayis (Gut)
  Dann stets **Gegenfrage** anschließen: Wie geht es Ihnen?: kayf al-haal 'anta (zu einem Mann)/kayf al-haal 'anti (zu einer Frau)?
› **Wie heißen Sie?:** maa 'ismak (zu einem Mann)/maa 'ismik (zu einer Frau)?
  Antwort: Ich heiße ...: 'ismii ...
› **Woher kommen Sie?:** Min ayna 'anta (zu einem Mann)/Min ayna 'anti (zu einer Frau)?
  Antwort: aus Deutschland: Min 'almaaniyaa/aus der Schweiz: Min swisraa/aus Österreich: Min an-nimsaa
› **Sprechen Sie englisch/arabisch?:** tachii 'ingliisii/'arabii?
  Antwort: Ein bisschen: shwayya/Ich spreche kein arabisch: maa 'atakallam 'arabii.
› **Bitte (von jemandem erbitten):** Min fadlak (zu einem Mann)/Min fadliki (zu einer Frau)
  Antwort: Danke: shukran
  Gegenantwort: Keine Ursache: 'afwan
› **Bitte (jemandem etwas anbieten):** tafadaal (zu einem Mann)/tafadaalii (zu einer Frau)
  Antwort: Danke: shukran
› **Wenn Sie erlauben:** lau samaht
  Antwort: Bitte: tafadaal (zu einem Mann)/tafadaalii (zu einer Frau)
› **Entschuldigung, es tut mir leid:** 'anaa 'aasif (als Mann)/'anaa 'aasifa (als Frau)
  Antwort: Keine Ursache: 'afwan
› **Hoffentlich, wahrscheinlich, so Gott will, wenn nichts dazwischen kommt:** 'insha'allah
› **Darf ich fotografieren?:** mumkin suura (Möglich Foto?)
› **Auf Wiedersehen!:** ma'a salaama (Mit dem Frieden)

◁ *Vorseite: Abra-Boote vor den Windturmhäusern von Al Seef* ❽

▷ *Zweisprachiges Entschleunigen im Wüstensand*

+++ Die wichtigsten Wörter mit dem Bonus-Audiotrack des Kauderwelsch-

# Arabische Zahlen

Arabische Zahlen werden (im Gegensatz zu Buchstaben) von links nach rechts geschrieben.

| | |
|---|---|
| 1/one/wâhid | ١ |
| 2/two/ithnain | ٢ |
| 3/three/thalâtha | ٣ |
| 4/four/arba'a | ٤ |
| 5/five/khamsa | ٥ |
| 6/six/sitta | ٦ |
| 7/seven/sab'a | ٧ |
| 8/eight/thamânya | ٨ |
| 9/nine/Tis'a | ٩ |
| 10/ten/'ashara | ١٠ |
| 20/twenty/'ishrîn | ٢٠ |
| 30/thirty/thalâthîn | ٣٠ |
| 40/fourty/arbaîn | ٤٠ |
| 100/one hundred/miya | ١٠٠ |
| 200/two hundred/mîtain | ٢٠٠ |
| 300/three hundred/thalâtha miya | ٣٠٠ |
| 400/four hundred/arba'a miya | ٤٠٠ |
| 1000/one thousand/alf | ١٠٠٠ |
| 2000/two thousand/alfain | ٢٠٠٠ |
| 3000/three thousand/thalâthat alâf | ٣٠٠٠ |

# SOUL PLACES

Inspirierend, einzigartig, aus dem Reise Know-How Verlag – jetzt überall, wo es Bücher gibt

Alle erhältlichen Titel unter: **www.soulplac.es**

## Impressum

Kirstin Kabasci

**CityTrip Dubai**

© REISE KNOW-HOW Verlag
Peter Rump GmbH
8., neu bearbeitete und
aktualisierte Auflage 2025

Alle Rechte vorbehalten.

ISBN 978-3-8317-3946-2

Printed in Germany

**Druck und Bindung:**
mediaprint solutions GmbH, Paderborn

**Herausgeber:** Klaus Werner
**Layout:** amundo media GmbH (Umschlag, Inhalt), Peter Rump (Umschlag)
**Lektorat:** amundo media GmbH
**Karten:** Ingenieurbüro K. Wendler, amundo media GmbH
**Anzeigenvertrieb:** KV Kommunalverlag GmbH & Co. KG, Alte Landstraße 23, 85521 Ottobrunn, Tel. 089 928096-0, info@kommunal-verlag.de
**Kontakt:** Reise Know-How Verlag Peter Rump GmbH, Osnabrücker Str. 79, 33649 Bielefeld, Deutschland, Tel. +49-521-946490, info@reise-know-how.de

Alle Angaben in diesem Buch sind gewissenhaft geprüft. Preise, Öffnungszeiten usw. können sich jedoch schnell ändern. Für eventuelle Fehler übernehmen Verlag wie Autorin keine Haftung.

---

**Bildnachweis**

Umschlagvorderseite: ©arbalest, stock.adobe.com | Umschlagrückseite: ©Museum of the Future | Umschlagklappe rechts: ©One&Only Resorts
Soweit ihre Namen nicht vollständig am Bild vermerkt sind, stehen die Kürzel an den Abbildungen für die folgenden Fotografen, Firmen und Einrichtungen. Kirstin Kabasci: kk

# Register

## A
Abendgestaltung 63
Abkürzungen 144
Abras 10, 20
Adress-System 139
Ain Dubai 39
Al Fahidi 26
Al-Fahidi-Fort 27
Al Fahidi Historical Neighbourhood 27
Al Fahidi Traditional Souq 26
Al Karama 71
Alkohol 53, 98
Al Maktoum International Airport 97
Al Mamzar Beach Park 74
Al Mamzar Corniche Beach 74
Al Mamzar Lagoon Beach 74
Al Seef 26, 28
Al Shindagha 24, 26
Al Shindagha Museum 25
Anreise 96
Apotheken 108
Apps 106
Aquaventure World 35
Arabisch 113, 134
Arabischer Wüstenabend 46
Architektur 85
Arzt 107
Arte Museum 50
Atlantis Dubai 124
At The Top Burj Khalifa 41
Aura Skypool 78
Ausrüstung 97
Autofahren 98

## B
Baden 74
Bait al Banat 48
Barrierefreies Reisen 99
Bars 62
Bayt Al Khanyar Museum 48
Behinderte 99
Benutzungshinweise 144
Bluewaters 38
Botschaften 99
Bur Dubai 16, 23
Bur Dubai Souq 24
Burj Al Arab 32
Burj Khalifa 39, 40
BurJuman Centre 66

## C
Cafés 60
Clubs 62
Coffee Museum 48
Creek 18
Creek Park 74
Creek-Spaziergang 21
Creek-Überquerung 20
Crossroads of Civilisations Museum 48

## D
Debitkarte 102, 111
Deira 15, 21
Deira Souq 22
Dhaus 20
Diplomatische Vertretungen 99
Dirham 101
Dolphin Bay 35
Downtown Dubai 39
Drogen 101
Dubai Aquarium 41
Dubai Crocodile Park 45
Dubai Fashion Week 80
Dubai Ferry 37, 131
Dubai Festival Centre 67
Dubai Fountain 39
Dubai Frame 44
Dubai Hills Mall 67
Dubai International Airport 97
Dubai Islands 36
Dubai Islands Beach 74
Dubai Mall 40
Dubai Marina 37
Dubai Parks and Resorts 45
Dubai Safari Park 45
Dubai Shopping Festival 80
Dubai Water Canal 31
Dubai World Central 97

## E
EC-Karte 102, 111
Einkaufen 65
Einkaufszentren 65
Einreisebestimmungen 100
Elektrizität 101
Elektromarkt 24
Emirates Airline Dubai Rugby Sevens 81
Englisch 113
Ermäßigungen 103
eSIM-Karte 118
Essen 51
Etihad Museum 48
Expo City Dubai 94
Expo 2020 Dubai Museum 49

## F
Feiertage 81
Feilschen 72
Flughäfen 96
Flugverbindungen 96
Food Court 56
Food Hall 56
Fountain Boardwalk 40
Fremdenverkehrsamt 105

## G
Galerien 49
Gastronomie 51
Geld 101
Geo-Adress- und Navigationssystem 139
Geschäfte 72
Geschichte 86
Gesundheit 104, 107
Getränke 53
Gewürze 22
Girocard 102, 111
Global Village 46
Gold Souq 23

## H
Handeln 72
Handy 117
Heritage Express 106
Herrscher 89
Holzschiffe 9, 20
Homosexuelle 107
Hop-on-Hop-off-Bustouren 115
Hostels 125
Hotels 120
Hygiene 104

## I
Ibn Battuta Mall 45
illusion City 49
IMG Worlds of Adventure 46
Informationsstellen 105
Internet 117
Internetseiten 106
Islam 89

## J
J1 Beach 77
Jumeirah 30
Jumeirah Beach Residence (JBR) Beach 75
Jumeirah Beach Residence Walk 71
Jumeirah Corniche 75
Jumeirah Moschee 31
Jumeirah Road 12

## K
Kamelrennen 113
Kartensperrung 111
Kinder 100, 108
Kite Beach 75
Kleidung 97
Klimaanlage 104
Kliniken 107
Kneipen 62
Konsulate 99
Konzerte 64
Krankenhäuser 107
Kreditkarte 102, 111
Kulturarbeit 105
Kulturviertel 24, 27, 28
Kunst 48

## L
Lake Ride 40
La Mer 75
Lesben 107
LGBT+ 107
Literaturtipps 105
Lokale 53
Lost Chambers 35
Lounges 62

## M
Madame Tussauds 49
Madinat Jumeirah 123
Makani 139
Mall of the Emirates 68
Marina Mall 68
Marsa Dubai 37
Medien 106
Medikamente 101
Medizinische Versorgung 107
Mehrwertsteuer, Rückerstattung 69
Metro 10, 129
Mietwagen 99
Mindestalter 62
Museen 48
Museum of Candy 49
Museum of Illusions 49
Museum of the Future 43, 49
Museum of the Poet Al Oqaili 49

## N
Nachtleben 62
Naif Market 71
Nakheel Mall 68
Nakhlat Jebel Ali 36
Nakhlat Jumeirah 33
Neustadt 29
Night Swimming 76

Notfall 107, 111
Notruf 111

## O, P
Öffnungszeiten 51, 112
Palm Jumeirah 33
Palm Monorail 130
Palm West Beach 34, 75
Parks 74
Polizei 111
Pools 78
Preisniveau 102
Publikationen 106

## R
Ramadan 82
Rauchen 57
Reisepass 112
Reisezeit 132
Religion 88
Restaurants 53
Riesenrad Ain Dubai 39
Roads and Transport Authority (RTA) 131
Rundgang 14

## S
Saruq Al Hadid Archaeology Museum 25
Schwule 107
Sea Breeze 76
Sea Lion Point 35
Shaikh Mohammed Centre for Cultural Understanding 105
Shaikh Zayed Road 11, 42
Shopping 65
Shoppingareale 70
Sicherheit 112
SIM-Karten 118
Ski Dubai 43
Sky Views 41
Sonnenbrand 104
Souq Al Bahar 42
Souq Madinat Jumeirah 32
Souqs 70
Souvenirs 71

Spartipps 103
Spazieren 8
Sperrnotruf 111
Sport 113
Sprache 113, 134
Stadtbusse 130
Stadtentwicklung 84
Stadtrand 45
Stadtrundgang 14
Stadtstruktur 85
Stadttouren 115
Stammestraditionen 88
Strandclubs 76
Strände 74
Stromspannung 101
Sunset Beach 75
Szene 62

**T**
Tarifsystem 128
Taxi 130
Telefonieren 117
Termine 79
Theater 64
Theatre of Digital Art 50

The Beach 69
The Boardwalk 34
The Dubai Balloon at
  Atlantis 34
The Lost Chambers 35
The View at the Palm 34
The World 36
Toiletten 119
Touristeninformation 105
Tram 129
Trinken 51
Trinkgeld 60
Trinkwasser 119

**U**
Uhrzeit 119
Umm Suqeim Beach 75
Unterkunft 119

**V**
Veranstaltungen 79
Vergnügungszentren 109
Verhaltenstipps 126
Verkehrsmittel 127
Verkehrssituation 98

Visum 100
Vorwahlen 117

**W, X**
Wafi City 69
Währung 101
Wasser 119
Wasserpfeifen 57
Wassertaxis 131
Wassertransport 131
Wechselkurse 101
Wellness 78
Welthöchstes Gebäude 40
Wetter 132
Wild Wadi 31
Windturmhäuser 26, 121
WLAN 53, 117, 118
Wüstenresorts 121
Xline Dubai 39

**Z**
Zabeel Park 76
Zeit 119
Zentrum 18
Zoll 100

# Makani – Dubais smartes Adress-System

Dubai hat ein smartes Geo-Adress- und Navigationssystem eingeführt. Makani (dt. „Meine Adresse") heißt diese Innovation. Für Ortsunkundige und alle, die nicht genau wissen, wie eine Adresse auf Englisch oder Arabisch auszusprechen ist, eröffnet Makani ganz neue Möglichkeiten. Gratis-Apps (auch offline nutzbar!) mit QR-Code-Extrainfomationen, GPS-Navigation- und Google-Maps-Integration unterstützen das System und ermöglichen eine mobile und interaktive Navigation per Smartphone, Tablet, Navi und PC.

Mit Hilfe von zehnstelligen Makani-Nummern kann man 127.000 Adressen eindeutig und quadratmetergenau (!) finden. Komplexe Adressbeschreibungen mit Stadtteil- und Straßenangeben sind überflüssig. Auch in das Taxi-Navigationssystem ist Makani eingearbeitet. Fast alle Gebäude, Wohnhäuser wie auch Metrostationen, Hotels, Krankenhäuser, Moscheen etc. haben bereits eine solche Makani-Nummer – bei Neubauten kann die Zuordung etwas dauern. Hat ein Gebäude mehrere Eingangstüren, so können diese verschiedene Nummern haben. Eine Ausnahme bilden die Kulturviertel Al Shindagha und Al Seef: Hier haben (noch) nicht alle Gebäude eine eigene Makani-Nummer, sondern es gibt jeweils nur ein paar Nummern für diese Areale – somit sind Nummern

## Makani – Dubais smartes Adress-System

dort doppelt vergeben. Auch in Dubai Marina (Marsa Dubai) und Downtown Dubai (Burj Khalifa) sind für manche eng bebauten Bereiche nur wenige Makani-Nummern zugeteilt. Der Zahlencode wurde konvertiert aus GPS-Koordinaten. Die Makani-Nummern kann man online bzw. via App ermitteln, aber auch an den Gebäuden angebrachte Schilder zeigen sie an. Mit dem QR-Code können weitere Informationen abgerufen werden.

22.000 Straßen bekamen erstmals einen Namen bzw. einen neuen Namen. Zudem wurden Stadtteile unterteilt und z.T. umbenannt. Dubai wurde in 14 Distrikte eingeteilt, die wiederum in kleinere Stadtteile gegliedert sind. Im Altstadtzentrum sind Deira und Bur Dubai die bekanntesten Distrikte. Straßennamen orientieren sich an einem stadtteiltypischen Thema. Leitgedanke in Jumeirah sind z.B. Meer oder Fische und in Deira Kultur und Tradition.

Um Autofahrern eine bessere Orientierung zu bieten, zeigen Schilder von Schnellstraßen nicht nur den Straßennamen, die Schnellstraßennummer und den Distrikt, sondern auch die Richtung an. Dabei verweist „North" immer nach Norden Richtung Sharjah, „South" nach Süden Richtung Abu Dhabi, „East" nach Osten ins Landesinnere und „West" zum Meer. Autobahnen und Schnellstraßen haben blaue Schilder, Hauptverbindungsstraßen grüne, Sehenswürdigkeiten braune und sonstige Straßen weiße.

Vor Makani nutzten Einheimische häufig Stadtteile plus bekannte Straßennamen bzw. markante Orientierungspunkte (z.B. Hotels, Einkaufszentren), um eine Adresse zu beschreiben. Es wird vermutlich noch eine Weile dauern, bis sie diese Angewohnheit abgelegt haben und sich die Nutzung der 10-stelligen Nummer etabliert hat.

Informationen:
› www.makani.ae, Gratis-PC-Version und App, Tel. 800 900

# Liste der Karteneinträge

- ❶ [E4] Creek S. 18
- ❷ [E2] Deira Souq S. 22
- ❸ [E2] Gold Souq S. 23
- ❹ [C1] Al Shindagha S. 24
- ❺ [C3] Bur Dubai Souq S. 24
- ❻ [D3] Al-Fahidi-Fort S. 27
- ❼ [D4] Al Fahidi S. 27
- ❽ [E5] Al Seef S. 28
- ❾ [gl] Jumeirah-Moschee S. 31
- ❿ [dl] Wild Wadi S. 31
- ⓫ [dl] Burj Al Arab S. 32
- ⓬ [dl] Souq Madinat Jumeirah S. 32
- ⓭ [ck] Aquaventure World S. 35
- ⓮ [bl] Marsa Dubai/ Dubai Marina S. 37
- ⓯ [fm] Burj Khalifa S. 40
- ⓰ [gm] Dubai Mall S. 40
- ⓱ [fm] Souq Al Bahar S. 42
- ⓲ [gl] Museum of the Future S. 43
- ⓳ [hm] Dubai Frame S. 44
- ⓴ [al] Ibn Battuta Mall S. 45

- ●1 [hn] Anlegestelle Black Pearl Piratenschiff S. 20
- ●2 [E5] Anlegestelle Tour Dubai Al Seef S. 20
- ●3 [C2] Al Ghubaiba Marine Station S. 19
- ●4 [hn] Anlagestelle Al Faris Abra Tours und Floating Restaurant S. 19
- ⛨5 [C1] Al Shindagha Museum, Visitor Centre S. 25
- ⛨6 [C1] Dubai Creek – Birth of a City S. 25
- ⛨7 [D1] Emerging City S. 25
- ⛨8 [C1] Perfume S. 25
- ⛨9 [C1] Traditional Jewellery S. 25
- ⛨10 [C1] Beauty and Adornment S. 25
- ⛨11 [C1] Traditional Crafts S. 25
- ⛨12 [D1] Traditional Food S. 25
- ⛨13 [C1] Traditional Healthcare S. 25
- ⛨14 [C1] People and Faith S. 25
- ⛨15 [D1] Life on Land S. 25
- ⛨16 [D1] Culture of the Sea S. 25
- ⛨17 [C1] Childrens Pavilion S. 25
- ⛨18 [C1] Al Maktoum Residence S. 25
- ⛨19 [C1] Poetry S. 25
- ⛨20 [C1] Saruq Al Hadid Archaeology S. 25
- ●21 [bl] Marina Mall Marine Station S. 38
- ●22 [bl] Anlegestelle Tour Dubai Marsa Dubai S. 38
- ●23 [bl] Anlegestelle Lotus Megajacht S. 38
- ●24 [bl] Anlegestelle Ocean Empress S. 38
- ●25 [bl] Anlegestelle The Yellow Boats S. 38
- ●26 [bl] Aqua Fun S. 38
- ★27 [bl] Ain Dubai S. 39
- ★28 [ip] Dubai Crocodile Park S. 45
- ★31 [dp] Global Village S. 46
- ★32 [ep] IMG Worlds of Adventure S. 46
- ⛨33 [F2] Bait al Banat S. 48
- ⛨34 [D4] Bayt Al Khanyar Museum S. 48
- ⛨35 [D4] Coffee Museum S. 48
- ⛨36 [C1] Crossroads of Civilisations Museum S. 48
- ⛨37 [gl] Etihad Museum S. 48
- ⛨39 [bl] illusion City S. 49
- ⛨40 [bl] Madame Tussauds S. 49
- ⛨41 [hm] Museum of Candy S. 49
- ⛨42 [E5] Museum of Illusions S. 49
- ⛨43 [D2] Museum of the Poet Al Oqaili S. 49
- 🅖44 [dm] Alserkal Avenue S. 50
- 🅖45 [em] Courtyard S. 50
- 🅖46 [gm] Dubai Design District (d3) S. 50
- 🅖47 [gl] Dubai International Art Centre S. 50
- 🅖48 [fm] Foundry S. 50
- 🅖49 [hm] Jameel Arts Centre S. 50
- 🅖50 [D4] Majlis Gallery S. 50
- 🅖51 [bl] The Arabian Gallery S. 51
- ⊖52 [E5] Al Fanar Seafood Restaurant S. 53
- ⊖54 [dl] Al Jalboot S. 54
- ⊖55 [D4] Al Khayma Heritage Restaurant S. 54
- ⊖56 [cm] Allo Beirut S. 54
- ⊖57 [C4] Al Ustad S. 54
- ⊖58 [D4] Arabian Tea House S. 54
- ⊖59 [hm] Awtar S. 54
- ⊖60 [C3] Bayt al Wakeel S. 55
- ⊖61 [fl] Karachi Grill S. 55
- ⊖62 [fm] Operation:Falafel S. 55
- ⊖63 [gl] Ravi S. 55
- ⊖64 [dm] Sultan Saray S. 55
- ⊖65 [dl] Tent Jumeirah S. 56

## Liste der Karteneinträge

- 🍴66 [bl] Zaatar w Zeit S. 56
- 🍴67 [fl] 3 Fils S. 57
- 🍴68 [D2] Al Bait Alqadeem S. 57
- 🍴69 [bl] Arcadia S. 57
- 🍴70 [C6] Aryaas Gourmet Veg S. 57
- 🍴71 [hl] Calicut Paragon S. 58
- 🍴72 [bl] Fish-Beach Taverna S. 58
- 🍴73 [fm] Krasota S. 58
- 🍴74 [bl] Mama Zonia S. 58
- 🍴75 [F2] My Govinda's S. 58
- 🍴76 [al] Osh del Mar S. 58
- 🍴77 [bl] Paratha King S. 58
- 🍴78 [fm] PizzaExpress Live S. 59
- 🍴79 [al] Saarangaa Bhojan Shala S. 59
- 🍴80 [el] Salt S. 59
- 🍴81 [bl] Señor Pico Beach S. 60
- 🍴82 [ck] SushiSamba S. 60
- 🍴83 [fm] Ting Irie S. 60
- 🍴84 [el] Common Grounds – Kite Beach S. 61
- 🍴85 [fl] Forever Rose S. 61
- 🍴86 [dl] Hoya S. 61
- 🍴87 [gl] Lime Tree Café S. 61
- 🍴88 [em] Tom & Serg S. 61
- 🍴89 [bl] Barasti Beach Bar S. 62
- 🍴90 [bl] Beach Deck by FIVE Palm Jumeirah S. 63
- 🍴91 [bl] Caña by Tamoka S. 63
- 🍴92 [gl] Electric Pawn Shop S. 63
- 🍴93 [gl] Icy S. 63
- 🍴94 [fm] Papa Dubai S. 63
- 🍴95 [fn] Soho Garden S. 63
- 🍴96 [gl] The Cigar Bar S. 64
- 🍴97 [im] The Irish Village S. 64
- 🍴98 [fm] Dubai Opera S. 64
- 🍴99 [fm] La Perle by Dragone S. 65
- 🍴100 [bl] Media City Amphitheatre S. 65
- 🍴101 [em] The Fridge S. 65
- 🛍102 [H7] Al Ghurair Centre S. 66
- 🛍103 [B6] BurJuman Centre S. 66
- 🛍104 [im] City Centre Deira S. 67
- 🛍105 [io] City Centre Midrif S. 67
- 🛍106 [dp] Cityland Mall S. 67
- 🛍107 [gl] City Walk S. 67
- 🛍108 [hn] Dubai Festival City Mall S. 67
- 🛍109 [dn] Dubai Hills Mall S. 67
- 🛍110 [dm] Mall of the Emirates S. 68
- 🛍111 [bl] Marina Mall S. 68
- 🛍112 [gl] Mercato Mall S. 68
- 🛍113 [ck] Nakheel Mall S. 68
- 🛍114 [bl] The Beach S. 69
- 🛍116 [hm] Wafi City S. 69
- 🛍117 [C4] Al Fahidi Traditional Souq S. 71
- 🛍118 [H4] Al Souq al Shabi S. 71
- 🛍119 [hm] Al Karama S. 71
- 🛍120 [bl] Jumeirah Beach Residence Walk S. 71
- 🛍121 [G4] Naif Market S. 71
- 🛍122 [il] Waterfront Market S. 71
- ●123 [jl] Al Mamzar Beach Park S. 74
- ●124 [jl] Al Mamzar Corniche Beach S. 74
- ●125 [jl] Al Mamzar Lagoon Beach S. 74
- ●126 [hm] Creek Park S. 74
- ●127 [ik] Dubai Islands Beach S. 74
- ●128 [bl] Jumeirah Beach Residence (JBR) Beach S. 75
- ●129 [el] Jumeirah Corniche S. 75
- ●130 [gl] La Mer Beach S. 75
- ●131 [bl] Palm West Beach S. 75
- ●132 [bl] Sea Breeze S. 76
- ●133 [hl] Zabeel Park S. 76
- ●134 [fl] Night Swimming Beach Jumeirah 2 S. 76
- ●135 [el] Night Swimming Beach Jumeirah 3 S. 76
- ●136 [el] Night Swimming Beach Umm Suqeim 1 S. 76
- ●137 [gl] J1 Beach S. 77
- ●138 [cl] Riva Beach S. 77
- ●139 [el] Sole Mio S. 77
- ●140 [bl] The Club S. 77
- ●141 [bl] Zero Gravity S. 78
- ●142 [ck] Aura Skypool S. 78
- ●143 [bl] Bla Bla S. 78
- ●144 [hm] Twiggy/Twiggy Family S. 78
- ●145 [el] Luban Spa S. 79
- ●146 [gl] The Hundred Wellness Centre S. 79
- ●148 [im] Dubai International Airport S. 97
- ●150 [gl] Consulate General of the Federal Republic of Germany S. 99
- ●151 [D4] Shaikh Mohammed Centre for Cultural Understanding S. 105
- ✚152 [il] Dubai Hospital S. 107
- ✚153 [hm] Rashid Hospital S. 107
- ✚154 [fl] Emirates Hospital S. 107
- ✚155 [hm] German Medical Centre S. 107
- ✚156 [D7] Medeor 24x7 Hospital S. 107
- ✚157 [hm] German Dental Oasis S. 108
- ✚158 [fm] Trio Dental Centre S. 108
- 🏛159 [hm] Children's City S. 109

- 📍160 [im] Dubai Police S. 111
- 🏢161 [B5] Al Ain Computer Plaza S. 117
- ●162 [C7] WO-RK @ Burjuman Metro S. 119
- 🏨163 [gl] 25hours Hotel Dubai One Central S. 120
- 🏨164 [gm] Address Sky View S. 120
- 🏨165 [C5] Al Khoory Inn Bur Dubai S. 120
- 🏨166 [C4] Arabian Courtyard S. 120
- 🏨169 [E5] Al Seef Heritage Hotel Dubai, Curio Collection by Hilton S. 121
- 🏨170 [D3] Mazmi Casa S. 121
- 🏨171 [D4] XVA Art Hotel S. 121
- 🏨172 [bl] Fairmont The Palm S. 122
- 🏨173 [bl] FIVE Palm Jumeirah S. 122
- 🏨174 [hm] Form Hotel S. 122
- 🏨175 [hl] Hampton & Canopy by Hilton Dubai Al Seef S. 122
- 🏨176 [fl] Holiday Inn Express Dubai Safa Park S. 122
- 🏨177 [F1] ibis Styles Dubai Deira S. 122
- 🏨178 [bl] Media One S. 123
- 🏨179 [bl] One & Only Royal Mirage S. 123
- 🏨180 [al] Premier Inn Dubai Ibn Battuta Mall S. 123
- 🏨181 [cl] Rixos The Palm Hotel & Suites S. 123
- 🏨182 [dl] Madinat Jumeirah S. 123
- 🏨183 [bk] Atlantis, The Palm S. 124
- 🏨184 [ck] Atlantis The Royal S. 124
- 🏨185 [B6] Rose Garden Hotel Apartments S. 125
- 🏨187 [ck] The Retreat MGallery Palm Dubai S. 125
- 🏨188 [bl] W Dubai – Mina Seyahi S. 125
- 🏨189 [jm] Dubai Youth Hostel S. 125
- ●190 [B2] Al Ghubaiba Main Busstation S. 130
- ●191 [G2] Gold Souq Main Busstation S. 130

Hier nicht aufgeführte Nummern liegen außerhalb der abgebildeten Karten. Ihre Lage kann aber wie die von allen Ortsmarken im Buch mithilfe der Web-App angezeigt werden (siehe rechts).

# Dubai mit PC, Smartphone & Co.

QR-Code auf dem Umschlag scannen oder **www.reise-know-how.de/citytrip/dubai25** eingeben und die **kostenlose Web-App** aufrufen (Internetverbindung zur Nutzung nötig)!

★ **Anzeige der Lage und Satellitenansicht aller** beschriebenen Sehenswürdigkeiten und weiteren Orte
★ **Routenführung** vom aktuellen Standort zum gewünschten Ziel
★ **Exakter Verlauf** des empfohlenen Stadtspaziergangs
★ **Audiotrainer** der wichtigsten Wörter und Redewendungen
★ **Updates** nach Redaktionsschluss

## GPS-Daten zum Download

Die GPS-Daten aller Ortsmarken und des Spaziergangs stehen auf der Produktseite des Titels auf www.reise-know-how.de zum Download zur Verfügung.

## Stadtplan für mobile Geräte

Um den Stadtplan auf Smartphones und Tablets zu nutzen, empfehlen wir die App „Avenza Maps" der Firma Avenza™. Über die Funktion „Store" kann die „Citymap Dubai 2025" kostenlos geladen werden.

---

Die Information über und die Bereitstellung von digitalen Zusatzinhalten (z. B. Web-App, Links, GPS-Tracks o. Ä.) ist eine freiwillige Zusatzleistung des Verlages, auf die kein Anspruch besteht und für deren Richtigkeit aufgrund der Veränderlichkeit solcher Informationen auch nicht gehaftet werden kann. Insbesondere behält sich der Verlag deshalb vor, die Bereitstellung und die Zugriffsmöglichkeit zeitlich zu befristen und den Zugriff hierauf auch vorfristig abzuschalten.

# Benutzungshinweise

### Cleveres Nummernsystem
Die Sehenswürdigkeiten sind im Text und im Kartenmaterial mit derselben **magentafarbenen ovalen Nummer** ❶ markiert. Alle anderen Lokalitäten wie Geschäfte, Restaurants usw. tragen ein **Symbol und eine fortlaufende rote Nummer** (🛍1).

### Bewertung der Sehenswürdigkeiten
★★★ nicht verpassen
★★ besonders sehenswert
★ wichtig für speziell interessierte Besucher

### Planquadrat im Kartenmaterial
[A1] Orte ohne diese Angabe liegen außerhalb unserer Karten. Alle Ortsmarken werden in der buchbegleitenden Web-App angezeigt (s. S. 143).

### 🦋 Der Schmetterling …
zeigt an, wo man Angebote im Bereich des nachhaltigen Tourismus findet.

### 🕺 Kinder-Tipps
Das Symbol kennzeichnet Sehenswertes, Unterkünfte und Aktivitäten, an denen auch kleine Urlauber ihre Freude haben.

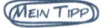

Persönliche Empfehlungen der Autorin.

### Abkürzungen
- arab. – arabisch
- Bldg. – engl. *building* (Gebäude)
- Bvd. – engl. *boulevard*
- engl. – englisch
- R/A – engl. *roundabout* (Kreisverkehr)
- Rd – engl. *road* (Straße)
- St. – engl. *street* (Straße)
- UAE – engl. *United Arab Emirates*
- V.A.E. – Vereinigte Arabische Emirate
- Dh – Dirham, Landeswährung
- Dubais **Makani-Adress-System** s. S. 139

### Updates zum Buch
www.reise-know-how.de/citytrip/dubai25

### Preiskategorien
**Gastronomie**
Richtwert für ein Hauptgericht pro Person exklusive Getränke.
€ ca. 15–65 Dh (ca. 4–17 €)
€€ ca. 65–135 Dh (ca. 17–35 €)
€€€ ab ca. 135 Dh (ab ca. 35 €)

**Unterkünfte**
Die angegebenen Preisklassen stellen eine unverbindliche Orientierungshilfe für Direktbuchungen eines Standard-Doppelzimmers ohne Gebühren und Steuern zur Hauptsaison dar.
€ 160–270 Dh (ca. 40–70 €)
€€ 270–400 Dh (ca. 70–100 €)
€€€ 400–550 Dh (ca. 100–140 €)
€€€€ 550–750 Dh (ca. 140–190 €)
€€€€€ ab 750 Dh (ab ca. 190 €)

### Zeichenerklärung
- ❶ Sehenswürdigkeit
- [N9] Verweis auf Planquadrat im Kartenmaterial
- Ⓐ Abra-Station (Fährboote)
- Bar, Treffpunkt
- Bed&Breakfast
- Bistro, Imbiss
- Café
- Galerie
- Geschäft, Mall, Markt
- Fischrestaurant
- Friedhof
- Hotel, Unterkunft
- Jugendherberge, Hostel
- Kneipe, Pub
- Krankenhaus, Arzt
- Ⓜ Metrostation
- Moschee
- Museum
- Musik (Disco, Konzert, Jazz)
- Polizei
- Restaurant
- ★ Sehenswürdigkeit
- • Sonstiges
- Theater
- Vegetarisches Restaurant
- Stadtspaziergang (s. S. 14)
- Shoppingareale
- Gastro- und Nightlife-Areale